HOMMES ET CHOSES

D'ALLEMAGNE

Les études qui composent ce volume ont paru pour
la première fois dans la *Revue des Deux-Mondes*.

Coulommiers. — Typogr. Albert PONSOT et P. BRODARD.

HOMMES ET CHOSES

D'ALLEMAGNE

CROQUIS POLITIQUES

PAR

G. VALBERT

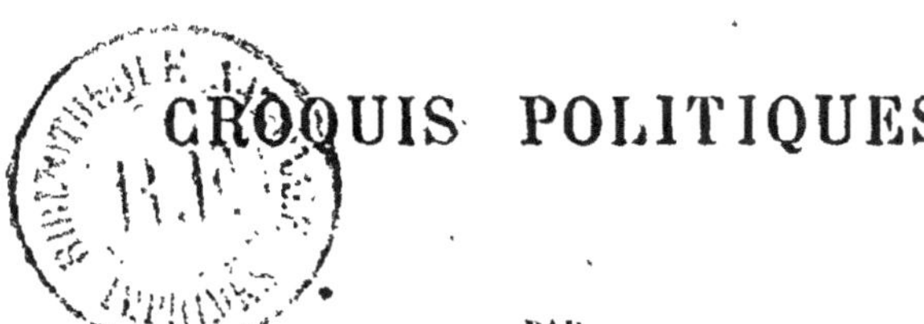

PARIS

LIBRAIRIE HACHETTE ET Cⁱᵉ

79, BOULEVARD SAINT-GERMAIN, 79

—

1877

I

LE JOURNALISME ALLEMAND

Die deutschen Zeitschriften und die Entstehung der öffentlichen Meinung, ein Beitrag zur Geschichte des Zeitungswesens, von Heinrich Wuttke, zweite bis auf die Gegenwart fortgeführte Auflage, Leipzig, 1875.

Sous ce titre : *les Journaux allemands et comment se forme l'opinion publique,* un professeur de l'université de Leipzig, M. Wuttke, vient de publier un livre fort curieux à lire, mais qui ne pouvait recommander l'auteur à la bienveillance des journalistes de son pays. « Vous allez vous fâcher contre moi, je ne m'en soucie guère, » disait l'abbé Conti au grand Newton. C'est à peu près ce que répond M. Wuttke aux nombreux ennemis que lui ont suscités la franchise et les honnêtes indiscrétions de sa plume. Il s'attendait bien qu'on crierait, qu'on clabauderait contre lui ; son attente n'a pas été trompée. On l'a accusé d'être un de ces mélancoliques, de ces atrabilaires, mécontents de leur partage dans ce monde, lesquels se soulagent de leur bile en la dé-

versant sur tout ce qui leur déplait et particulièrement sur les gens d'esprit qui réussissent à bien conduire leurs affaires sans se brouiller avec les tribunaux. Les plus modérés de ses désapprobateurs l'ont
taxé de partialité, d'injustice, de déclamation ; on a
opposé à quelques-unes de ses assertions des démentis plus ou moins concluants. D'autres lui ont
représenté qu'il avait manqué une bonne occasion
de se taire, que toutes les vérités ne sont pas bonnes
à dire, que certaines révélations ne sont pas toujours
opportunes, que mettre en suspicion le journalisme
allemand au moment où il rend de si grands services à la cause allemande, c'est compromettre cette
cause, et que le silence est souvent la première vertu
d'un patriote ; mais ce dernier point est sujet à controverse : M. Wuttke a pu s'imaginer de bonne foi
qu'il méritait bien de sa nation en lui disant ses vérités, et que les avertissements sont plus utiles que
les complaisances. Admettons, pour ne désobliger
personne, qu'il a quelquefois dépassé la mesure dans
ses attaques, qu'il n'a pas eu toujours avec ses adversaires tous les ménagements convenables. Il est d'un
pays où les discussions littéraires et politiques sont
plus brutales qu'ailleurs, où les opinions ont peu
de déférence les unes pour les autres, où beaucoup d'écrivains entrent dans les questions délicates
comme un taureau de belle humeur entrerait dans un
magasin de verrerie ; ils brisent tout, saccagent tout,
les vitres volent en éclats, et ils s'écrient : Est-ce
notre faute si vous avez des vitres ? Soit, la plume
de M. Wuttke est un peu brusque, un peu bourrue ;
elle n'a point cette aménité, cet aimable enjouement,

cette grâce dans la malice qui déride une polémique et lui donne bon air. Cette plume morose ne sait ni rire ni sourire ; mais il est une vertu qu'on ne peut lui contester : elle est courageuse, car l'entreprise à laquelle elle s'est vouée était pleine de périls, et il lui était impossible de l'ignorer.

Quand M. Wuttke publia, il y a quelque dix ans, un premier essai sur le sujet qu'il vient de reprendre et de traiter à fond, un de ses amis lui dit : Vous êtes un homme perdu, vous venez d'écrire votre testament. S'attaquer à cette puissance souveraine qu'on appelle le journalisme, lui faire son procès sans ménager les termes, dénoncer ses erreurs, ses abus, ses mensonges, ses corruptions, ses effronteries, apporter des preuves à l'appui, citer des faits, des exemples, des noms, tant d'audace devait soulever un *tolle* général. M. Wuttke remarque à ce propos, non sans candeur, que, si un ouvrage pareil au sien eût été publié en France, si quelque audacieux de son genre et de sa trempe eût tenté de dévoiler les mystères d'une certaine presse parisienne, le livre eût fait sensation, qu'un peuple de lecteurs l'aurait dévoré. Assurément, mais du même coup on aurait dévoré l'auteur. Il eût été levraudé, vilipendé, déchiré, martyrisé, on n'en aurait pas laissé un morceau. Les choses se passent autrement en Allemagne ; nos voisins ont pour principe de paraître ignorer les choses et les hommes qui leur désagréent ou qui les inquiètent ; ils ont créé tout exprès le mot *ignoriren* pour exprimer cette ignorance volontaire qui les dispense de se fâcher et même de se justifier. Un esthéticien allemand a publié un gros livre sur les règles et les chefs-d'œuvre de la comédie, où ne figure pas une fois le nom de Molière ; il avait juré d'ignorer Molière, il a tenu parole. Ceux qui se sentirent atteints par les accusations de M. Wuttke usèrent à son égard d'un procédé semblable ; ils affectèrent de n'avoir jamais ouï parler de M. Wuttke ni de son livre, on organisa autour de lui cette conspiration du silence qui est le plus sûr moyen de désespérer un écrivain, de le réduire à douter de son existence. Heureusement pour lui le mot d'ordre ne fut pas observé de tout le monde ; quelques imprudents s'avisèrent de le prendre à partie, de se plaindre de ses rigueurs, de le dénoncer comme un mauvais esprit, comme un libelliste, comme un boute-feu, et M. Wuttke put dire avec un soupir de soulagement : J'ai des ennemis, donc j'existe. Les ennemis ont ceci de bon, que tôt ou tard leurs injustices nous procurent des amis. Tel fut le sort du professeur de Leipzig. Le charme était rompu : on parla de son livre, il se vendit, l'édition s'épuisa. Il en a publié une autre enrichie de nombreux appendices, de chapitres entièrement nouveaux. Loin de se rétracter sur rien, il complète ses révélations en racontant l'histoire intime du journalisme allemand depuis 1866 jusqu'à ce jour. « Qu'on me contredise, s'écrie-t-il dans sa préface, qu'on me réfute, qu'on m'anéantisse ! Libre aux vipères de siffler ! »

Quoi qu'on en dise à l'étranger, nos malheurs nous ont inspiré des sentiments d'humilité et de contrition, et nous sommes portés à croire que nous avons mérité notre sort. Non-seulement nous ne faisons pas difficulté de convenir que nos ennemis ont

été aussi sages, aussi avisés, aussi prévoyants que
nous l'étions peu, aussi bien conduits et bien commandés que nous l'étions mal ; pour peu qu'on nous
en prie, nous accordons que Sedan a été une victoire remportée sur nos vices par la vertu germanique. Aussi des livres tels que celui de M. Wuttke
sont-ils bien faits pour nous surprendre, pour nous
dérouter ; nous les lisons avec défiance, nous re-
gretterions presque que l'auteur eût raison, nous
sommes fâchés qu'il attente au respect que nous
professons pour nos vainqueurs. De quelques preuves
que M. Wuttke appuie ses allégations, il nous per-
suadera difficilement que l'Allemagne a dégénéré de
son antique probité, qu'elle est en train de se corrompre, que ce champ de pur froment est envahi
par l'ivraie, que ses journalistes en particulier, dont
nous sommes accoutumés à recevoir de si hautaines
leçons, ne sont pas toujours irréprochables, que plus
d'un sacrifie à Bélial, qu'on rencontre plus d'un
Giboyer parmi ces lévites en robe blanche préposés
à la garde du tabernacle. Il y avait jadis, du moins
dans les contes que nous récitait notre nourrice, un
pays où toutes les femmes étaient chastes et tous les
hommes sincères, où le mensonge était inconnu, où
fleurissaient tous les genres d'honnêteté aussi natu-
rellement que croît l'herbe dans les prairies ; on
y eût vainement cherché une plume vénale, toutes
les écritoires y étaient vertueuses, louant ce qui
leur semblait louable, réprouvant ce qui leur paraissait blâmable, méprisant l'or, l'argent et les promesses des gens en place. Hélas ! s'il en faut croire
M. Wuttke, ce pays n'existe plus ; infidèle à sa de-

visé : science et conscience, si la science lui reste, la conscience y devient de jour en jour plus rare, et les écritoires incorruptibles y sont presque une exception.

Encore un coup, en croirons-nous M. Wuttke? Admettrons-nous, sur son témoignage, que beaucoup de journalistes allemands trafiquent de leurs convictions, se donnent au plus offrant, louent qui les solde et réservent leurs inexorables rigueurs pour les fiertés obstinées qui refusent de subir leurs conditions? Admettrons-nous que dans l'Allemagne de l'an de grâce 1875 il existe nombre de journaux dont les rédacteurs se sont fait une règle de refuser impitoyablement toute communication que n'accompagne pas une lettre chargée? Admettrons-nous qu'habiles à extorquer des annonces, il arrive souvent aux propriétaires de ces journaux d'écrire à tel négociant, au chef de telle entreprise industrielle qui oublie de se recommander à leur bienveillance : « Monsieur, nous ne savons comment il se fait que votre annonce ne nous soit point parvenue, nous l'attendons, veuillez au plus tôt vous mettre en règle? » Croirons-nous qu'une administration de chemin de fer n'ayant fait insérer que dans deux ou trois feuilles de Vienne le compte-rendu de sa séance générale, eut la surprise de le voir reproduire par vingt autres feuilles, lesquelles lui envoyèrent le lendemain un mémoire d'apothicaire qu'elle s'empressa d'acquitter, certaine d'être égorgée, si elle ne s'exécutait de bonne grâce? Est-il certain qu'un journaliste ayant dit à M. Wuttke qu'il mettait de côté les honoraires qu'il touchait pour ses articles, M. Wuttke lui demanda où il pre-

nait de quoi pourvoir à la subsistance de sa famille,
et que le journaliste lui répondit, étonné de son étonnement : « Eh ! parbleu, des pots-de-vin que je reçois, et sans lesquels je n'écrirais pas ? » Est-il vrai
que le directeur d'un grand journal, lorsqu'il partait pour un voyage, donnait à son remplaçant la
consigne suivante : « N'insérez pas un mot qui ne
soit de rapport ? » Est-il vrai qu'un autre directeur répliqua un jour à un négociant qui se plaignait qu'on le tondît de trop près : « Que voulezvous ? un bureau de rédaction est une boutique où
se vend la publicité ? » Est-il vrai enfin qu'un troisième directeur se soit jamais exprimé en ces termes :
« Nous sommes, nous autres, des courtisanes ; qui
tient à nos faveurs doit les payer ? »

Que de pareilles choses se disent et se fassent dans
notre grande Babylone, en vérité nous n'en serions
pas trop surpris ; mais en Allemagne, parmi les descendants d'Arminius et du docteur Jahn ! non,
M. Wuttke ne triomphera jamais de notre incrédulité, et cependant il peut invoquer le témoignage
d'un écrivain sérieux, M. Sacher-Masoch, aujourd'hui
bien connu chez nous, et qui, après avoir collaboré
à plusieurs journaux autrichiens, a publié un livre
intéressant « sur la valeur de la critique. » Rêvonsnous ? sommes-nous éveillés ? M. Sacher-Masoch a
écrit ce qui suit : « Quand le propriétaire d'un journal a noué des relations lucratives avec une banque,
il ne se contente pas de mettre son journal à sa disposition dans tout ce qui concerne les questions
financières ; mais si le directeur de la banque, ce qui
arrive quelquefois, est un homme d'humeur galante

et protége une belle actrice sans talent, le mufti donnera l'ordre à son critique des théâtres de louer régulièrement cette dame, et le critique la louera toujours par ordre du mufti, en réservant toutes ses épigrammes pour quelque vieux comédien bas percé, qui n'est protégé ni par un directeur de banque, ni par personne. Si un grand éditeur a soin de faire insérer dans un journal des annonces payées de tous les livres qu'il publie, le propriétaire du journal donne l'ordre à son critique littéraire de les louer tous indistinctement, et tout écrivain dont les ouvrages sont publiés par ledit éditeur est aussi certain d'être loué dans ce journal par ordre du mufti que d'être déchiré dans la feuille rivale qui ne reçoit pas d'annonces... Le principe suprême de l'industrie des journaux et de la critique qui est à leur service est de ne reconnaître quelque mérite qu'à ce qui peut leur servir à battre monnaie. »

On s'est récrié quelque temps contre ces habitudes peu catholiques ; si nous nous en rapportons à nos auteurs, on a fini par s'y résigner, l'opinion les accepte ; ne faut-il pas que chacun gagne sa vie ? Les éditeurs et les écrivains acquittent la dîme sans se faire prier, on les rembourse en réclames, et tout le monde est content. De tous les tributaires de la presse, les plus soumis sont les comédiens, docile troupeau que d'ingénieux bergers s'entendent à traire. L'amour-propre du comédien est encore plus chatouilleux que celui de l'homme de lettres ; la louange lui dilate délicieusement le cœur, la critique le tue, — aussi bien son avenir, l'engagement qu'il convoite, dépendent quelquefois des arrêts d'un feuilletoniste.

Un Davison, une Lucca, ont dû, comme les autres, apporter leurs offrandes au journalisme, et, par des rouleaux d'or adroitement glissés, fermer la bouche aux Cerbères qui menaçaient de les dévorer. Le petit nombre des acteurs qui résistent aux sommations adressées à leur bourse expient cruellement leur folle obstination, heureux quand ils n'ont à défendre contre des attaques intéressées que leur talent et leur réputation d'artistes, heureux quand un petit journal ne publie pas la première partie d'une petite histoire compromettante pour leur caractère, en remettant la suite au numéro prochain. Au dire de M. Wuttke, il en coûte quelquefois 300 florins aux actrices pour obtenir que la petite histoire n'ait pas de suite. Ceci rentre dans les exploits de cette variété de la presse qu'on a surnommée en Allemagne *la presse du revolver*, laquelle arrête les passans au coin des rues en leur demandant l'honneur ou la bourse. L'art de s'enquérir, l'art d'espionner, l'art d'insinuer, l'art d'intimider, l'art d'exploiter la peur qu'on inspire, ces méthodes sont, paraît-il, fort usitées en Allemagne, et c'est ainsi que la boutique se convertit quelquefois en caverne. Qu'il y ait des cavernes à Paris, si on nous l'affirmait, nous finirions peut-être par le croire ; mais des cavernes en Saxe, en Bavière, en Prusse !... y pense-t-on ? Quoi qu'on puisse nous dire, nous raconter et nous démontrer, nous répondrons toujours comme Mme Pernelle « que souvent l'apparence déçoit, que les gens de bien sont enviés toujours, qu'aux faux soupçons la nature est sujette, » et que nous sommes résolus à respecter nos vainqueurs, sans attendre qu'on nous en fasse intimer l'ordre par un congrès international.

M. Wuttke est non-seulement un honnête homme, que révoltent toutes les malhonnêtetés littéraires, mais un libéral qui déplore l'asservissement croissant de l'esprit public en Allemagne, et s'en prend à la presse, de jour en jour plus dépendante, de jour en jour plus docile aux leçons et aux mots d'ordre qu'elle reçoit du pouvoir. A tort ou à raison, M. Wuttke est peu satisfait des transformations qui se sont accomplies dans son pays depuis 1866. Partisan résolu de ce qu'on appelait autrefois la grande Allemagne, c'est-à-dire d'une confédération ou d'un empire germanique d'où l'Autriche n'était point exclue, il a vu son parti se fondre comme une pelote de neige, la grande Allemagne de ses rêves a fait place à une grande Prusse qui ne lui agrée point. Il est demeuré fidèle à sa chimère, il s'indigne que ses regrets soient si peu partagés, il s'afflige du changement soudain qui s'est opéré dans les esprits, de toutes les conversions désintéressées ou intéressées dont il a été témoin, de l'incroyable facilité avec laquelle les renégats font peau neuve, de la solitude qui se fait en un jour autour des convictions malheureuses. Il s'afflige, mais il ne s'étonne pas; — il a employé ses loisirs à étudier les procédés dont usent certains gouvernements pour s'emparer de la presse et de l'opinion. Il prétend qu'un spéculateur viennois disait récemment à quelques-uns de ses associés, inquiets des comptes qu'ils avaient à rendre : — Rien de fâcheux ne peut nous arriver, car les journaux nous appartiennent. — Il rapporte aussi ce mot d'un homme d'État prussien : — Nous n'avons rien à craindre de l'opinion publique, puisque c'est nous qui la faisons.

L'Allemagne a vécu longtemps sous le régime de la censure : mais la censure est une institution démodée, un outil rouillé, dont le tranchant s'est ébréché. Il faut en abandonner l'usage à cette politique sénile, qui n'est pas de son siècle et cherche son salut dans les vieux moyens et les vieilles rubriques. Certains onguents célèbres il y a cent ans ne guérissent plus personne aujourd'hui, tant le monde est devenu pervers. Les nouveautés n'effraient point les vrais hommes d'État, ils s'entendent à se servir de tout. Le parlementarisme peut n'être pas de leur goût, ils ne laissent pas de s'accommoder des parlements ; ils ne suppriment pas la tribune, ils l'apprivoisent. La liberté de la presse peut ne pas leur agréer ; mais ils savent que le journalisme est un mal nécessaire, et qu'il n'est point de maux dont on ne puisse avec un peu d'adresse tirer quelque bien. Le premier butor venu, s'il a des gendarmes dans sa main, n'a pas de peine à empêcher les gens de parler ; il est plus digne d'un homme d'État de les amener insensiblement à répéter de bonne grâce la leçon qu'on leur souffle. M. Wuttke affirme que l'Allemagne est le pays du monde où l'on a poussé le plus loin l'art de travailler l'opinion publique. Des rivages de la Baltique jusqu'aux bords du Neckar, il n'est personne qui n'ait ouï parler du fameux bureau central de la presse, qui fut fondé à Berlin sous le ministère de M. Manteuffel. Il a été organisé, paraît-il, sur un plan admirable, et l'outillage n'en laisse rien à désirer. Ce bureau de la presse, vaste usine où se fabriquent les opinions utiles pour l'importation et l'exportation, vit s'accroître singulièrement ses ressources, sa prospérité, son influence, par l'allocation qui lui fut faite d'une partie des biens confisqués sur le roi de Hanovre et l'électeur de Hesse. Ce fonds considérable mis à sa disposition fut baptisé à Berlin du nom de *Reptilienfond*, de fonds des reptiles, selon les uns parce qu'il devait être employé à combattre certains reptiles qui ourdissaient des complots contre la sûreté de l'État, selon les autres parce qu'il était destiné à nourrir d'autres reptiles dont la sûreté de l'État ne méprisait pas les services. Par une métaphore analogue, on disait que les journalistes qui accouraient au grand bureau pour y chercher des instructions y venaient prendre des bains de boue, *Schlammbäder*. On sait combien ce genre de bains est recommandé par la faculté pour rétablir des tempéraments épuisés. On assure qu'il s'est fait dans l'établissement de Berlin des cures miraculeuses ; des visages faméliques y sont devenus gras et vermeils.

Si nous ajoutons foi aux dépositions consignées dans l'ouvrage de M. Wuttke, l'activité déployée depuis 1866 par le bureau central de la presse est propre à nous frapper d'admiration. Il a su se créer partout des succursales ; ses agents, ses affidés, ont multiplié à l'infini. Il est peu de journaux dont il n'ait réussi à forcer la porte pour s'y ménager des intelligences ; il n'est point de rédaction à laquelle il n'ait adressé des communiqués que de guerre lasse on a fini par insérer ; cette copie plaisait peu, mais elle ne coûtait rien. Une feuille de Brunswick se plaignait en 1873 que le bureau central la réduisait au désespoir par l'abondance indiscrète de ses envois directs ou indirects. La plupart de ces communiqués étaient rédigés avec beaucoup de discernement, on les accommodait au caractère, aux tendances du journal auquel on les adressait ; — selon les cas, on était libre-penseur ou orthodoxe, progressiste ou national-libéral. Les bons cuisiniers savent varier leurs sauces, l'essentiel est de faire passer le poisson et qu'on le mange. Le grand bureau dirigea surtout les efforts de son habile propagande du côté des provinces annexées et de l'Allemagne du Sud, foyers actifs d'une opposition opiniâtre et pernicieuse. Ces efforts ne tardèrent pas à être récompensés. Y avait-il quelque part, à Stuttgart ou à Francfort, quelque feuille importante et très-lue dont on redoutait l'influence, on lui suscitait une concurrence inquiétante par la création d'une autre feuille, qu'on lançait et qu'on accréditait au prix des plus grands sacrifices. Y avait-il ailleurs un journal gêné dans ses affaires, soucieux de son avenir, on attendait « le moment psychologique » pour lui faire accepter des subsides qui le remettaient à flot et l'obligeaient tout au moins à des égards. A d'autres journaux, on demandait seulement, à titre de complaisance, d'ouvrir leurs colonnes aux envois qui leur seraient faits ; libre à eux d'exercer comme ils l'entendaient leur droit d'appréciation et de réponse. — « Tout ce que je désire, a dit un jour M. de Bismarck, c'est que les feuilles politiques me réservent assez de papier blanc pour les communications que je leur fais envoyer de Berlin ; elles peuvent remplir le reste de leurs colonnes comme il leur plaira. »

Les résultats qu'obtient en peu de temps un bureau

de la presse bien administré et bien dirigé dépassent ce qu'on peut croire. « Nous avons vu dernièrement, disait en 1872 dans la chambre des députés de Prusse M. Eugène Richter, un journal acheté par un employé du bureau de la presse pour quelque cent mille thalers. D'où cet homme tenait-il cet argent ? Dans telle ville de province, dans telle autre ville située hors de Prusse, nous voyons tout à coup paraître une nouvelle feuille. Personne ne sait qui l'a fondée, d'où elle tire ses ressources, d'où viennent ses rédacteurs. On sait seulement que le président de la police, le président du gouvernement, et, si la chose se passe à l'étranger, la légation prussienne, s'intéressent à cette nouvelle entreprise. On voit aussi de soudaines métamorphoses s'opérer dans les feuilles existantes. Le grand public ne soupçonne pas dans quelle mesure colossale la presse officieuse s'est accrue pendant ces dernières années. » Le 3 décembre 1873, M. Windthorst affirmait devant la même assemblée que, du train dont allaient les choses, avant peu l'industrie de la presse deviendrait un monopole dans les mains du gouvernement. « J'affirme, ajoutait-il, que non-seulement en Prusse un nombre considérable de journaux sont rédigés directement par le gouvernement, mais que dans beaucoup d'endroits de l'Allemagne il existe d'autres journaux qui sont écrits ici, à Berlin, pour le compte du ministère. J'affirme de plus qu'avec un nombre beaucoup plus considérable d'autres feuilles en Prusse et hors de Prusse un accord a été conclu moyennant lequel certaines colonnes de ces feuilles doivent toujours être ouvertes aux communications du bureau de la presse. Quiconque lit avec quelque attention la *Gazette d'Augsbourg*, la *Gazette de Cologne*, reconnaîtra sans peine que certains chiffres ou certains signes y représentent la signature de gens attachés à ce bureau. L'action secrète du fonds des reptiles se fait sentir jusque dans les pays étrangers. » Comme l'ancien ministre de Hanovre, M. Wuttke se fait fort de prouver que les premiers journaux de l'Allemagne comptent parmi leurs collaborateurs habituels un ou plusieurs écrivains appartenant au bureau de la presse, et il cite le mot d'un publiciste bien informé qui lui écrivait récemment : « Je ne connais guère de journaux allemands dans la rédaction desquels ne siége pas quelque amateur des bains de boue. » A quoi les reconnaît-on, ces baigneurs ? Non-seulement à leurs opinions, à leurs tendances, à leur zèle infatigable pour la cause sainte, mais encore à leur style libre et dégagé, à je ne sais quelle désinvolture cavalière, à ce ton de supériorité morgueuse qu'affecte l'initié de Berlin, lorsqu'il daigne expliquer les grands mystères aux Allemands qui n'ont pas eu le bonheur de naître Prussiens et qui ne seront jamais que des Prussiens de seconde classe.

Quand Harvey eut découvert les lois de la circulation du sang, on se rendit compte d'un grand nombre de faits tenus jusqu'alors pour inexplicables. Il est d'autres phénomènes bizarres qui s'expliquent fort bien quand on connaît les méthodes employées par les bureaux de la presse pour faire circuler les opinions. Qui de nous ne s'est émerveillé plus d'une fois de l'inconcevable rapidité avec laquelle se propagent dans la presse d'outre-Rhin certains courants de pensées, certains bruits, certains mots d'ordre, certaines imputations peu fondées ? Il y a quelques semaines, par exemple, nous avons eu une alerte. Les étrangers en séjour à Paris savent combien la France est aujourd'hui peu guerroyante ; ils savent que tout entière à ses propres affaires, qui lui donnent quelque souci, plus désireuse que jamais de se refaire de ses désastres, elle demande au ciel et à son gouvernement de lui assurer pour de longues années les bienfaits de la paix. Et pourtant un journaliste allemand s'avisa naguère de crier à l'Europe du haut de sa tête qu'on nourrissait à Paris les plus ténébreux desseins : « La France, disait-il, achète des chevaux, et cet indice, joint à d'autres, prouve jusqu'à l'évidence qu'avant trois mois elle se jettera sur l'Allemagne comme le vautour sur sa proie. » Ce que disait ce journaliste, à cinquante lieues de là un de ses confrères ou de ses compères le répétait. Le même jour, à la même heure, la sinistre nouvelle circulait à Francfort, à Leipzig, à Stuttgart, et le lendemain cent journaux, invoquant le témoignage les uns des autres, s'écriaient en chœur : Avant trois mois, la France nous déclarera la guerre ! — Et ils ajoutaient : — Il faut bien que cela soit, puisque tout le monde l'affirme. — A quoi la France aurait pu répondre par le mot d'Almaviva : — « Il y a de l'écho ici ! » Mais devant un tel concert d'accusations son innocence a failli se troubler, peu s'en est fallu qu'elle ne se crût coupable, qu'elle ne rougît des mauvaises pensées qu'elle n'avait pas eues, et qu'elle n'avouât, en se frappant la poitrine, que l'Allemagne avait raison de ne plus vouloir lui vendre de chevaux. « On échauffe les oreilles du bon Michel, disait un journal viennois, jusqu'à ce qu'il crie vengeance pour le soufflet qu'il vient d'administrer à son voisin. » Michel n'est pas sot, il sait lire ; avant de se fâcher, il devrait méditer cette parole de M. Wuttke : « L'outre d'Éole est dans le nord, les vents qu'on en laisse sortir soufflent avec fureur d'un bout à l'autre de l'Allemagne. Pareils aux flocons d'un tourbillon de neige, les articles de fond tombent à terre jusqu'à ce qu'ils aient formé un tapis blanc. » De toutes les figures de rhétorique, la répétition est la plus puissante, et on peut calculer, avec la précision d'un algébriste, combien il faut d'articles de fond disant tous la même chose dans cinquante endroits différents pour fabriquer une opinion publique.

Nous ne voudrions pas qu'on se méprît sur notre pensée. Les conclusions de M. Wuttke ne sont pas tout à fait les nôtres, et avec quelque intérêt que nous ayons lu son livre, il nous permettra de faire nos réserves. Nous lui accorderons sans difficulté que le bureau central et le *Reptilienfond* exercent une influence notable sur la presse allemande, et partant sur la foule des badauds qui ne lisent qu'avec les yeux et sont incapables de distinguer un écrivain consciencieux d'un reptile. Gardons-nous cependant de trop attribuer aux petits moyens, aux petites et aux grandes corruptions dont usent les habiles pour se soumettre les esprits ; gardons-nous surtout de nous imaginer que tout soit factice dans les entraînements auxquels nos voisins sont sujets, dans leurs enthousiasmes, dans leurs colères. L'extrême facilité avec laquelle ils croient tout ce qu'on est intéressé

à leur faire croire résulte moins des ingénieux artifices qu'on emploie pour les persuader que des dispositions d'esprit que leur ont inspirées les événements. Ce qui n'est point artificiel, c'est la popularité immense dont jouit parmi eux celui qui fut jadis
le plus impopulaire des hommes. M. de Bismarck a
fait son chemin dans le monde par le mépris de
l'opinion. En 1866, quand il contraignit la Prusse
à déclarer la guerre à l'Autriche, il avait contre lui
le parlement, les partis, la cour, la presse, les villes
et les campagnes, les inquiétudes de l'armée et les
scrupules de son souverain. Il n'est pas d'exemple
dans l'histoire qu'un homme ait tant osé, tant pris
sur lui, jeté d'une main si audacieuse le gant à la
destinée. La destinée a justifié son audace, aussi bien
que sa clairvoyance et la sûreté de ses calculs, et
l'opinion qu'il avait bravée est devenue sa très-
humble servante. Comment ne serait-il pas populaire ? Avant lui, l'Allemagne possédait sans doute
la paix, la prospérité, les douceurs d'un ménage bien
tenu, la gloire scientifique et littéraire ; une chose
lui manquait, la fierté politique. L'homme qui a procuré à un peuple le plaisir de s'admirer et la joie de
faire peur peut le conduire où il lui plaît.

La popularité de M. de Bismarck s'accroît de jour
en jour. En 1870, on ne voyait encore en lui qu'un
Prussien ; par la campagne qu'il a entreprise contre
Rome, il s'est fait l'homme de l'Allemagne. Depuis
qu'il est le champion « des droits de l'esprit, de la
liberté de l'intelligence, » contre les envahissements
de la hiérarchie romaine, il a rallié à sa personne
et à ses projets les trois quarts des Allemands du

midi, les universités, et tous ces instituteurs primaires, tous ces maîtres d'école qu'il conviait dernièrement à soutenir avec lui le grand combat contre les ennemis de la civilisation, *den Kulturkampf.* Il connaît mieux que personne le tempérament de sa nation et ses cordes sensibles. La prose des plus habiles journalistes produit moins d'effet sur les âmes allemandes que les emportements involontaires ou calculés de son éloquence nerveuse et saccadée, que certaines paroles prononcées par lui dans le Reichstag ou dans la chambre des députés de Prusse, et qui, traversant l'Allemagne comme un éclair, vont remuer profondément des cœurs souabes ou francfurtois qui s'étaient promis de lui demeurer à jamais fermés. Dix articles rédigés par les plumes les mieux taillées du bureau de la presse font moins pour sa popularité que l'altière ironie avec laquelle il s'écriait dernièrement : « Messieurs, nous sommes en présence d'un Italien élu par les prélats italiens, poursuivant des intérêts étrangers aux nôtres et qui n'ont rien de commun avec l'empire allemand ; de même que, selon la parole du poète, la goutte d'eau d'une urne ne pèse rien et disparaît dans l'océan des mondes, de même ce qui se passe sur cette pauvre motte sablonneuse de terre qui s'appelle la Prusse ne pèse rien en regard des intérêts sacrés de la cour de Rome. »

Après avoir représenté la politique de la résistance, cet homme extraordinaire, qui avait en lui de l'étoffe pour plus d'un rôle, est devenu le tribun de l'Allemagne, et il allume dans les esprits des passions avec lesquelles nous ferons bien de compter. Assurément il nous est permis de blâmer les solutions radicales qu'il propose et d'en patronner d'autres; mais qu'on ne puisse pas nous soupçonner de conspirer secrètement avec ses ennemis, de vouloir défendre contre lui l'*Encyclique* et le *Syllabus*, — l'enthousiasme qu'il excite deviendrait du fanatisme. Paul-Louis Courier écrivait en 1823 : « Serons-nous capucins? ne le serons-nous pas? Voilà aujourd'hui la question. » Non, cette question n'en est pas une, nous ne serons pas capucins. Il y va de notre honneur autant que de notre sûreté.

II

LES INQUIÉTUDES PÉRIODIQUES

DE L'ALLEMAGNE

Juin 1875.

Au mois de mai 1851, M. de Bismarck, nommé depuis peu premier secrétaire de la représentation prussienne près la diète germanique, écrivait à quelqu'un qui possédait toute sa confiance que Francfort lui paraissait un séjour mortellement ennuyeux, que les plénipotentiaires des divers États de l'Allemagne y passaient leur temps à s'observer, à s'espionner les uns les autres, que chacun d'eux soupçonnait son voisin d'être plein de pensées profondes, de projets cachés, et que le voisin n'avait pas de peine à défendre son secret contre les curieux, par l'excellente raison qu'il n'en avait point. « Ces gens-là, poursuivait-il, se tourmentent l'esprit pour de pures fadaises, et ces grands diplomates, qui débitent d'un air d'importance leur bric-à-brac, me semblent beaucoup plus ridicules que tel député de la seconde chambre se drapant dans sa dignité. S'il ne survient des événements extérieurs, je sais dès aujourd'hui sur le bout du doigt ce que nous aurons fait dans deux, trois ou cinq ans, et ce que nous pourrions expédier en vingt-quatre heures, si nous voulions être sincères et raisonnables un jour durant. Je n'ai jamais douté que ces messieurs ne fissent leur cuisine à l'eau; mais un potage si aqueux qu'il est impossible d'y découvrir un œil de graisse ne laisse pas de m'étonner. » Il ajoutait quelques semaines plus tard, dans un nouvel accès de *spleen*, que s'évertuer, se tracasser, s'intriguer sans savoir pourquoi, était un passe-temps indigne d'un homme sérieux, et que, n'étaient les affections de famille qui le rattachaient à la vie, il la quitterait volontiers « comme on quitte une chemise sale. »

L'Allemagne ne mérite pas aujourd'hui les reproches que lui adressait autrefois M. de Bismarck. Elle ne fait plus « sa cuisine à l'eau, » elle n'est plus la terre classique de la politique timide, méticuleuse, vétilleuse et paperassière. Ses mœurs ont bien changé, et M. de Bismarck se venge terriblement de l'ennui qu'il éprouva jadis à Francfort. Dans le temps où l'Allemagne mettait sa gloire à être une nation réfléchissante, écrivante et protocolisante, la France s'occupait activement à fournir toute l'Europe de nouveautés et d'émotions; ce métier lui a si mal réussi qu'elle en est à jamais dégoûtée. Les rôles sont intervertis. C'est Berlin qui se charge de tenir l'Europe en haleine et qui l'empêche de s'endormir; c'est à Berlin que se préparent les événements, que s'amassent les sombres nuages qui portent dans leurs flancs la foudre ou la grêle. On pratique sur les bords de la Sprée une politique à sensation, féconde en péripéties, que la galerie contemple avec une anxieuse curiosité;

mais il y a beaucoup de gens d'humeur paisible, qui craignent les émotions, les surprises et les secousses. Ils ne seraient pas fâchés qu'on leur accordât un peu de repos d'esprit; l'ennui ne leur paraît pas le pire des maux, et quand demain ressemblerait à aujourd'hui, ils ne parleraient point de quitter la vie « comme on quitte une chemise sale. »

Peut-être l'Europe est-elle devenue trop nerveuse, peut-être se prête-t-elle avec trop de complaisance à toutes les émotions qu'on veut bien lui procurer. Il est certain toutefois que jamais on n'avait tant abusé de ses nerfs que dans les semaines qui viennent de s'écouler. Au moment où elle s'y attendait le moins, des rumeurs inquiétantes, des bruits de guerre ont commencé à courir. On espérait que les nouvellistes qui les mettaient en circulation seraient promptement désavoués et démentis; ils ne l'ont pas été, et le public en a inféré qu'ils possédaient le secret des dieux. Toute l'Europe s'est émue, et pendant quelque temps son trouble a ressemblé à de l'effarement. Tout à coup ces mêmes journalistes qui s'étaient donné le mot pour l'alarmer, changeant brusquement de langage, ont déclaré qu'on les avait mal compris, qu'on se mettait mal à propos martel en tête, que jamais la paix n'avait été plus assurée. Ils ont traité de brouillons, de boute-feu, ceux qui, sur la foi de leurs avertissements et de leurs menaces, s'étaient permis de répéter après eux que le repos du monde était en danger. A les entendre, ces méchants bruits avaient été semés perfidement « par quelques jupes coalisées avec quelques soutanes. » S'enveloppant dans leur robe de prédicateurs de la Pentecôte, ils se sont écriés : — Qu'ils sont beaux sur la montagne, les pieds de ceux qui annoncent la paix ! — Malheureusement leur robe était trop courte, elle laissait passer le bout de leur escopette. Le point est de savoir si cette escopette était amorcée ou s'ils avaient fait semblant de la charger pour faire peur. Tout porte à croire que la pièce qui vient de se jouer pourrait être intitulée : « L'art d'avoir l'air de s'inquiéter, à la seule fin d'inquiéter les autres. »

Sans contredit, si les journalistes et les gouvernements réglaient leur conduite sur les intérêts et les vœux des peuples, jamais la paix n'aurait été plus assurée qu'aujourd'hui, et l'alerte que vient d'éprouver l'Europe pourrait être taxée de ridicule panique, — car jamais les peuples n'ont été plus affamés de paix, jamais ils n'ont été plus enclins à la considérer comme le premier des biens, à s'imposer, s'il le faut, des sacrifices d'amour-propre pour la conserver. Nous ne prétendons pas nier qu'il n'y ait en Allemagne sinon un parti, du moins des partisans convaincus de la guerre ; il y en a toujours dans les pays qui viennent de faire une guerre heureuse, d'exercer avec succès le métier de conquérant. On y trouve des gens qui ont pris goût à ce métier, parce qu'il leur a procuré de la gloire, sans compter le profit. Quand l'Athénien Trygée conçut le hardi projet de pacifier la Grèce et d'aller tirer de son puits pour la ramener en triomphe dans Athènes cette aimable déesse que chérissent les moissons et les oliviers, cette déesse qui respire « les fruits mûrs, les banquets, les fêtes de Bacchus, les flûtes, les poètes comiques, les vers de Sophocle, les grives, le lierre, les brebis bêlantes, les amphores renversées et une foule d'autres bonnes choses, » il eut pour ennemis de son entreprise non-seulement les armuriers, les fabricants d'aigrettes, les marchands de cuirasses, les polisseurs de lances, mais certains généraux dyscoles, et ce fut bien malgré eux que la Paix réussit à sortir de son puits. « Lamachus, grand général, s'écriait Trygée, c'est mal à toi, tu nous empêches de tirer sur la corde, tu t'es mis là tout exprès pour nous gêner dans nos mouvements; nous n'avons pas besoin de ta tête de Méduse! »

Nous accorderons sans peine qu'il n'est pas difficile de trouver à Berlin des Lamachus et plus d'une tête de Méduse. On y rencontre aussi d'autres ennemis de la paix qui ne portent pas l'épaulette; députés ou professeurs, ils relèvent d'un parti qui produit moins de généraux que d'avocats et d'orateurs de talent et joue un rôle considérable dans l'histoire présente de l'Allemagne. Les velléités belliqueuses des nationaux-libéraux s'expliquent par les peines de cœur, par les vives contrariétés qu'ils ont éprouvées et qu'ils éprouvent encore. Ils disposent de la majorité dans le parlement prussien, et, en bonne logique parlementaire, les portefeuilles devraient leur appartenir; mais cette logique n'est pas admise en Prusse, où l'on professe le principe « de la royauté libre dans un pays libre, » et où la liberté du roi consiste précisément à prendre ses ministres parmi les gens qui lui plaisent et à ne point se laisser contrarier dans son choix par les vœux d'une assemblée.

Or les nationaux-libéraux ont ce malheur, que leur personne n'agrée point au roi ni au chancelier de l'empire. Après avoir combattu à outrance la politique de M. de Bismarck, ils la soutiennent depuis bien des années avec un dévoûment qui réclame sa récompense. M. de Bismarck ne méconnaît point les services qu'ils lui rendent, mais il ne se croit pas obligé de leur en tenir compte, et il n'a garde de leur concéder ce qu'ils lui demandent, le régime parlementaire et deux ou trois portefeuilles. La *Gazette de la Croix* disait un jour que les nationaux-libéraux étaient un parti de vieilles filles qui, après avoir rêvé les plus brillants établissements, voient les années s'en aller l'une après l'autre, et à qui de jour en jour pèse davantage leur triste virginité. On a dit aussi que, commis dans une grande maison de commerce qui a fait les plus brillantes affaires, ils s'étaient flattés que pour prix de leur zèle on finirait par les associer à la maison, par les mettre de part dans les bénéfices, mais que ce jour n'était pas venu, qu'il ne viendrait pas de sitôt. Une si cruelle déception aigrit leur caractère, et l'inquiétude de leur humeur les rend avides d'aventures, qui leur serviraient du moins à tromper leur mélancolie. A plusieurs reprises, ils ont reproché à M. de Bismarck de s'endormir sur ses lauriers, de tourner trop court dans ses entreprises, d'avoir des vues trop étroites, trop mesquines, de ne pas donner satisfaction aux ambitions légitimes de l'Allemagne. M. de Bismarck a comparé ces insatiables conquérants à certain personnage de Shakspeare qui, après avoir occis quelque six ou sept douzaines d'Écossais à un déjeuner, se lave les mains en se plaignant amèrement de son existence oisive et monotone et du profond ennui qui le dévore : « Mon cher Henri, lui demande sa femme, combien avez-vous tué d'Écossais aujourd'hui? — Donnez à boire à mon cheval rouan moucheté, répond-il d'un ton brusque, — et puis il ajoute une heure après : — Environ quatorze, une bagatelle, une véritable bagatelle. »

Si l'Allemagne possède plus d'un général, plus d'un orateur et plus d'un professeur qui ne craindraient pas de déchaîner de nouveau sur l'Europe le fléau de la guerre, gardons-nous de croire que ces esprits remuants et aventureux soient les vrais représentants de l'opinion publique. Les Allemands sont très-capables d'agir par enthousiasme, de sacrifier en de certains moments leurs intérêts à leurs passions; mais ils sont aussi un peuple réfléchi, et, quand la fièvre les quitte, ils aiment à raisonner sur leur situation, à tenir leurs comptes par doit et par avoir, à connaître exactement leurs profits et leurs pertes. Ils ont beaucoup réfléchi depuis 1870, et ils se félicitent des grands résultats politiques qu'ils ont obtenus par leurs victoires. La guerre était nécessaire pour créer l'empire allemand; l'empire existe, ils s'en applaudissent, mais l'empire n'est pas encore entièrement organisé. Il reste bien des lois à faire, bien des questions à résoudre, particulièrement la question religieuse, qui passionnera longtemps les esprits. L'Allemagne trouve assez d'occupation chez elle pour ne pas éprouver le besoin d'en aller chercher au dehors. D'autre part elle a fait le calcul de ce que lui coûte sa gloire, des sacrifices considérables auxquels elle a dû se résigner pour satisfaire ses ambitions politiques. Ces sacrifices, elle ne les regrette point; mais elle n'est pas portée à s'en imposer de nouveaux à la légère. Elle s'est étonnée de voir que l'énorme contribution levée sur le vaincu n'avait pas profité à son bien-être. Les Allemands ont vu couler devant eux un fleuve d'or, et, comme le rat de La Fontaine, ils peuvent dire pour la plupart : Nous n'y bûmes point. Une notable partie de ces milliards a été employée à reconstituer le tré-sor de guerre, à payer des pensions, à rebâtir des forteresses, à fondre des canons, à réorganiser l'armée ; la nation se demande où s'est englouti le reste, et comment s'explique la crise financière dont elle a pâti, la pénurie d'argent coïncidant avec le renchérissement de toutes choses, ce singulier phénomène d'un vaincu jouissant d'une situation plus prospère que son vainqueur.

L'Allemagne a conclu de l'expérience qu'elle vient de faire que la guerre est un mauvais moyen de s'enrichir, que le commerce, l'industrie, le travail, sont des ressources plus sûres pour un peuple. Ses économistes lui promettent que le malaise dont elle souffre ne durera pas, qu'elle recueillera plus tard les bénéfices économiques de ses victoires, comme elle en a recueilli les avantages politiques. Elle ne demande pas mieux que de les en croire, mais en attendant elle désire travailler, et à cet effet elle veut avoir la paix, et surtout croire à la paix, car sans confiance point d'affaires. Aussi les bruits de guerre qui ont couru récemment l'ont-ils consternée, et quand elle a découvert qu'on l'avait inquiétée sans sujet, elle a laissé éclater son indignation contre les journaux alarmistes ; ils ont fort à faire de se défendre contre les anathèmes dont on les accable.

Une revue estimée de Berlin, *die Gegenwart*, a demandé qu'ils fussent condamnés à encadrer et à mettre sous verre les désaveux qu'ils ont dû s'infliger à eux-mêmes, qu'on obligeât leurs rédacteurs à relire chaque matin leur sentence pour leur ôter l'envie de rallumer leurs brandons. Cette même revue, prenant vivement à partie « une demi-douzaine de professeurs plus ou moins chauvins, » qui avaient trouvé l'occasion bonne de mettre flamberge au vent, s'exprime à leur sujet en ces termes : « Nous avons, cela va sans dire, le plus profond respect pour la science allemande ; mais nous tenons que le cordonnier ne doit s'occuper que de monter ses souliers sur la forme. Autrement nous recommanderions éventuellement la méthode des Espagnols, qui ont expédié leurs professeurs aux îles Canaries. Nous n'avons pas d'îles ; mais il nous serait facile de trouver quelque endroit propice aux cures d'air pour y installer ceux de nos universitaires qui ont des goûts belliqueux. »

Le seul moyen de ranimer les fureurs guerrières des Allemands serait de leur persuader que la France médite et prépare secrètement sa revanche. Il ne manque pas de gens qui s'appliquent à le leur faire croire ; jusqu'aujourd'hui, ces ingénieux et insidieux démonstrateurs ont perdu leurs peines. Il y a beaucoup d'hommes sensés en Allemagne, et il leur paraît assez naturel que la France, qui n'a plus de frontières, croie devoir à sa sûreté de se refaire une armée, d'autant que le traité de Francfort ne lui interdit point d'en avoir une. Ils savent que la réorganisation de cette armée est une œuvre de longue haleine, que ce n'est ni demain ni après-demain qu'elle sera en état d'entrer en campagne. Ils savent aussi que la France a de bonnes raisons de s'attacher à une politique pacifique.

Nous avons sous les yeux une étude sur les finances françaises qui a paru dernièrement à Berlin [1]. L'auteur, dont l'impartialité mérite d'être louée, s'est livré à un examen consciencieux des nouvelles conditions d'existence que ses malheurs ont faites à la France. Il rend hommage aux étonnantes ressources qu'elle a déployées dans de fatales conjonctures, à la facilité avec laquelle elle est parvenue à s'acquitter des charges écrasantes qui pesaient sur elle, à la puissance de son crédit, à l'habileté qui a présidé, toutes réserves étant faites, aux opérations destinées à lui permettre d'anticiper ses paiements; mais il remarque aussi qu'elle ne pourrait renouveler sans péril de si grands efforts, que parmi les nouveaux impôts votés par l'assemblée nationale il en est de pernicieux qui à la longue risqueraient de compromettre le développement de ses forces productives, et qu'il importe de les réduire ou de les supprimer le plus tôt possible. Sa conclusion est que la France, malgré ses défaites, malgré les 9 milliards que lui a coûtés la guerre, malgré la diminution de son territoire, dispose encore de moyens d'action considérables, que cependant elle a désormais un déficit important à combler, que l'excédant annuel de 1 milliard 500 millions ou de 2 milliards qu'elle pro=

---

1. *Die Finanzen Frankreichs nach dem Kriege von 1870-1871,* von L. von Hirschfeld. Berlin, 1875.

duisait en 1870 sera employé pendant un certain nombre d'années à rétablir sa situation, que pendant tout ce temps elle travaillera non à s'enrichir, mais à réparer ses pertes, qu'il lui faudra peut-être dix ans pour se retrouver telle qu'elle était avant ses désastres. Il ne peut s'empêcher de voir dans un tel état de choses une garantie sérieuse de la paix. « La France, ajoute-t-il, ne s'est pas appauvrie ; mais, par la perte d'une partie de ses ressources en argent comptant et par la tension excessive des ressorts de l'impôt, elle est assez paralysée pour ne pouvoir aujourd'hui entreprendre une guerre sans porter le trouble d'une manière durable dans toute son économie financière, sans provoquer une crise qui causerait de vives souffrances à toutes les couches de sa population et compromettrait irréparablement la prospérité nationale. Pour faire et pour préparer la guerre, il faut qu'un peuple n'ait pas seulement une armée en état, mais qu'il puisse disposer en peu de temps de sommes considérables. Non-seulement la France ne possède plus cette faculté, mais en face du trésor de guerre de Spandau le trésor français ne peut mettre en ligne que des caisses vides. Le crédit du pays est loin d'être épuisé, cela se voit à la bonne tenue du billet de banque et au taux de la rente ; toutefois au début d'une guerre la France ne pourrait contracter un emprunt qu'à l'étranger et dans des conditions très-défavorables. Jusqu'aujourd'hui, son crédit était fondé sur ses réserves en métaux précieux et sur les valeurs étrangères qu'elle possédait, c'est-à-dire sur sa fortune. Dorénavant son crédit reposerait seulement sur les espérances que donne-

raient ses généraux, et c'est emprunter dans de
mauvaises conditions que d'emprunter sur des espérances. »

Comme l'économiste que nous venons de citer,
les Allemands qui connaissent les Français les tiennent non-seulement pour l'un des peuples les plus
travailleurs et les plus industrieux de l'Europe, mais
pour celui qui entre tous possède le génie de l'é-
pargne. Qui dit épargne dit prévoyance, et cette
prévoyance qui caractérise le Français dans la conduite de son ménage, il l'applique aussi au ménage
de l'État. Le premier souci de la France est de
rétablir l'équilibre dans son budget, et si ceux qui la
gouvernent trompaient sa confiance en la précipitant
dans quelque aventure, quelle que fût la couleur de
leur drapeau, rouge ou blanche, elle verrait en eux
les plus dangereux de ses ennemis.

Les Allemands qui raisonnent ont tout sujet de se
rassurer sur les intentions de la France; ils n'ignorent point qu'elle s'est donné la forme de gouvernement qui offre le plus de garanties à la paix de
l'Europe. Une république est un gouvernement im-
personnel, qui est moins tenu qu'un autre d'avoir
de l'amour-propre. Il peut se dispenser de compli-
quer les conflits d'intérêt par des considérations de
fausse dignité, par les excitations d'un orgueil chatouilleux et susceptible; il est plus capable de se
conduire par le seul bon sens, de s'imposer au
besoin des renoncements de vanité, de ne pas sacrifier les avantages d'une politique sage, modeste et
pacifique, aux subtilités du point d'honneur. Une
république est une raison sociale, et les raisons

sociales ne se fâchent pas quand il y va de leur intérêt de ne se point fâcher; les raisons sociales ne font pas gloire de vider leurs querelles en champ clos, elles recourent aux tribunaux, elles plaident et tâchent de gagner leur procès. Les Allemands sont convaincus que, si en 1870 la France avait eu un gouvernement républicain, elle n'aurait pas déclaré la guerre pour une question d'amour-propre; mais elle possédait alors un gouvernement personnel, où, comme on l'a dit, il n'y avait plus personne. L'injure a été ressentie, et la peur qu'on a eue de l'opinion a conduit aux abîmes. Les Allemands sont persuadés aussi que la France ne saurait rétablir la monarchie sans mettre la paix en danger. L'heureux prétendant qui réussira à s'asseoir sur le trône aurait besoin de prestige pour s'y maintenir; à quel prix l'achèterait-il, ce prestige? On compte aujourd'hui par milliards, et ce sont les peuples qui paient l'addition.

Au surplus, ce qui achève de rassurer les Allemands, ce sont les sentiments que témoignent à leur égard toutes les puissances de l'Europe. On accuse les Français de vivre d'illusions; ils s'en font moins qu'on ne le pense. Ils savent fort bien qu'une nouvelle diminution de la France serait considérée par les grands et les petits États comme un malheur public, comme une atteinte fatale et irréparable portée à l'équilibre européen, que l'Europe tout entière est intéressée à prévenir une telle catastrophe; mais en revanche ils n'ignorent point que l'Europe s'accommode des résultats de la paix de Francfort, qu'elle verrait sans déplaisir le prolongement indéfini du *statu quo.*

La France pendant vingt ans a inquiété, irrité ses voisins par ses entreprises souvent généreuses, mais trop décousues, par une politique qui, changeant incessamment de visées et d'alliés, donnait tour à tour des espérances à tout le monde, sans jamais donner de sûretés à personne. L'Europe a vu tomber l'empire sans trop de regrets, et elle est disposée à voir les bons côtés de la situation présente. L'Angleterre, dans un temps où les questions religieuses sont redevenues des affaires d'État, n'est pas fâchée que la prépondérance sur le continent appartienne à une puissance protestante; c'est un thème que ses journaux ne se lassent pas de traiter. Si l'Italie souhaitait avec ardeur le complet relèvement de la France, les propos malencontreux de certains pèlerins auraient sûrement pour effet de tempérer son zèle. L'Autriche pratique aujourd'hui une politique hongroise, et la Hongrie est l'obligée de la Prusse; n'est-ce pas la Prusse qui a contraint l'empire des Habsbourg de transporter à Pesth son centre de gravité? La Russie ne peut que s'applaudir d'événements qui l'ont constituée l'arbitre de l'Europe, et qui, le jour où l'Allemagne la ménagerait moins, lui permettrait de compter avec certitude sur l'alliance française.

— Pour gagner une bataille, disait lord Wellington, il faut d'abord avoir un peu de talent, mais il faut surtout que l'ennemi fasse beaucoup de fautes. — Tout le talent des hommes d'État français ne suffirait pas pour assurer à la France le succès d'une revanche; ils n'ont rien à espérer que des fautes qu'on pourrait faire à Berlin, des mécontentements que l'Allemagne causerait à l'Europe, si elle abusait de sa force, si

elle rendait son hégémonie insupportable en s'abandonnant sans réserve à son humeur tracassière, en
suscitant partout des difficultés, en se mêlant de tout
et brouillant tout. Machiavel enseigne que ce qui fait
le salut des princes, c'est d'avoir de bons amis et une
bonne armée, et il ajoute qu'un prince qui a une
bonne armée n'a pas de peine à avoir de bons amis.
Tant que l'Allemagne conservera ses bons amis, la
France ne pourra lui inspirer aucun ombrage; si
jamais elle les perd, ce n'est pas à la France qu'elle
pourra s'en prendre.

Garantie comme elle l'est contre tout danger prochain et par ses armées, et par ses amitiés, et par la
ligue des empereurs, et par les dispositions de l'Europe aussi bien que par celles de la France, que
faut-il penser des inquiétudes qu'a manifestées récemment l'Allemagne? Comme l'a dit le *Times*, tout est
mystérieux dans cette mystérieuse histoire. L'Europe
a-t-elle été vraiment en proie à l'une de ces paniques
que rien ne justifie et qui se produisent aussi bien
dans les cabinets des diplomates que dans la mêlée
des champs de bataille? On se défend à Berlin d'avoir
fourni le moindre prétexte à cette pénible émotion
dont le monde des affaires s'est cruellement ressenti.
Les journaux qui avaient annoncé des complications,
prophétisé des malheurs, avancé avec persistance
que le gouvernement allemand voyait un danger dans
la loi française des cadres et presque un *casus belli*,
soutiennent aujourd'hui qu'on s'est trompé sur leurs
intentions, qu'on a pris pour des croassements de
corbeaux d'amoureux roucoulements de tourterelles.
Ils nient que la chancellerie allemande ait adressé à

ses agents diplomatiques une circulaire destinée à
leur faire connaître ses appréhensions et ses griefs.
Ils nient que pendant les quelques jours qu'il a passés
sur les bords de la Sprée l'empereur de Russie ait
dû s'employer à dissiper des ombrages, à calmer
des esprits échauffés. Ils affirment que l'empereur
Alexandre n'a rencontré partout à Berlin que des
fronts sereins et des regards pacifiques, qu'il a pu
constater dès son arrivée l'inanité des craintes qu'on
lui avait inspirées, et qu'il n'a eu garde de prêcher
des convertis.

Tout cela est peut-être vrai ; mais il est également
vrai qu'un personnage qui tient une place importante
dans l'office extérieur de l'empire germanique avait
eu un jour avec l'ambassadeur de France un entretien fort significatif et fort imprévu, lequel ressemblait
à un avertissement, presque à une menace. Ne se
pourrait-il pas que le gouvernement français, ému
par les rapports de son ambassadeur, les eût communiqués confidentiellement à l'Europe, lui eût
témoigné par l'entremise de ses agents les inquiétudes
réelles que lui causaient les fausses inquiétudes qu'on
affectait d'éprouver à Berlin ? Ne se pourrait-il pas
que ces communications, sympathiquement accueil-
lies à Rome, froidement écoutées à Vienne, eussent
paru graves aux cabinets de Saint-Pétersbourg et de
Londres, qu'elles eussent motivé le voyage à Berlin
de l'ambassadeur de Russie en Angleterre, le comte
Schouvalof, et la décision prise par le *foreign office*
de demander au gouvernement allemand des explications, qui ont été satisfaisantes ? Nous ne doutons
pas qu'en arrivant à Berlin l'empereur Alexandre ne

sût d'avance les dispositions qu'il y trouverait; il s'était arrangé pour que la paix de l'Europe ne dépendît pas des hasards de la conversation qu'il allait avoir avec son oncle. Est-ce une raison pour prétendre qu'on a fait beaucoup de bruit pour rien ? On a fait du bruit, mais en vérité il y avait quelque chose.

Est-ce à dire que M. de Bismarck méditât une déclaration de guerre et qu'il ait été arrêté dans ses desseins par la pression de l'Europe ? Croirons-nous, comme on a osé l'en accuser, qu'il eût l'intention d'envahir inopinément la France en disant aux vaincus de 1870 : — Vous êtes trop riches et trop industrieux, vous avez trop de ressources et trop de crédit, vous vous relevez trop facilement de vos défaites. Je me suis trompé, je m'en accuse devant le ciel et devant l'Allemagne; en vous imposant une contribution de 5 milliards, j'avais cru vous mettre dans l'impossibilité d'avoir une armée et une marine. Je veux réparer mon erreur, et cette fois le mémoire à payer sera tel que désormais vous serez à ma merci. — Prêter à M. de Bismarck de si monstrueux projets, c'est méconnaître le respect qu'a pour sa gloire un homme de son caractère et de son génie, et l'attention qu'il a toujours eue à sauver les apparences ou à les mettre de son côté.

Que s'est-il proposé en donnant une alerte à l'Europe ? Un journal qui passe pour recevoir quelquefois ses confidences s'est chargé de nous révéler le secret de sa conduite en nous apprenant que M. de Bismarck a l'habitude de faire souvent ses inventaires. C'est une habitude de bon négociant, qui convient aussi à un homme d'État prévoyant et avisé.

M. de Bismarck aime à constater sa perte ou son gain de l'année, à évaluer au prix courant les effets dont il peut disposer, à s'assurer que le temps ne les a pas dépréciés. M. de Bismarck a des alliés auxquels il tient beaucoup ; mais dans plusieurs conjonctures où il avait besoin de leur adhésion, ils ont paru la lui marchander. Il les avait trouvés un peu froids, un peu trop réservés, trop disposés à dire que les alliances n'interdisent pas les divergences sur certains points, et qu'elles laissent à chacun une certaine liberté d'action. Il n'a pas été fâché d'avoir l'occasion de s'expliquer avec ses alliés ; il a été bien aise qu'ils eussent des questions à lui adresser, ce qui lui permettait de les questionner à son tour, — qu'ils eussent des explications à lui demander, ce qui l'autorisait à leur en demander aussi et à leur faire comprendre au prix de quelles garanties il peut consentir à ne plus avoir d'inquiétudes compromettantes pour le repos de l'Europe. M. de Bismarck a un procès avec l'Église, et le parlement prussien a voté un certain nombre de lois ecclésiastiques qu'on paraît désirer d'étendre à tout l'empire allemand ; obtenir de la Bavière qu'elle supprime les couvents, les ordres, les congrégations, est une entreprise qui offre quelques difficultés. M. de Bismarck a peut-être été curieux de savoir comment on accueillerait à Munich la perspective d'une nouvelle guerre entre l'Allemagne et la France. Il désire connaître non-seulement ce qu'il peut attendre de ses amis, mais ce qu'il doit craindre de ses ennemis. Il tient et il tiendra long-temps à savoir où en est la France, quelles sont ses pensées secrètes et le degré de confiance qu'elle a dans ses forces. Depuis 1870, il n'a manqué aucune occasion de lui tâter le pouls ; c'est à quoi lui ont servi les affaires d'Espagne, et plus récemment les difficultés qu'il a soulevées à Bruxelles ; il vient de sonder ses dispositions d'une manière plus directe.

Ce n'est pas offenser M. de Bismarck que de dire qu'il est le plus redoutable, le plus habile tentateur dont il soit fait mention dans l'histoire. Séduisant ou impérieux, selon qu'il lui convient, il tend des piéges aux fiertés aussi bien qu'aux appétits ; si ses offres couvrent des embûches, ses défis sont souvent des épreuves. On lit dans l'Évangile que le diable, ayant mené Notre-Seigneur à Jérusalem, le fit monter au haut du temple, et lui dit : « Si tu es le fils de Dieu, jette-toi en bas, car il est écrit qu'il ordonnera à ses anges d'avoir soin de toi et qu'ils te porteront dans leurs mains, de peur que ton pied ne heurte contre une pierre. » Certains esprits exaltés, qui vont chercher leurs inspirations au Vatican, voient dans M. de Bismarck moins l'ennemi de la France que l'ennemi de Dieu ; ils considèrent qu'une guerre de revanche serait moins une guerre patriotique qu'une sainte croisade, et ils se flattent que, le cas échéant, le ciel leur prêterait main-forte. Heureusement ces idées n'ont pas cours au quai d'Orsay, et le défi du tentateur n'a pas été relevé. Ce qui serait arrivé, quelles résolutions on aurait formées à Berlin, si le gouvernement français, se croyant sérieusement menacé, avait pris quelques mesures pour sa défense, s'il avait envoyé seulement quatre hommes et un caporal pour protéger sa frontière, M. de Bismarck le sait ; mais nous préférons ne pas chercher à le deviner. Quelles que fussent ses intentions, il a pu constater que le tempérament de la France a changé depuis l'affaire Hohenzollern, qu'elle a profité des leçons du malheur, qu'elle a appris à maîtriser ses impressions, que ce peuple si passionné a aujourd'hui la passion du recueillement, que ce peuple si fiévreux a la fièvre du travail, et que, s'inspirant de ses sentiments, ceux qui le gouvernent, quand on leur fait une chicane, ne la considèrent point comme une affaire d'honneur, mais qu'ils en saisissent les tribunaux, et qu'ils ont eu raison de croire qu'il y avait des juges en Europe.

En faisant son inventaire, M. de Bismarck a procuré à la France l'occasion de faire le sien. Elle a pu se convaincre de l'empire que les idées pacifiques exercent aujourd'hui partout, même en Allemagne, où le raffermissement de la paix a fait beaucoup plus d'heureux que de mécontents. La France a pu se convaincre aussi que l'Europe n'a pas encore abdiqué. La Russie et l'Angleterre ont eu la gloire de démontrer aux incrédules cette vérité consolante, et on ne peut trop se féliciter d'avoir vu deux puissances qui ne s'entendent pas toujours s'empresser à l'envi l'une de l'autre de dissiper des alarmes qui étaient un danger. Leur bienfaisante intervention a été un véritable événement, et, si le passé répondait de l'avenir, l'Europe pourrait se flatter de posséder enfin cette institution d'arbitrage international que les politiques affectent de regarder comme une utopie.

Espérons que nous n'aurons pas besoin de recourir souvent à ces arbitres souverains ; puisse la crise que nous venons de traverser ne pas se reproduire de longtemps ! Il faut que chacun s'applique à en pré-

venir le retour, et que la sincérité et un courageux
bon sens viennent en aide à la prudence. Il y a deux
espèces de politique, la politique d'intérêt et la politique de sympathie ; la première est la seule qui
convienne à la France ; la seconde, qu'elle a trop
pratiquée, lui a coûté cher, elle y doit renoncer pour
toujours. Si l'on se persuadait en Europe que la
France ne consulte que ses intérêts, qui pourrait
désormais se permettre de suspecter ses intentions ?
Ne sait-on pas combien elle est intéressée au maintien
de la paix ? La politique de sympathie est sujette à de
dangereux entraînements, et les ennemis de la France
la soupçonnent de complaisances secrètes qui l'isolent
du reste de l'Europe, car elles ne sont partagées par
aucun des gouvernements dont elle recherche l'amitié. Ses infatigables accusateurs la rendent responsable et des opinions connues de tel de ses agents
diplomatiques, et des discours de ses pèlerins, et de
l'étrange harangue prononcée dans le congrès des
cercles catholiques par un officier de l'armée, lequel
a déclaré, aux applaudissements de son auditoire,
que le libéralisme est un poison mortel et que l'application stricte du *Syllabus* était le seul remède à tous
nos maux ! Qui peut croire que le gouvernement
français approuve ce genre d'éloquence ? Le malheur
est qu'il ne s'explique pas assez ; il aime à se taire, et
peut-être abuse t-il du silence. S'il parlait, ce serait
pour dire qu'il n'a pas d'autres amis ni d'autres
ennemis que les amis et les ennemis des intérêts
français. Quand les dévots demandèrent au roi de
Prusse Frédéric-Guillaume III de décréter de prise
de corps le philosophe Fichte, qu'ils accusaient

d'athéisme, il leur répondit : « Si Fichte conspire contre moi, je m'occuperai de le mettre à la raison; s'il est en délicatesse avec le bon Dieu, qu'ils s'arrangent ensemble ! ce ne sont point mes affaires. » Comme le roi Frédéric-Guillaume III, le gouvernement français ne s'occupe que de ses propres affaires; il est le mandataire de la France, qui seule a le droit de disposer de lui, et, quand il aurait la puissance de faire tout ce qui lui plaît, il ne l'emploierait pas à conduire les mécréants à Canossa.

III

LES PROGRÈS

DE LA RUSSIE DANS L'ASIE CENTRALE

JUGÉS PAR UN ALLEMAND

Juillet 1875.

Les nomades d'origine tartare qu'on appelle Kirghiz n'ont pas seulement la réputation d'aimer passionnément le *kumis*, boisson préparée avec du lait de chamelle, et d'être de grands amateurs de thé, pourvu qu'on leur permette de l'assaisonner avec du sel et de la graisse de mouton. Les vrais Kirghiz ou Kara-Kirghiz, ou Kirghiz noirs, sont réputés aussi pour être de tous les peuples de l'Asie celui qui a le plus de curiosité naturelle, celui qui s'intéresse le plus à tout ce qui peut se passer chez lui ou hors de chez lui. Une nouvelle dans sa primeur est pour eux une véritable friandise de l'esprit, et l'homme qui prend ses jambes à son cou pour venir dans leur tente leur servir ce régal est assuré d'obtenir à tout le moins un aloyau en récompense. Aussi le métier de nouvelliste fleurit-il chez les Kirghiz, et la rapidité incroyable avec laquelle les bruits du jour, les faits divers fraîchement expédiés de la Chine ou de la Sibérie, circulent dans leurs vastes steppes, où il y a peu de

chemins et beaucoup de chacals, a fait souvent l'é-
tonnement des voyageurs.

Si les Kara-Kirghiz sont les plus curieux des Orientaux, les plus curieux des Occidentaux sont assurément les Anglais. Rien de ce qui passe sur la surface
du globe ne leur est indifférent, ils aiment à recevoir
des informations précises de tous les coins de l'univers, à savoir exactement ce qui se dit et se fait à
Hong-kong et aux îles Fiji, quels événements se préparent dans les Bermudes et à Singapour. A cet effet,
ils ont découvert des moyens de s'approvisionner de
nouvelles dont les Kara-Kirghiz ne se sont pas encore
avisés. Ils possèdent la presse la mieux informée du
monde, laquelle a dans les deux hémisphères des
correspondants pleins de zèle, et en envoie tout
exprès partout où il pourrait bien arriver quelque
chose. Ils possèdent aussi un parlement où tout événement de quelque importance donne lieu un jour
ou l'autre à des interpellations, à des discussions, à
des conversations, dont toute la Grande-Bretagne fait
son profit.

Toutefois ce qui tempère un peu depuis quelques
années le plaisir qu'éprouvent les Anglais à recevoir
des nouvelles de partout, c'est une sorte d'inquiétude
nerveuse qui s'est emparée d'eux et les dispose aux
sombres pressentiments ; ils craignent chaque matin,
à leur réveil, d'apprendre qu'il est survenu quelque
part quelque méchante affaire dont ils pourraient
être forcés de se mêler. L'Angleterre est contente de
son sort ; elle n'a plus rien à souhaiter, elle est très-
libre, très-riche et très-heureuse. Les gens qui ont
fait leur chemin, qui sont pour ainsi dire assis dans

leur bonheur, ont peu de goût pour les aventures ;
ils redoutent les futurs contingents qui pourraient
les déranger dans leurs habitudes, les troubler dans
leur repos ; ils diraient volontiers comme le bourgeois de Goethe : « Je ne sais rien de plus agréable,
les dimanches et jours de fête, que d'entendre parler
de guerres et de batailles, quand là-bas, bien loin,
en Turquie, les peuples se gourment à cœur joie. On
se met à la fenêtre, on vide son petit verre, et on
regarde les jolis bateaux pavoisés qui glissent sur la
rivière ; puis on retourne le soir gaîment dans sa
maison, et on bénit la paix et les temps pacifiques. »
Malheureusement il est beaucoup plus difficile à la
Grande-Bretagne qu'à un bon bourgeois retiré des
affaires de se désintéresser des événements lointains
et des gourmades qui s'échangent en Turquie ou
ailleurs. L'Angleterre n'est pas seulement en Angleterre, elle est en Asie, en Amérique, dans l'Océanie,
à Ceylan comme à Périm, à Natal comme à Mel-
bourne. Dans tous les archipels, dans tous les continents, sous l'équateur comme près des pôles, elle a
des intérêts à surveiller et à défendre.

C'est un bonheur très-compliqué que le bonheur
anglais, et les bonheurs compliqués sont de garde
difficile, ils redoutent les accidents. Quand on a d'in-
nombrables colonies, quand on possède aux Indes
200 millions de sujets, quand on promène dans toutes
les mers la gloire et l'orgueil de son pavillon, quand
on a partout des terres à gouverner et des balles de
marchandises à écouler, on a partout aussi des hasards à courir, des affronts à prévenir ou à venger,
et il n'est pas toujours aisé de tirer son épingle du

jeu. Jean-Jacques Rousseau plaignait ces négociants français, qu'il suffit de toucher à l'île Bourbon pour les faire crier à Paris. Est-il un seul point de l'univers habitable où l'on ne puisse toucher l'Angleterre de manière à la faire crier dans le palais de Westminster ? Voilà ce qui mêle depuis quelque temps un peu d'amertume au goût qu'ont les Anglais pour les nouvelles étrangères ; la peur des incidents fâcheux empoisonne les plaisirs de leur curiosité. Ils sont toujours sur le qui-vive, la nature leur ayant refusé cette douce faculté de l'illusion qui fournit à d'autres peuples le moyen d'oublier les mauvaises chances de l'avenir.

Pendant que son armée était aux prises avec les Lombards, le roi des Hérules, assis dans sa tente, jouait paisiblement aux échecs. Il avait menacé de mort quiconque lui apporterait la nouvelle d'une défaite. Perché sur la cime d'un arbre, son guetteur suivait des yeux le combat et s'écriait : Nous sommes vainqueurs. L'instant d'après, le royal joueur d'échecs voyait sa tente envahie par les Lombards et tombait sous leurs coups. L'Angleterre ne ressemble point au roi des Hérules, elle ne peut souffrir qu'on la trompe, elle ordonne à ses guetteurs de lui dire la vérité, toute la vérité ; mais, quand ils se permettent de lui annoncer que les Chinois méditent une expédition contre son bon ami l'émir de Kaschgar, ou que sir Douglas Forsyth a complétement échoué dans sa mission auprès du roi de Birmanie, bien qu'il ait poussé la condescendance jusqu'à déposer ses souliers à la porte du palais, quand ces prophètes de malheur affirment en hochant la tête que l'échec de sir Douglas pourrait bien réduire le gouvernement des Indes à la fâcheuse nécessité de déclarer la guerre au Birman, — l'Angleterre ne peut se défendre d'un accès d'humeur, elle crie haro sur les alarmistes. Puis, s'adressant à l'univers, elle lui représente qu'étant satisfaite de son sort, elle a le droit de s'étonner que tout le monde ne soit pas content ; elle se plaint amèrement des faiseurs de projets, des amateurs de nouveautés et de toute la race dangereuse des brouillons ; elle déclare que le devoir de tout peuple chrétien, musulman ou bouddhiste est de se reposer dans sa vigne, à l'ombre de son figuier, et d'y vivre de la vie des justes. Faisant ensuite un retour sur elle-même, elle se dit que les dangers incertains du lendemain ne doivent pas l'empêcher de jouir des douceurs certaines du jour présent, et elle se crée de parti-pris une sorte de bonheur maussade et bourru, troublé par de sourdes appréhensions, mêlé peut-être de secrets remords, et qui est un phénomène psychologique fort curieux à étudier.

Rien n'intéresse, rien ne préoccupe plus vivement les Anglais que tout ce qui concerne le grand empire de plus de 80 millions d'habitants dans lequel on parle, dit-on, cent quinze langues, et qui dispute à la Grande-Bretagne la domination de l'Asie. Cet empire tient une place importante dans leurs pensées ; ils cherchent à deviner ses desseins, ils épient ses moindres mouvements, ils commentent ses moindres paroles, ils écoutent son silence. L'aigle russe à deux têtes a une inclination toute particulière pour les mers qui ne gèlent pas, et cette inclination, que les

Anglais lui reprochent, n'est pas difficile à expliquer. Une mer qui ne gèle pas est une porte ouverte par laquelle on peut à toute heure sortir librement de chez soi pour vaquer à ses affaires dans le monde entier, souvent aussi pour se mêler indiscrètement des affaires des autres. Si l'Angleterre a toujours soupçonné la Russie de vouloir faire de la mer Noire un lac russe, elle se flattait de l'avoir à jamais traversée dans son projet par la guerre de Crimée et par le traité de Paris de 1856. Ce fut une véritable poire d'angoisse qu'avala le *foreign office* quand le 29 octobre 1870 le prince Gortchakof, fort de l'assentiment secret de l'Allemagne, dénonça par une circulaire adressée aux puissances le traité qui neutralisait la mer Noire et condamnait la Russie à n'y entretenir que des forces maritimes très-restreintes; c'était anéantir d'un trait de plume les résultats de la guerre de Crimée. Cette année-là, l'Angleterre avait goûté le plaisir célébré par Lucrèce, qui consiste à contempler du haut d'un môle les détresses d'un vaisseau de haut bord battu par la tempête. Elle fut brusquement tirée de sa contemplation par la surprise que le prince Gortchakof avait ménagée au monde politique. Ses hommes d'État whigs n'avaient rien su prévoir, ils ne surent rien empêcher. L'Angleterre s'indigna, protesta, et finit par se résigner. Elle n'était pas au bout de ses résignations.

La mer Noire n'est pas le seul objectif des ambitions russes. Depuis quelques années, l'empire des tsars a fait de vastes conquêtes dans l'Asie centrale, il a singulièrement arrondi ses provinces du Turkestan, il a mis la main sur les villes importantes de Taschkend, de Khodjend, de Samarcande. Au sud-ouest, par l'expédition de Khiva de 1873, il a fait subir à la mer d'Aral le sort réservé peut-être par l'avenir à la mer Noire; elle est devenue un lac russe. Des deux grands fleuves qui s'y jettent, l'un, le Sir-Daria ou ancien Iaxarte, dont le cours mesure près de 400 lieues, appartient à la Russie de son embouchure jusqu'à sa source; le second, l'Oxus ou Amou-Daria, est destiné aussi, selon toute vraisemblance, à appartenir tout entier aux vainqueurs de Khiva. N'a-t-on pas dit que les ambitions des conquérants aiment, comme les truites, à remonter les cours d'eau? Ainsi va diminuant d'année en année la distance qui sépare les frontières du Turkestan russe des frontières de l'Inde anglaise, et le vice-roi de l'Inde estime, à tort ou à raison, que, de tous les voisins qu'il pourrait avoir, la Russie serait le plus redoutable, le plus attentif aux occasions, peut-être le moins scrupuleux, en tout cas le plus incommode.

Quand en 1871 l'Angleterre entendit parler des préparatifs que faisaient les Russes pour conduire une expédition à Khiva, elle s'émut si fort qu'on lui envoya de Saint-Pétersbourg un personnage agréable chargé de la rassurer. M. le comte Schouvalof déclara au *foreign office* que l'intention du gouvernement russe n'était point d'occuper Khiva, qu'on voulait seulement punir les Khiviens de leurs incessantes agressions, trop longtemps impunies, qu'après les avoir corrigés on se hâterait d'évacuer leur territoire. L'événement n'a pas tout à fait répondu à cette promesse. Par le traité qu'il a conclu avec ses vainqueurs, le khan s'est reconnu leur humble vassal, et il ne s'est pas seulement engagé à leur payer **22** millions de roubles en dix-neuf ans, il leur a cédé toute la rive droite de l'Amou-Daria et les terres attenantes qui avaient toujours passé pour appartenir au khanat. Khiva a été de fait incorporée à la Russie, et le gouvernement russe songe si peu à abandonner sa nouvelle conquête, que sa principale préoccupation est de pourvoir à ce que ses avant-postes les plus éloignés ne soient plus en l'air et à les relier au cœur de l'empire par des voies de communication aussi rapides que sûres. Dans les contrées de l'Asie centrale, où les oasis alternent avec les steppes et les déserts sablonneux, où les tribus nomades succombent souvent à la tentation de détrousser les caravanes, où il faut combattre incessamment trois grands ennemis, les brigands, la soif et les distances, les trois objets de première nécessité sont un système de forts habilement disposés en cordon, des puits convenablement espacés et de bonnes routes stratégiques ; mais les bonnes routes sont souvent impraticables, et les meilleures sont insuffisantes. La Russie s'occupe de modifier tout le système de ses communications, et on apprenait ces jours-ci qu'une expédition scientifique et militaire était partie de Krasnovodsk pour explorer l'ancien lit ensablé de l'Oxus, lequel, comme on sait, se jetait jadis dans la mer Caspienne. On se propose d'utiliser cet ancien lit en le convertissant en canal. Si l'on y réussit, grâce au Volga, à la mer Caspienne, au canal et à l'Oxus, il existerait une ligne de communication par voie d'eau de Nijni-Novgorod et du centre de l'empire jusqu'à Koundouz, située sur les confins de l'Afghanistan. Déjà les Jérémies politiques de la chambre des communes annoncent que dans quelques années il sera possible à la Russie de transporter 80,000 hommes au cœur du Badakchan avant que les Anglais aient eu le loisir de se concentrer sur la frontière nord-ouest de l'Inde.

Ce genre de prophéties plus ou moins hasardeuses a peu de charmes pour l'orgueil anglais. Aussi, lorsque dernièrement un journal russe prit sur lui d'engager le royaume-uni à contracter avec la Russie une étroite alliance, qui ferait le bonheur des deux peuples et de l'Europe tout entière, la presse anglaise déclina froidement ces flatteuses avances. Elle répondit d'un ton morose que l'Angleterre entendait demeurer maîtresse de son avenir et de ses décisions, qu'elle n'était point disposée à se lier les mains, qu'au surplus elle savait faire la distinction de ses vrais et de ses faux amis, qu'elle avait l'habitude de se souvenir des mauvais procédés et peu de goût pour le métier de dupe. L'occasion parut bonne pour rappeler à la Russie qu'elle aimait jusqu'à la fureur non-seulement les mers qui ne gèlent pas, mais encore les oasis du Touran et ces vallées où se trouve le carrefour des chemins qui conduisent en Chine et dans l'Inde. On l'accusa de nourir de profonds et pernicieux desseins, de posséder mieux que personne l'art de pousser sa pointe. La patience et le silence russes sont le cauchemar du royaume-uni.

On ne peut nier que la Russie ne pratique dans l'Asie centrale une politique d'annexion, dont les efforts incessants et toujours heureux semblent aussi irrésistibles que les volontés du destin. Depuis 1863, elle a acquis des territoires dont l'étendue est égale à celle de la France et de l'Allemagne réunies. On ne peut nier non plus qu'à plusieurs reprises elle se soit engagée par les déclarations les plus explicites, à s'arrêter dans la voie des agrandissements. En 1865, elle protesta solennellement qu'elle n'étendrait plus sa frontière, et peu après elle la reculait d'une centaine de lieues. En 1869, nouvelles assurances formelles données à sir Douglas Forsyth, qui avait été envoyé à Saint-Pétersbourg avec une mission spéciale. On ne laissa pas d'aller de l'avant, et on n'eut garde d'évacuer Samarcande, comme on l'avait promis. A qui faut-il s'en prendre? Peut-être aux ardeurs irréfléchies de généraux et d'officiers qui outre-passent les instructions de leur gouvernement. C'est du moins ce qui se dit à Saint-Pétersbourg, et on ajoute qu'il est difficile de désavouer ces serviteurs trop zélés. N'est-ce pas imposer à un gouvernement des efforts de vertu surhumains que d'exiger qu'il se refuse à son bonheur, qu'il renonce à des conquêtes faites malgré lui, mais pour lui, qu'il ait le courage de dire : C'est trop? Il répondra plutôt avec le poète :

> Ce n'est point mon humeur de refuser qui m'aime,
> Et, comme c'est m'aimer que me faire présent,
> Je suis toujours alors d'un esprit complaisant.

Il faut considérer aussi que l'Asie centrale est un pays fort mêlé, qu'on y fait des conquêtes non-seulement improductives, mais coûteuses, dont on se dédommage plus tard par d'autres conquêtes plus faciles et plus productives. Quand l'intérêt de votre sûreté vous oblige à vous emparer d'une sablonnière, et que cette sablonnière confine à un beau jardin verdoyant, c'est presque un devoir à remplir envers vous-même que de vous emparer du jardin ; votre budget vous en sera reconnaissant, et on craint les déficits au Turkestan comme ailleurs. Il faut considérer enfin les embarras d'une puissance civilisée qui s'établit parmi des tribus barbares, lesquelles ne respectent que la force, et qui doit protéger contre leurs audacieux appétits son commerce, ses convois et ses caravanes. Quelques-unes de ces tribus ont des mœurs plus douces, des habitudes plus réglées, et sont disposées à accepter le protectorat du conquérant ; elles estiment, comme certain rat, qu'il vaut mieux obéir à un beau lion qui est né plus fort qu'elles qu'à 200 rats de leur espèce. On leur accorde sa protection, on les admet parmi ses clients ; mais ces clients ont des ennemis contre lesquels il faut les défendre, et le seul moyen de les défendre efficacement est de les annexer, eux et leurs ennemis. « La situation de la Russie dans l'Asie centrale, écrivait le prince Gortchakof dans une note circulaire du 3 décembre 1864, est celle de tous les États civilisés qui se trouvent en contact avec des populations errantes et à demi sauvages, sans rien de fixe dans leur organisation sociale. En pareil cas, l'intérêt de la sûreté des frontières et des relations commerciales exige que l'État le plus civilisé exerce une certaine prépondérance sur des voisins que leurs habitudes nomades et leur humeur remuante rendent fort incommodes. On a de plus des agressions et des brigandages à réprimer. Pour y mettre un terme, on se voit contraint de réduire la population frontière à une sujétion plus ou moins directe ; mais à peine a-t-elle pris des habitudes plus paisibles, elle se trouve exposée à son tour aux attaques de tribus plus éloignées. L'État est obligé de la protéger contre le pillage et de châtier les pillards. Il s'engage ainsi dans de lointaines expéditions, coûteuses et répétées, contre un ennemi que son organisation rend inattaquable. Si on se borne à châtier les pillards et qu'on se retire, la leçon est bientôt oubliée, et la retraite est attribuée à la faiblesse ; or les peuples de l'Asie en particulier ne respectent que la force visible et palpable... Les États-Unis de l'Amérique du Nord, la France en Algérie, la Hollande dans ses colonies, l'Angleterre dans l'Inde, ajoutait le chancelier de l'empire russe, ont dû suivre la même marche progressive, où l'ambition a moins de part qu'une impérieuse nécessité, et où la plus grande difficulté consiste à savoir s'arrêter à temps. » Le jour de l'année 1732 où les khans de la petite et de la grande horde des Kirghiz firent hommage de leurs personnes et de leurs États à l'impératrice Anne Ivanovna, il fut écrit au livre des destins que, cheminant devant elle d'étape en étape, la Russie en viendrait à posséder la riante vallée du Sarafchan, la résidence d'été de l'émir de Boukhara, le tombeau de Tamerlan, Samarcande et son riche territoire, cette perle ou ce paradis du Turkestan. Heureux l'émir de Boukhara s'il est écrit au livre des destins que les Russes s'arrêteront à Samarcande, et qu'après lui avoir pris sa résidence d'été, ils ne lui prendront pas aussi sa résidence d'hiver. Il n'a pas encore réussi à éclaircir ce problème, et il y a là de quoi troubler le sommeil d'un émir.

Il était fatal aussi que la Russie infligeât une leçon au khan de Khiva, et qu'après avoir promis de ne rien lui prendre, elle lui prît le plus clair de son avoir. Ceux qui douteraient de cette fatalité feront bien de lire l'intéressant et remarquable ouvrage que vient de publier un lieutenant au 1er régiment de hussards de Westphalie, M. Hugo Stumm, qui a pris part en personne à l'expédition de Khiva [1]. Il se propose de raconter en détail dans son second volume cette brillante campagne ; il a consacré le premier à une étude approfondie sur les lieux, sur les peuples, sur les ressources militaires de la Russie, sur l'organisation de son armée, sur les difficultés que rencontre sa marche envahissante dans les steppes, sur les lois et les principes de sa politique en Asie. Il démontre très-nettement que, pour posséder en paix leurs provinces touraniennes, les Russes devaient occuper Khiva, repaire de brigands et marché d'esclaves, qu'ils devaient en finir à tout prix avec l'ennemi héréditaire qui attaquait leurs caravanes, bravait leur autorité, excitait leurs sujets à la révolte, offrait un asile à tous les bandits, à tous les coupe-jarrets de la steppe. « Nous avons le droit, disaient les Khiviens aux marchands russes, d'aller et de venir dans votre pays comme il nous plaît ; mais gardez-vous de mettre les pieds chez nous, ou vous êtes les enfants de la mort. » L'occu-

---

1. *Der russische Feldzug nach Chiwa, Ier theil, eine militair-geographische Studie*, von Hugo Stumm, mit drei lithographirten Karten in Buntdruck. Berlin, 1875.

pation militaire et l'administration de ses nouvelles
provinces avaient coûté à la Russie de grands sacrifices d'hommes et d'argent, et lui causaient un déficit
annuel de 2 millions de roubles. Après avoir maté
l'insolence de Boukhara, pouvait-elle supporter que
le petit et audacieux État de brigands placé à sa
frontière continuât de mettre en péril son commerce,
ainsi que le repos et la vie de ses sujets?

Chose curieuse, et qui prouve à quel point la
Russie est le pays des longues pensées et des desseins
séculaires, au commencement du mois de mai 1873,
après une marche de plusieurs semaines dans des
déserts de sable, où l'existence d'êtres humains ne
se révélait que par des tombeaux en ruines et de
pâles squelettes prêts à tomber en poussière, une
des colonnes acheminées du Caucase sur Khiva vit
tout à coup se dresser devant ses yeux un fier bas-
tion, construit dans toutes les règles de l'art, respecté
par les hommes comme par le temps. Cet ouvrage
avait été élevé un siècle et demi auparavant par un
général russe, le prince Bekovitch Tcherkaski, que
le tsar Pierre le Grand avait envoyé à la conquête
de Khiva, et dont la petite armée avait péri jusqu'au
dernier homme dans ces âpres et dévorantes soli-
tudes. Depuis ce temps, les Russes avaient tenté plus
d'une fois d'exécuter la pensée de Pierre le Grand ;
mais les sables faisaient bonne garde autour de l'oiseau ravissant, de son butin et de son nid, où il se
croyait hors d'insulte. En 1840, l'expédition du général Perovski faillit avoir un dénoûment aussi tragique que celle de Bekovitch ; il eut à lutter contre
les rigueurs d'une saison exceptionnelle, contre un

froid de 20 à 30 degrés, contre des tempêtes furieuses, qui dardaient sur le soldat des aiguilles de glace. Arrivé à mi-chemin de Khiva, Perovski passa la revue de ses chameaux; sur 8,900 qu'il avait emmenés, 5,000 seulement étaient encore valides. Il se résolut à la retraite, qui fut plus funeste encore que celle de la grande armée en 1812. Le terrible *buran* sévissait avec rage, emportant dans ses irrésistibles tourbillons chameaux, hommes et chevaux, et les dispersant dans les steppes, où ils demeuraient ensevelis sous la neige. Les survivants furent huit mois à regagner Orenbourg. La Russie n'est pas seulement patiente, elle profite de ses expériences, elle s'instruit par ses échecs, et, si elle recommence toujours, elle a soin de ne pas répéter ses fautes. Elle a fini par prendre Khiva à la suite d'une campagne qui, au jugement de M. Stumm, fait grand honneur à ses soldats et à leurs chefs, et qu'on peut vanter, nous dit-il, comme le parfait modèle d'une expédition dans le désert, aussi bien préparée que bien exécutée et sagement conduite.

Sur un autre point, M. Hugo Stumm n'est pas moins affirmatif; il n'hésite pas à déclarer que dans l'intérêt de l'humanité et de la civilisation il y a plus à se réjouir qu'à s'alarmer des rapides progrès de la Russie dans l'Asie centrale. Il a constaté pendant son séjour aux régions touraniennes la merveilleuse aptitude de la race slave à s'acclimater dans un pays étranger, à y faire accepter ses principes de gouvernement et d'administration, à s'assimiler les éléments de population les plus hétérogènes, à faire vivre en paix côte à côte le loup et la brebis sous l'autorité tutélaire d'un habile gouverneur-général. Il a constaté aussi combien les envahissements de la Russie ont été profitables aux légitimes curiosités de l'esprit humain; il a vu la science protégée par la lance du Cosaque, le naturaliste et le topographe suivant pas à pas la conquête dans sa marche hardie et s'appliquant à explorer des contrées mystérieuses ou presque entièrement inconnues. Il affirme enfin que dans aucun lieu et dans aucun temps on n'a pris plus de peine pour adoucir et corriger par des vues d'humanité les inévitables rigueurs de la guerre, et que les nouveaux maîtres du Turkestan doivent être considérés comme des pionniers de la civilisation. « Jusqu'au milieu de ce siècle, nous dit-il, le fanatisme le plus aveugle, la cruauté la plus raffinée, le despotisme le plus illimité, combiné avec les vices les plus repoussants, florissaient à l'envi sous l'indolente tyrannie des khanats mahométans. Les peuples, demeurés la plupart fidèles à leurs habitudes nomades, corrompus, désunis, maltraités par leurs potentats, se pillaient et se combattaient les uns les autres. Faut-il s'étonner que la partie de la population la plus tranquille, la plus sédentaire, la plus adonnée aux travaux de la paix, ait vu dans les Russes moins des conquérants que des libérateurs? Si l'on considère les prodigieux changements qui se sont accomplis en peu d'années dans ces pays depuis que la Russie les administre, le bon ordre relatif qu'elle a introduit dans ce chaos de peuples et qui a suffi pour donner à son commerce un remarquable développement, on ne peut lui contester la gloire d'avoir fait en Asie moins une œuvre de conquête et de vengeance que de culture et de pacification. »

Les Anglais, moins désintéressés dans la question qu'un lieutenant de hussards de Westphalie, sont moins sensibles que M. Stumm aux services rendus par la Russie à la civilisation, au zèle qu'elle déploie pour faire l'éducation de ses nouveaux sujets de race indo-persane ou turco-tartare. Le bonheur des Kara-Kirghiz, des Usbecks, des Turcomans, des Kalmouks, des Kuramas, des Tadschiks, ne les touche pas autant que l'intégrité de l'empire britannique, qui leur paraît menacée depuis que le cours de l'Amou-Daria est devenu la frontière de l'empire russe. De tous les Anglais sans contredit, celui qui ressent le plus vivement cette crainte, celui qui l'exprime avec le plus de vivacité, est le président de la Société géographique de Londres et l'un des membres du conseil de l'Inde, sir Henry Rawlinson. Le livre plein d'avertissements et de prédictions qu'il a écrit était recommandé à l'attention du public anglais non-seulement par les lumières et les connaissances de l'auteur qui font autorité, mais par sa situation, par les fonctions officielles qu'il remplit [1].

Démosthène n'a pas dépensé plus d'ardeur ni plus de souffle à démasquer les entreprises de Philippe, ni Caton à dénoncer Carthage aux vengeances romaines, que sir Henry Rawlinson à rappeler avec insistance à ses compatriotes que les progrès de la Russie mettent les Indes en péril. Pour lui, la marche continue des armes russes dans le Touran

[1]. Sir Henry Rawlinson, *England and Russia in the East*, 1875.

est dans l'ordre de la nature aussi certainement que l'ellipse décrite par les planètes autour du soleil. Soit par une loi fatale d'agrandissement, soit qu'on s'en prenne à la prépondérance des classes militaires ou à l'action réfléchie du gouvernement, en dépit des protestations les plus pacifiques, en dépit des bonnes intentions de l'empereur, en dépit des remontrances ou même des menaces de l'Angleterre, la Russie continuera d'avancer vers l'Inde jusqu'à ce qu'elle rencontre une barrière infranchissable. Il en résulte qu'une collision, un choc décisif entre les deux grandes puissances asiatiques doit être compté dès aujourd'hui au nombre des événements inévitables. Sir Henry Rawlinson a lu dans les étoiles du Touran que la première expédition que feront les Russes contre les Turcomans les conduira à Merv-Chah-Djihan, l'ancienne et vénérable capitale des sultans seldjoucides, et il tient pour constant que quiconque a pris Merv ne peut manquer tôt ou tard de prendre Hérat, cette clé de l'Afghanistan et des Indes. L'Angleterre peut-elle souffrir que les clés de sa maison tombent dans des mains ennemies? peut-elle se permettre de boire, de manger et de dormir avant d'avoir mis garnison dans Hérat?

Les nombreux Anglais qui partagent les anxiétés de sir Henry Rawlinson, sans goûter peut-être les expédients un peu aventureux qu'il propose, ne craignent pas, comme les *cockneys* de Londres, que la Russie mette la main sur les Indes; mais ils ont peur que si jamais elle venait à s'établir aux portes des possessions britanniques, cet inquiétant voisinage ne rendît leurs 200 millions de sujets plus difficiles à gouverner et ne leur inspirât de mauvaises pensées. Or ils se souviennent de l'axiome que, lorsqu'un homme a les deux mains embarrassées, on est libre de lui donner un soufflet impunément. « Le danger pour nous, disent-ils, n'est pas en Asie, il est en Europe. Bien que l'Angleterre et la Russie soient aujourd'hui les meilleures amies du monde, il est des questions de politique européenne sur lesquelles leurs avis diffèrent. Elles se sont déjà disputées à propos « de cet empire embarrassant qu'on appelle la Turquie, » et il n'est pas impossible qu'elles se prennent encore de querelle à ce sujet. Le jour où la Russie aura atteint les confins de l'Afghanistan, lorsqu'un vaste système de voies ferrées et de routes navigables lui permettra de transporter en quelques semaines des troupes à ses postes les plus avancés, il lui sera facile, même sans acheminer un seul régiment sur notre frontière du nord-ouest, de soulever ceux de nos sujets asiatiques qui détestent notre domination et de mettre à profit nos embarras pour régler les affaires de l'Europe à sa guise. » En vain se donne-t-on beaucoup de peine à Saint-Pétersbourg pour dissiper ces funestes pressentiments, en vain se déclare-t-on prêt à organiser une entente relativement à la politique à suivre dans l'Asie centrale; en vain fait-on remarquer aux Anglais que Samarcande est à 200 lieues de la frontière des Indes et que des inquiétudes de 200 lieues de long sont un article de luxe aussi gênant qu'inutile, qu'au surplus le mahométisme asiatique est également hostile aux deux puissances copartageantes de l'Asie, qu'elles devraient se coaliser pour combattre l'ennemi commun, pour tenir en échec les mollahs fanatiques, toujours prêts à prêcher la guerre sainte. L'Angleterre ne saurait goûter ces propositions. De mélancoliques expériences lui ont appris à se défier de toutes les bonnes paroles, de tous les propos engageants, de toutes les guirlandes. Comme on l'a dit, ce ne sont point les coups de sabre une fois donnés qui irritent les hommes, ils sont plus sensibles aux coups d'épingle répétés, lesquels engendrent les rancunes immortelles.

Mais si le danger est sérieux, quoique éloigné, que peut-on faire pour y parer? Rien, paraît-il, absolument rien, parce qu'apparemment il n'y a rien à faire, parce que tout ce qu'on pourrait proposer offre plus d'inconvénients que la politique expectante ou contemplative. Le système qui prévaut et qui prévaudra longtemps encore dans les conseils de l'Angleterre est celui qu'on pourrait appeler le système de l'inquiétude platonique. Il y a bien paru dans l'intéressante discussion de la chambre des communes du 6 juillet dernier, provoquée par une motion de M. Baillie Cochrane, qui mettait le cabinet en demeure de communiquer au parlement tous les papiers relatifs à l'occasion de Khiva par les Russes. Après avoir dénoncé comme un péril les progrès de la Russie, après s'être fait l'interprète des anxiétés publiques, *of the general feeling of anxiety and uneasiness,* M. Cochrane exposa ce grand principe de la politique anglaise que la clé de la situation est l'Afghanistan, « cette Suisse musulmane, boulevard des Indes au nord-ouest, et qui renferme tous les passages par lesquels une armée d'invasion pourrait déboucher sur l'Indus, doit appartenir ou à l'Angleterre ou à des princes qui soient ses protégés, ses alliés et ses clients. Malheureusement les Afghans, race ombrageuse et turbulente, ont à plusieurs reprises causé des chagrins aux Anglais, et aujourd'hui l'émir Shir Ali passe pour nourrir des sentiments peu favorables aux maîtres des Indes et des sympathies secrètes pour les maîtres du Turkestan. L'Angleterre appuyait contre lui son fils Jacub Khan, gouverneur d'Hérat. Le vieil émir a destitué son fils de son gouvernement et l'a même incarcéré, et Hérat est retombé sous la domination directe d'un souverain dont la loyauté est douteuse, dont les intentions sont suspectes. M. Cochrane se défie des remèdes héroïques de sir Henry Rawlinson ; il a plus de goût pour la médecine galénique, pour les médicaments anodins. Il n'a point proposé au gouvernement anglais d'envoyer une armée pour s'emparer d'Hérat, à la barbe des Afghans, avec ou sans leur aveu. Il s'est contenté de l'engager à rétablir son influence dans l'Afghanistan ; il lui a conseillé d'entretenir à Caboul, à poste fixe, un résident anglais de haute distinction, et de négocier au plus tôt quelque traité qui unît à jamais les intérêts des deux pays. Il lui représenta que prévenir est plus facile que réprimer, il l'adjura de se réveiller, de secouer son apathie, de renoncer à sa politique d'indifférence et d'inaction magistrale, *of masterly inactivity*.

Sir G. Campbell, qui a rempli autrefois un poste important à l'extrême frontière nord-ouest de l'Inde, répondit à M. Cochrane que les Afghans ont la passion de l'indépendance, qu'un résident anglais ne serait pas en sûreté à Caboul, qu'on pourrait bien lui couper la gorge un matin et que l'Angleterre se verrait forcée d'envoyer une armée pour le venger, que négocier avec des gens qui parlent *pouschtou* est peine perdue, que rien n'est plus malaisé dans ce monde que de remporter sur eux quelque avantage diplomatique, qu'ils sont les premiers maquignons de l'Asie et le bon marchand de tous les traités qu'on peut conclure avec eux, qu'au surplus la Suisse musulmane est non un royaume-uni, mais une confuse agglomération de tribus indépendantes, qu'une convention signée aujourd'hui par l'émir serait demain une lettre morte, que la sagesse nous ordonne de nous résigner à l'inévitable, qu'il vaut mieux attendre son malheur de pied ferme que de l'aller chercher, et que la seule bonne politique à suivre, la seule qui n'offre pas trop de dangers, est précisément cette politique d'abstention, cette *masterly inactivity* qu'on reproche au gouvernement anglais. Par l'organe du sous-secrétaire d'État, l'honorable Robert Bourke, le gouvernement a pris à son compte la réponse de sir G. Campbell, qu'il a fort approuvée. Il s'est permis seulement d'insinuer, en tournant la tête du côté de la Néva, que si la Russie consentait à diminuer le droit énorme de 40 pour 100 qu'elle prélève sur les marchandises anglaises, si elle se prêtait à l'établissement d'un commerce pacifique et lucratif entre l'Inde et le Turkestan, cela serait une compensation à beaucoup d'autres choses, et que cet acte de complaisance cimenterait toujours plus « l'amitié qui existe heureusement aujourd'hui entre les deux grands empires de l'Asie. » Sur quoi M. Cochrane retira jusqu'à nouvel ordre sa motion, et l'inquiétude platonique fut proclamée la maladie constitutionnelle de l'Angleterre.

En énumérant les animaux venimeux et malfaisants qu'on est trop sujet à rencontrer dans l'Asie centrale, tels que le scorpion et la tarentule, M. Stumm n'a eu garde d'oublier le plus pernicieux de tous, le filaire, *filaria medinensis*, que les Russes appellent *richta*, et que le lieutenant westphalien bien des mois après son retour en Europe craignait d'avoir rapporté avec lui comme un vivant souvenir de son expédition dans les steppes asiatiques. Le verre d'eau que vous allez boire en contient peut-être le germe, qui se développera dans vos intestins. Délié comme un fil, mesurant plusieurs pieds de longueur, cet aimable nématoïde fait rapidement sa trouée, et un jour vous voyez apparaître à quelque endroit de votre poitrine ou de votre bras un petit point noir, — c'est la tête du filaire. Si un habile médecin, à force de souplesse de main et de patiente habileté, réussit à l'extraire tout entier, vous en êtes quitte pour la peur et vous avez droit aux félicitations de vos amis; mais si par malheur l'animal vient à se briser pendant l'opération, il répand dans le corps une semence empoisonnée, et votre vie est en danger. Il est des difficultés politiques profondément enfoncées dans les chairs des nations qui ressemblent à ce filaire. Heureux qui parvient à les extirper d'un coup ! Mais il est dangereux de ne les opérer qu'à moitié, on les aggrave, et mieux vaut garder son mal sans y toucher. Quelle est la nation de l'Europe qui n'ait son filaire ?

Les Anglais cependant n'ont point le tempérament fataliste ; ils ne ressemblent guère à ces peuples de l'Orient qui s'en remettent à Allah du soin d'arranger leurs affaires :

> Ne les réveille pas, ils t'appelleraient chien ;
> Ne les écrase pas, ils te laisseraient faire.

Alors même que l'Angleterre pratique une politique d'abstention, il entre une part d'action dans sa plus magistrale inactivité. Elle s'appliquera sans aucun doute à compléter son système de railways dans ses provinces hindoues du nord-ouest, elle se fortifiera, elle organisera la défense de sa frontière. On peut croire aussi que, si elle envoie le prince de Galles faire une tournée dans les Indes, elle attend de ce voyage quelque heureux résultat politique. Il est à présumer surtout qu'elle s'occupera d'améliorer ses relations avec l'Afghanistan et le vieil émir. Grâce à Dieu, son prestige subsiste encore sur les deux rives de l'Indus et au nord comme au sud de l'Himalaya. Au rapport d'un voyageur anglais, un tigre s'échappa de sa cage dans les environs de Lahore, et cette évasion sema la terreur dans tout le voisinage. Un indigène alla trouver le gouverneur, et à force de l'en prier obtint de sa seigneurie qu'elle lui intimât l'ordre formel de ramener le tigre. Ayant ôté son turban, il se rendit à l'entrée du fourré où s'était remisé le formidable animal, et, après l'avoir salué poliment, il lui dit : Au nom du puissant gouvernement anglais, je te somme de retourner dans la cage. Aussitôt il lui enlaça le cou de son turban, et le tigre, conduit en laisse, regagna paisiblement sa prison. Il est encore plus d'un tigre à deux pieds dans les vallées de l'Hindou-Kouch, à Caboul et ailleurs, qui sur l'ordre d'un gouverneur anglais, si cet ordre est convenablement rédigé, ne fera pas trop de difficultés pour rentrer dans sa cage dorée.

Ce n'est pas seulement dans l'Afghanistan que l'Angleterre entretiendra des relations utiles, elle n'aura garde de négliger celles qu'elle a nouées dans a partie du Turkestan qui est restée indépendante, dans les principautés mahométanes détachées de l'empire de la Chine. Elle cultivera par des présents et des subsides la précieuse bienveillance de « son bon ami » l'émir de Kaschgar, que les Russes courtisent, dit-on, mais qui jusqu'aujourd'hui est demeuré fidèle à ses premières affections. Pendant de longues années, l'Asie centrale sera le théâtre où il se dépensera le plus d'habile et mystérieuse diplomatie, ce sera la terre classique de la politique souterraine et interlope. La dextérité moscovite y sera aux prises avec les artifices britanniques, la fausse bonhomie s'efforcera de tenir en échec l'apparente franchise ; on creusera des mines et des contre-mines, on n'épargnera ni les menaces ni les promesses, et la ruse afghane ou usbecke passera les promesses à sa coupelle pour en vérifier le titre ; elle prendra ses balances pour s'assurer que les menaces ont le poids légal. Les tergiversations utiles et le talent de se faire marchander, allié avec une perfidie sans scrupules, constituent un art où les Orientaux sont consommés. Rien ne donne une idée plus exacte de la politique asiatique que le trésor du khan de Khiva, qui, envoyé de Saint-Pétersbourg à l'exposition du congrès des sciences géographiques, figura pendant quelques semaines aux Tuileries : on y voit des griffes de panthères enchâssées dans des turquoises ou dérobant leur pointe sous des houppes de soie ornées de perles.

Pendant que des conversations pleines d'intérêt se tiendront à Jarkand, comme à Kokand, comme à Caboul, le bruit se répandra par intervalles en Angleterre que les Russes vont se mettre en route pour corriger les Turkomans, qu'ils allongent déjà du côté de Merv des mains avides qui ne lâchent pas leur proie, et, une fois refermées, ne se rouvrent plus. Alors le royaume-uni éprouvera un nouvel accès de fièvre intermittente, les journaux pousseront un cri d'alarme, ils se lamenteront bruyamment sur le silence et la patience russes, il y aura une interpellation à la chambre des communes, et les théologiens d'une certaine école reliront une fois de plus l'Apocalypse pour tâcher d'établir définitivement ce qu'il faut entendre par la bête à sept têtes et à dix cornes, qui porte sur ses cornes dix diadèmes, et pour déterminer par de savants calculs mystico-cabalistiques le jour et l'heure précise où les Russes feront leur entrée à Hérat. Tout cela n'empêchera pas les négociants de Liverpool, les filateurs de Manchester et les banquiers de la Cité de vaquer à leurs affaires et à leurs plaisirs, ni l'Angleterre tout entière de jouir de son bonheur, lequel, quoique bourru et maussade, ne laisse pas d'être du bonheur.

On raconte qu'au retour d'un long voyage un

baron sicilien, fraîchement débarqué à Palerme, se mettait à table quand on vint lui annoncer de nombreux malheurs survenus pendant son absence. Une de ses métairies avait été incendiée par les brigands, l'un de ses meilleurs amis avait perdu toute sa fortune, l'un de ses fils avait essuyé la plus fâcheuse aventure. En apprenant ces déplorables nouvelles, il se récriait avec désespoir et renvoyait son déjeuner, mais se ravisant, même après la dernière, il s'écria d'un ton mélancolique : *E pure datemi la cioccolata.* Ce trait et ce mot d'un baron sicilien contiennent tout un code de sagesse à l'usage des empires qui sont devenus si grands qu'ils doivent renoncer à grandir encore ; ayant beaucoup à conserver, ils ont aussi beaucoup à perdre, et ils ont peine à se démêler des accidents et des larrons. *Datemi la cioccolata,* — le monde ne périra pas demain, et, dût-il périr, les restes en seraient bons.

IV

UN NOUVEAU CULTE

EN ALLEMAGNE

LA FÊTE D'ARMINIUS

Août 1875.

Les mois d'été sont la saison morte de la politique, et les peuples ne sauraient mieux les employer qu'à fêter leurs saints, car il est bon de ne pas oublier ses saints, on peut avoir besoin d'eux un jour ou l'autre. Encore importe-t-il de les bien choisir; ils ne sont pas tous également vénérables. Il en est d'inutiles, qui ne guérissent de rien, comme dit le proverbe; il en est même de nuisibles et de pervers, avec lesquels il faut rompre tout commerce. Un voyageur anglais, le capitaine Thomas Smith, rapporte qu'un roi de Nepaul, Rum-Bahadur, qui aimait tendrement l'une de ses femmes, eut le chagrin de la voir défigurer par la petite vérole. Dans sa juste fureur, il maudit ses médecins et ses dieux, et se promit d'en tirer une vengeance exemplaire. Il commença par fouetter les médecins, leur fit couper le nez et l'oreille droite. Les dieux eurent leur tour. Le vindicatif souverain les accabla d'injures, leur reprocha de lui avoir extorqué sous de faux prétextes 12,000 chèvres, 2,000 gallons de lait et plusieurs quintaux de confitures. Puis il fit amener devant le palais toute son artillerie, les pièces furent chargées jusqu'à la gueule, et au bout de six heures d'une canonnade bien nourrie le Népaul n'avait plus de dieux. Ce procédé peut sembler un peu brutal, nous ne le proposons point en exemple Il n'en est pas moins vrai que les peuples, comme les rois, sont bien conseillés quand ils mettent à pied les faux saints, quand ils réservent leurs hommages pour ceux de leurs patrons qui furent dignes de l'être, pour ceux qui eurent de bonnes intentions et l'humeur débonnaire, pour ceux qui guérissent les hommes non-seulement de la variole, mais des mauvaises pensées, des funestes ambitions, des haines inutiles, de l'esprit de contention et de chicane. Par malheur, je ne sais quel vent souffle sur l'Europe depuis quelques années, mais ce sont précisément les saints acariâtres, querelleurs et pernicieux qui sont aujourd'hui le plus chômés. On leur prodigue les honneurs et l'encens. Il en résulte que les fêtes pacifiques sont devenues une exception. On se réjouit bruyamment, non pour se faire plaisir, mais pour faire pièce au prochain; sous prétexte de se donner à soi-même une sérénade, on donne à son voisin le petit régal d'un charivari. Il y a bien paru dans plusieurs des fêtes qui ont été célébrées tout récemment.

Certes ce n'est point à la seule fin d'honorer la mémoire d'un éloquent orateur qu'on vient de fêter avec tant de tapage à Dublin le centième anniver-

saire de la naissance d'O'Connell. Ce grand virtuose
de la parole mérite de n'être pas oublié, et il est bon
de se souvenir que pendant de longues années il a
combattu sans relâche pour cette grande cause de
l'émancipation des catholiques, à laquelle se sont
ralliés tous les libéraux anglais. Les victoires que
remporte la justice dans ce monde sont dignes d'être
commémorées; mais ce n'est point le défenseur de
l'égalité des cultes devant la loi dont le souvenir est
demeuré cher au clergé irlandais. Cette égalité a été
mainte fois condamnée par la curie romaine; c'est
une de ces propositions hérétiques, malsonnantes et
téméraires dont la révolution française a infecté le
monde, car il n'est pas une seule hérésie qu'elle n'ait
prise sous son patronage, elle a commis tous les
crimes de l'esprit. Les archevêques et les évêques
d'Irlande consentent à oublier qu'O'Connell fut un
libéral, ils passent obligeamment l'éponge sur cette
tache. Ils ne voient plus dans Tiberius Gracchus que
le fils pieux et soumis de l'Église, l'implacable adver-
saire des prérogatives anglicanes. En honorant sa
mémoire, ils entendaient se donner le plaisir d'offrir
à leurs invités un banquet où l'on porterait d'abord
la santé du pape, la santé de la reine d'Angleterre
ne venant qu'après. Ils avaient compté sans un hôte
indiscret qui est venu les déranger dans leurs ébats.
Le parti des démocrates irlandais et des *home rulers*
fait passer la religion après la politique, et sa politique est révolutionnaire. S'ils reconnaissent O'Connell
pour leur patron, c'est qu'aprè avoir obtenu l'émancipation des catholiques, le grand agitateur a employé
les dernières années de sa vie à prêcher le rappel de

l'édit d'union et l'indépendance de la verte Érin. Or les prélats irlandais, qui entendent fort bien leurs intérêts, se soucient fort peu de voir la verte Érin devenir indépendante ; ils auraient beaucoup plus de peine à s'accommoder d'une république féniane que d'une monarchie hérétique à la vérité, mais tolérante et même bienveillante. Comme le remarquait une revue anglaise, il est heureux pour Son Éminence le cardinal Cullen que la plupart des prélats étrangers qu'il avait conviés aux fêtes de Dublin n'ait pu se rendre à son appel ; il voulait leur donner le spectacle de son triomphe, ils auraient assisté à sa mélancolique déconfiture. Démocrates et catholiques se sont disputé avec acharnement le cadavre du tribun, comme jadis se battirent les Grecs et les Troyens autour du corps de Patrocle. Les démocrates sont restés les maîtres du champ de bataille ; ils avaient à leur disposition les plus robustes poumons de l'Irlande. L'Angleterre, à qui on voulait causer du chagrin, n'a pu s'empêcher de rire en voyant les conspirateurs se prendre aux cheveux, faire échange de quolibets et d'injures.

Compterons-nous au nombre des fêtes du mois d'août l'étrange conférence théologique ou, pour mieux dire, le concile d'hérétiques qui a été tenu ces jours-ci à Bonn sous la présidence de l'éminent docteur Döllinger? En apparence, ce concile était une œuvre de paix ; on se proposait d'y établir une sorte d'union dogmatique entre toutes les Églises orthodoxes détachées de Rome. Chacun prend son plaisir où il le trouve ; au plus fort des ardeurs de la canicule, des théologiens, accourus du fond de l'Alle-

magne, de la Russie et de l'Angleterre, ont passé de
longues journées à disputer sur la procession du Saint-
Esprit. On a pu craindre que cette discussion ne
tournât mal, qu'on ne finît par se manger le blanc
des yeux. Un soir, tout semblait perdu, les théologiens de l'Église grecque persistaient à soutenir que
le Saint-Esprit ne procède que du Père, que le comble
de l'impiété est d'avancer, comme les Latins, qu'il
procède et du Père et du Fils, *Patre Filioque*. De leur
côté, les Latins prouvaient leur dire, s'obstinaient,
se butaient, et déjà l'affreuse Discorde faisait siffler
ses serpents. Heureusement, dans la nuit qui suivit
cet orageux débat, le docteur Döllinger eut une soudaine illumination. Il s'écria comme Archimède : J'ai
trouvé ! — et le lendemain il annonçait aux Pères du
concile, à la fois étonnés et charmés, que le Saint-
Esprit ne procède à la vérité que du Père, mais qu'il
en procède en passant par le Fils. Cette ingénieuse
solution réconcilia comme par un charme tous les
cœurs aigris, elle fut votée avec enthousiasme, on
s'embrassa, et on est parti de Bonn enchanté de
l'heureux emploi qu'on y avait fait de son temps et
en se promettant bien de recommencer en automne.

Cette petite agape théologique, qui a laissé de si
bons souvenirs à tous les convives, a été beaucoup
moins agréable à l'archevêque de Cologne, aux évêques de Mayence et de Munster, aussi bien qu'à leurs
nombreuses ouailles. Aussi les ultramontains allemands des bords du Rhin se promettent de prendre
leur revanche en célébrant à leur tour une cérémonie
de leur goût, et, chose bizarre, en la célébrant en
France. Ils se proposent de faire dans les premiers

jours de septembre un pèlerinage à Lourdes. Ils commenceraient par se rendre à Paris et par déposer un *ex-voto* dans la chapelle de Notre-Dame-des-Victoires. De quelles victoires remercieront-ils le ciel, ces pèlerins allemands? Ce point serait curieux à éclaircir. De Paris, ils iraient porter à Notre-Dame de Lourdes une superbe bannière brodée, représentant le patron de l'Allemagne catholique, un beau saint Boniface tout neuf, de grandeur naturelle. Qu'ont-ils à dire de si particulier à Notre-Dame de Lourdes qu'ils ne puissent le dire tout aussi bien à Notre-Dame-du-Capitole à Cologne? Ce qui ne peut se dire à Cologne, il serait fâcheux pour la France qu'on vînt le dire chez elle : ce n'est pas d'hier que que M. de Bismarck s'est fait fort d'apprendre à l'Europe ce qu'il faut entendre par une querelle d'Allemand; saint Boniface est trop bon, la France n'est point jalouse d'avoir part à ses dangereuses confidences. En vérité, jusqu'à des temps meilleurs, elle peut très-bien se passer de sa visite. Elle n'a guère à se louer de lui; quel service lui a-t-il rendu? Si nous jugeons de sa conduite par celle qu'il a dictée à ses fidèles de Munich et de Westphalie, après avoir marmotté pour la forme quelques vaines protestations, l'odeur de la poudre l'a grisé, il a pris plaisir aux hurlements du canon de Sedan, il n'a eu garde d'intercéder pour que les vaincus obtinssent de meilleures conditions, la carte à payer lui a paru fort raisonnable, l'Alsace annexée l'a mis en joie, il a été le premier à offrir au conquérant le diadème impérial. Non, il n'y a pas de raison pour que la France se félicite de recevoir chez elle ce saint équivoque.

Lui-même, à peine aura-t-il atteint les bords de la Seine, il aura le mal du pays, il se prendra à soupirer après sa crypte de Fulda.

Si saint Boniface a conçu le bizarre projet de faire en France un pèlerinage, bannière déployée, il se pourrait que cette fantaisie lui eût été inspirée par le chagrin et le dépit qu'il a ressentis dernièrement en voyant inaugurer sur le sommet de la Grotenburg le culte d'un nouveau saint fort rébarbatif, jadis prince des Chérusques et qui l'an 9 de l'ère chrétienne massacra dans la forêt lippoise trois légions romaines commandées par Quintilius Varus. L'Allemagne n'avait jamais entièrement oublié son Arminius ou son Hermann; il avait été chanté par quelques-uns de ses poètes, par Klopstock en particulier, qui profita d'une si belle occasion pour faire un chef-d'œuvre de plus dans le genre ennuyeux, où il était maître. Cependant Arminius ne jouissait pas encore dans son pays de ce qu'on peut appeler une grande situation; il n'avait pas reçu les honneurs divins ou du moins il ne figurait que parmi les petits dieux. La gloire de réparer cette injustice était réservée à un sculpteur bavarois, M. Joseph Ernst von Bandel, né à Ansbach le 17 mai 1800. Redoutables, a-t-on dit, sont les hommes qui n'ont lu qu'un livre, plus redoutables encore ceux qui n'ont qu'une idée. M. de Bandel est un de ces hommes qui ne se permettraient pour rien au monde d'avoir deux idées, ni à la fois, ni l'une après l'autre. Il avait résolu d'élever à la gloire d'Arminius un monument immortel et colossal; à cette pensée il a consacré toute sa vie, tout ce qu'il avait de forces et de talent. On raconte que dans son enfance il s'affligeait en secret de l'ingratitude de ses compatriotes envers le héros chérusque qui les a délivrés du joug des Romains. Il sentit qu'une destinée pesait sur lui, qu'il avait reçu du ciel la mission d'acquitter la dette nationale, y compris les arrérages et les intérêts des intérêts. Dès 1819, il avait presque arrêté son plan et fait son devis. Il lui a fallu plus d'un demi-siècle pour mener son œuvre à bonne fin. Ce qu'il a dépensé à cet effet de patience, de volonté, d'obstination germanique, aurait suffi pour découvrir les sources du Nil, pour percer deux isthmes, pour creuser trois tunnels internationaux.

Ce fut en 1837 que M. de Bandel parcourut dans tous les sens la forêt de Teutoburg, théâtre des exploits d'Arminius, pour y chercher l'emplacement le plus convenable à la bâtisse idéale et gothique qu'il rêvait. Il fixa son choix sur la Grotenburg, sommité voisine de Detmold; il s'y construisit une cabane où il passait des saisons entières. Les vieux chênes de la forêt, les corneilles et les choucas étaient les seuls confidents de ses longs entretiens avec la grande ombre chérusque, des déclarations passionnées qu'il lui adressait, des serments qu'il lui faisait de la sauver à jamais des injurieux oublis des hommes. De temps à autre, il redescendait de son Sinaï pour organiser une nouvelle quête, et à peine avait-il recueilli quelques thalers, il ajoutait une pierre à son édifice. Hélas! les cœurs étaient tièdes, les thalers étaient rares. L'avare Allemagne serrait les cordons de sa bourse, elle estimait qu'Hermann pouvait attendre, qu'il était un véritable bourreau d'argent; elle réservait sa faveur pour d'autres saints plus discrets, qui se contentaient d'un culte plus modeste et faisaient des appels moins fréquents à ses libéralités. C'était le temps où le plus irrévérencieux des poètes décourageait toutes les grandes pensées et toutes les nobles entreprises par ses criminels persiflages. « Voici, disait-il, la forêt de Teutoburg, dont Tacite a fait la description. C'est là le marais classique où Varus est resté. C'est là que se battit le prince des Chérusques, Hermann, la noble épée ; la nationalité allemande a vaincu sur ce terrain boueux, dans cette crotte où s'enfoncèrent les légions de Rome. Si Hermann n'eût pas gagné la bataille avec ses hordes blondes, il n'y aurait plus de liberté allemande, nous serions devenus Romains. Dans notre patrie régneraient maintenant la langue et les coutumes de Rome. Les Souabes s'appelleraient Quirites, il y aurait des vestales même à Munich... Dieu soit loué ! Hermann a gagné la bataille, les Romains furent défaits, Varus périt avec ses légions, et nous sommes restés Allemands. Nous sommes restés Allemands et nous parlons allemand. L'âne s'appelle *esel* et non *asinus*; les Souabes sont restés Souabes. O Hermann ! voilà ce que nous te devons; c'est pourquoi, comme bien tu le mérites, on t'élève un monument à Detmold ; j'ai souscrit moi-même pour cinq centimes. »

Hermann a triomphé des railleries de l'Aristophane allemand. Le 17 juin 1846, il ne manquait plus une pierre au soubassement cyclopéen qui devait porter sa statue. Depuis lors il s'est passé des événements qui ont disposé l'Allemagne à regarder d'un œil plus complaisant le vainqueur de Varus ; ses entrailles se sont dilatées, et les gros sous ont commencé de pleu-

voir dans la sébile de M. de Bandel ou « du vieux de
la montagne, » comme l'appellent les Lippois. Le
Reichstag a voté 10,000 thalers, l'empereur en a
donné 11,000. Aujourd'hui la statue a pris possession
de son socle. Hermann est debout sur sa montagne,
coiffé de son casque, la main gauche posée sur son
bouclier, élevant de la main droite jusqu'au ciel sa
redoutable épée. On ne lui a plaint ni les pierres ni le
cuivre. L'épée mesure 24 pieds, la statue en a 55, le
soubassement 93. Les destinées se sont accomplies, le
sculpteur bavarois et providentiel a eu raison des
coupables indifférences de ses compatriotes. Le 16
août, 40,000 Allemands, disent les uns, 15,000, disent
les autres, se sont rassemblés à Detmold, et une procession triomphale a inauguré à la Grotenburg le
nouveau culte.

A vrai dire, dans cette grande journée il a été
beaucoup parlé d'Arminius, beaucoup moins du monument que lui a consacré son infatigable adorateur.
La première difficulté sérieuse qu'aient rencontrée
les Allemands depuis leurs triomphes de 1870 est
l'embarras qu'il éprouvent en parlant du monument
d'Hermann. Ils sont obligés, pour exprimer leur
pensée, de recourir à toutes les circonlocutions, à
tous les circuits de paroles, à toutes les ambages
d'une rhétorique en détresse. Ils vantent « la gran-
diosité monumentale » de la statue ; ils ajoutent que
la première impression qu'elle produit est celle *d'un
vif étonnement*, ils ne disent pas quelle est la seconde.
Cela nous rappelle l'ingénieuse délicatesse avec laquelle l'auteur allemand d'un *Guide en Suisse* dit, en
décrivant la vallée de Samaden, où il n'y a pas deux

arbres : « Au premier abord, cette vallée semble un peu nue. » Les aubergistes de Samaden lui ont su gré d'avoir donné à sa pensée un tour si discret ; mais M. de Bandel sait-il gré à ses admirateurs de déclarer que son œuvre est si grande, « qu'il faut du temps avant que le sens esthétique parvienne à s'en emparer critiquement ? » Nous demandons grâce pour cette traduction ; on ne traduit pas l'intraduisible, et notre pauvre langue n'a jamais eu le talent de pêcher dans l'eau trouble.

M. de Bandel serait encore moins content, s'il savait tout ce que disent les malins, car il y en avait parmi les pèlerins de la Grotenburg, et ils ont donné leur coup de langue en passant. Ils ont glosé sans miséricorde et sur la statue et sur le socle qui la porte. Les uns ont prétendu que ce socle découpé en arceaux et couronné d'une coupole représentait visiblement une chapelle, mais que l'artiste avait mal pris ses mesures, qu'au dernier moment il lui avait été impossible d'introduire la statue du saint dans sa niche, qu'il en avait été réduit à la jucher sur le toit, où elle se tient en équilibre tant bien que mal. D'autres ont avancé que cette chapelle n'est pas une chapelle, qu'elle ressemble plutôt à une échauguette ; à ce compte, Arminius serait un factionnaire somnambule qui, au lieu d'entrer dans sa guérite, a eu la fantaisie de grimper dessus. Dieu le garde de se réveiller ! Il ferait une chute bien dangereuse. D'autres ont dit que cette guérite n'est pas une guérite, qu'elle ressemblait comme deux gouttes d'eau à un calorifère, que le prince des Chérusques devait être reconnaissant à M. de Bandel pour l'attention délicate qu'il avait eue de lui tenir les pieds chauds pendant les longs hivers de la Westphalie. D'autres enfin affirment que le monument tout entier, y .compris le socle, la statue et cette interminable épée qui semble percer les nues, représente dans la pensée de l'artiste un gigantesque épouvantail à chènevière. Quelle est la chènevière que garde Arminius? C'est l'Allemagne. Qui sont les moineaux effrontés qu'il s'occupe de tenir en respect? Il a le visage tourné au sud-ouest, les moineaux sont les Welches qui se permirent jadis d'aller à la picorée au-delà du Rhin. Il était urgent de planter sur la Grotenburg un grand mannequin en métal battu pour leur ôter à jamais l'envie de recommencer. Quel qu'ait été précisément le but de M. de Bandel, on peut être certain que ses intentions étaient excellentes, et une bonne intention a toujours droit au respect, surtout quand elle a 183 pieds de haut. Au surplus, il peut se consoler des lazzis que lui décochent les mauvais plaisants. Le bon vieillard était si heureux pendant la cérémonie du 16 août qu'il a failli se trouver mal, et, ce qui n'a point rabattu les élans de sa joie, il a reçu l'ordre de la Couronne de troisième classe, la croix d'honneur de première classe de la principauté de Lippe, et une pension viagère de 12,000 marcs.

La fête d'Arminius avait été annoncée longtemps d'avance, et pendant les semaines qui l'ont précédée on s'était donné de la peine pour chauffer l'enthousiasme populaire, pour rappeler à l'Allemagne les titres qu'a le prince des Chérusques à sa gratitude. Les feuilles officieuses avaient tiré de son étui d'or leur plume des grands jours, elles avaient déployé

toutes les ressources de cette éloquence majestueuse
et pontificale dont elles ont le secret pour exhorter
tous leurs paroissiens à s'associer au moins par le
cœur à la grande manifestation nationale qu'on préparait. Ces exhortations ont eu moins de succès
qu'on ne s'y attendait, beaucoup d'Allemands sont
demeurés tièdes. — Pouvons-nous, disaient-ils, nous
passionner pour un personnage à demi-légendaire et
si peu connu qu'il est impossible de savoir s'il faut
l'appeler Arminius, Hermann ou Armin, et si sa
femme se nommait Thusnelda, ou Thurschilda, ou
Thursinhilda, sans compter qu'on n'a pas encore découvert où s'est livrée cette bataille dont vous dites
qu'elle fut « la première réponse allemande écrite
par l'épée des Chérusques sur le crâne des Romains? » Tout porte à croire d'ailleurs qu'Arminius
était un barbare à tous crins qui détestait la civilisation beaucoup plus que le despotisme. En vérité,
nous avons plus d'obligation à Rome qu'au vainqueur
de Varus. Elle a dégrossi notre rudesse naturelle, elle
a fait entrer dans nos cerveaux de loups des idées
qui ont fini par y prendre racine, elle nous a donné
ses lois, quelques-unes de ses institutions, et si aujour-
d'hui encore nous avons un césar, n'est-ce pas d'elle
que nous avons hérité cette gloire?

A ces objections, les journaux officieux répon-
daient qu'il ne s'agissait pas de cela, qu'Hermann
avait été « une de ces âmes géniales et solides qui ne
naissent que dans l'Allemagne du nord, natures fraî-
ches et saines jusque dans leur moelle la plus intime, »
qu'il était le symbole « des aspirations idéales de sa
nation, *des idealen Schwungs,* » qu'il avait possédé

toutes les qualités germaniques, le patriotisme, l'amour religieux du devoir, l'intégrité du caractère, sans oublier la modestie. — Mais, répliquaient les ergoteurs, les historiens latins et grecs, par qui seuls nous le connaissons, sont unanimes à déclarer que ce représentant de l'idéalité germanique était d'une bonne foi douteuse, *insignis perfidia*, a dit Tacite. La victoire qu'il remporta sur les Romains fut un véritable guet-apens. Il avait su capter leur confiance, les persuader de son dévoûment, et il profita de la crédulité de Varus pour le conduire à l'abattoir, lui et ses légions. Ce haut fait a été cause que pendant longtemps la sincérité germaine fut en mauvaise odeur, et que Strabon s'est permis d'avancer « qu'il est fort utile de se défier des Allemands, que quiconque s'en remet à leur bonne foi finit par s'en trouver mal. » Qu'Arminius repose en paix dans sa forêt de Teutoburg ! Il fut un brave capitaine, un ambitieux, car il paya de sa vie la fantaisie qui lui était venue d'être roi. Il a eu la gloire d'arracher à Auguste un cri qui a traversé les siècles, et Tacite lui a élevé dans une de ses pages immortelles un mausolée en belle prose latine. Pourquoi vouloir lui en élever un second en style chérusque ou marcoman ?

Si la fête du 16 août n'a pas eu un succès d'enthousiasme, on ne peut nier en bonne foi qu'elle n'ait honnêtement réussi. Tout s'est passé de la manière la plus convenable. On a beaucoup parlé, beaucoup chanté ; on a mangé des gâteaux à la Bandel et des fromages à la Thusnelda. M. de Bismarck n'avait point fait au prince des Chérusques l'honneur d'assister à l'inauguration de son culte; il s'en est excusé par une lettre courte, mais gracieuse, — *eloquentia brevis*, disait Quintilien, *cum animi jucunditate*. En somme, que manquait-il à la fête? L'empereur d'Allemagne l'a honorée de sa présence, il a présidé à ces rites sacrés avec sa bonne grâce accoutumée. Il avait demandé en arrivant à Goslar qu'on le considérât comme un simple invité. On ne l'a pas pris au mot, on l'a fait passer sous des arcs de triomphe, des jeunes filles coiffées de bluets lui ont offert des couronnes. Certains discours lui ont paru un peu longs ; pourquoi aussi M. le surintendant Koppen s'est-il cru obligé d'établir dans un sermon en trois points qu'Arminius était le parfait modèle non-seulement de toutes les vertus civiles et domestiques, mais encore de toutes les vertus chrétiennes ? Séance tenante, l'éloquent prédicateur a fait faire à l'illustre païen sa première communion. Qu'en ont pensé Odin et ses deux corbeaux, ainsi que la belle Freya, qui pleurait des larmes d'or? Qu'en a pensé le farouche dieu Thor dans son palais de Troudouangour, où il trône sur un char attelé de deux boucs ? Ils se sont indignés qu'on leur ravît effrontément le plus beau coq de leur paroisse. Ce qu'a dit l'empereur n'a pu désobliger personne, pas même un dieu mort. Il a répondu aux délégués de la ville de Munster, qui étaient venus lui apporter leurs hommages, que, si chacun faisait son devoir, l'Allemagne n'aurait rien à redouter de ses ennemis intérieurs et extérieurs. A une autre députation, il a dit qu'Arminius n'avait rien perdu aux ajournements qu'avait essuyés sa fête, que les grandes choses qui s'étaient faites dans ces dernières années donnaient à cette fête son véritable sens. Le soir, à la fin d'un banquet, on a fait la lecture publique de tous les télégrammes qu'avait reçus dans la journée le comité du monument. La dépêche qu'avaient expédiée les Allemands de Richmond en Virginie était brève, mais éloquente ; elle était ainsi conçue : « Le monde appartient aux Germains. »

Qui pourrait s'y tromper ? la bataille dont on vient de solenniser le souvenir sur le sommet de la Croten-burg n'a pas été livrée l'an 9 de l'ère chrétienne, elle est beaucoup plus récente. Elle a été gagnée non par des framées et des javelots, mais par des canons Krupp, et ce n'est pas Quintilius Varus qui commandait les vaincus. Dans la quatrième niche du fameux socle à arceaux sur lequel M. de Bandel a hissé son Hermann se trouve le portrait en bronze de l'empereur Guillaume ; on lit au-dessous cette inscription : « Celui qui a réuni sous sa forte main des races longtemps divisées, celui qui a triomphé glorieusement de la puissance et de la perfidie welches, celui qui a ramené au bercail de l'empire allemand des fils depuis long-temps perdus, celui-là est semblable à Armin le sauveur ! » A quelques pas de là, on trouve une autre niche et une autre inscription dans laquelle il est question de l'insolence française humiliée et confondue. Combien de temps encore les monotones litanies de la haine seront-elles l'accompagnement nécessaire de toutes les fêtes que célèbre la blonde et pacifique Allemagne ? Il faut croire que les haines blondes sont les plus tenaces de toutes : — bien rosser et garder rancune, disait Figaro, est en vérité par trop féminin.

Si jamais nous passions à la Grotenburg, nous voudrions graver sur l'une des pierres si laborieusement rassemblées par M. de Bandel ce mot de l'un des plus grands poètes de l'Allemagne : « Le patriotisme de l'Allemand consiste en ce que son cœur se rétrécit comme le cuir par la gelée, qu'il cesse d'être un Européen pour n'être plus qu'un étroit Allemand. » La nation qui a produit tant de citoyens du monde, tant d'esprits libres, tant d'âmes élevées et vraiment européennes, ne renoncera-t-elle jamais aux puérilités de l'orgueil de race, qui est le plus sot des orgueils et la plus orgueilleuse des sottises? Le jour ne viendra-t-il pas où elle se sentira le cœur affadi par l'encens un peu grossier qu'on lui prodigue, où elle se lassera d'entendre éternellement parler de ses vertus et de la corruption latine ? Ne finira-t-elle pas dans un accès de généreuse humeur par briser la cassolette des thuriféraires, par imposer silence aux chanteurs d'antiennes et par rendre la parole aux gens d'esprit? Ce jour viendra; il en sera de l'Allemagne comme d'Irax, *itimadoulet* de Médie. C'était, rapporte la chronique, un grand seigneur, dont le fond n'était pas mauvais, mais il était vain comme un paon. Zadig entreprit de le corriger; il lui envoya un maître de musique, vingt-quatre violons et douze voix qui avaient l'ordre de lui chanter tout le long du jour une cantate dont le refrain était :

> Que son mérite est extrême!
> Que de grâces, que de grandeur!
> Ah! combien monseigneur
> Doit être content de lui-même!

La première journée lui parut délicieuse, la seconde fut moins agréable, et bientôt il écrivait en cour pour supplier Zadig de rappeler ses violons et ses chanteurs. Il promit d'être désormais moins content de lui, « il se fit moins encenser, eut moins de fêtes et fut plus heureux, car, comme dit le sage, toujours du plaisir n'est pas du plaisir. »

Parmi les figures oratoires, classiques ou romantiques, que la fête du 16 août a inspirées aux journalistes officieux, il en est une qui nous paraît digne d'être relevée, parce qu'elle a non-seulement plus de mérite littéraire, mais plus de sens que les autres. On se rappelle la célèbre chanson du vieil Arndt. Quelle est la patrie de l'Allemand ? se demandait le poète, et il répondait qu'elle est partout où résonne la langue allemande, partout où le cœur est chaud et le regard loyal, partout où le Français est tenu pour un ennemi. Un recueil de Berlin, la *Semaine militaire*, vient d'exécuter des variations nouvelles sur le thème traité jadis par le poète de Schoritz. — « La patrie de l'Allemand, a-t-il dit, c'est la victoire, car la victoire a réuni ceux qui étaient séparés, et c'est pour cela qu'on voit rayonner au sommet du monument de la Grotenburg, comme un signe de ralliement pour tous les regards et pour tous les cœurs, le glaive d'Armin, la pointe de l'épée allemande. » Cette métaphore hardie, où l'on reconnaît toute la grandiloquence berlinoise, renferme une vérité, agréable ou désagréable pour les Allemands, c'est à eux d'en juger, mais à coup sûr inquiétante pour leurs voisins. Les descendants d'Arminius ont vaincu ensemble, et voilà pourquoi, oubliant leurs divisions séculaires, ils se sont réunis en un seul corps de peuple. En 1870, la victoire a fait l'empire, faut-il admettre qu'il suffirait d'un malheur pour le défaire? Doit-on penser aussi qu'une paix prolongée rendrait les Allemands à leurs dissensions naturelles, et que, pour rester toujours unis, ils sont obligés de vaincre toujours?

Les rédacteurs de la *Semaine militaire* sont des gens qui pèsent leurs paroles, et qui savent très-bien ce qu'ils veulent dire. Nous nous souvenons d'avoir rencontré un jour en voyage un Prussien assez original à qui son médecin avait enjoint de se secouer, de se remuer beaucoup, pour conjurer l'excessif embonpoint dont il était menacé. A peine était-il descendu dans une auberge, il entamait une violente discussion avec le premier venu, et peu s'en fallait qu'il ne prît son homme au collet. On aurait pu croire qu'il se fâchait; point, il se donnait du mouvement. La nuit, sans trop se soucier du repos de ses voisins, il se relevait pour faire des armes et tirait à la muraille pendant deux heures, — au demeurant le meilleur fils du monde. Quand les aubergistes se plaignaient, il leur répliquait avec le plus grand flegme qu'il suivait les ordonnances de son médecin, que ces exercices nocturnes étaient nécessaires à sa santé. Il serait fâcheux que les médecins politiques et militaires de l'Allemagne lui prescrivissent un traitement du même genre, et qu'elle en vînt à se persuader que le repos ne convient pas à son tempérament, qu'elle risquerait de contracter dans une paix prolongée quelque maladie mortelle, que pour se bien porter et se tenir en haleine, elle doit se livrer tous les quatre ou cinq ans à cet exercice violent qu'on appelle la guerre. M. Mommsen a déclaré solennellement *urbi et orbi*, que ses compatriotes ne feraient jamais que des guerres nécessaires; comprenait-il dans le nombre les guerres hygiéniques? A ce compte, notre pauvre Europe est mal en point, elle finira par devenir absolument inhabitable.

Espérons qu'il n'en sera rien, et que ce n'est pas en vain que dans un discours chaudement applaudi le prince impérial d'Allemagne évoquait l'autre jour à Cologne « l'image de la paix dorée. » Puissent les Allemands se défier des recommandations de leurs médecins casqués qui écrivent dans la *Semaine militaire;* puissent-ils leur répondre comme Hamlet : « Crois-tu qu'il soit aussi facile de jouer de moi que de la flûte? » Il est à souhaiter que la France ne croie pas trop à leur sagesse, et puisque aujourd'hui tous les peuples se complaisent à fêter leurs saints et leurs héros, elle fera bien de se placer sous l'invocation de son véritable saint national, de celui qu'ont adoré tous ses grands hommes, de l'éternel bon sens, « lequel est né français. » Elle lui a fait trop d'infidélités; qu'il soit désormais son unique conseil! Il la gardera de la longue épée de saint Arminius, et il lui apprendra aussi à ne pas faire trop de fond sur les bonnes paroles, sur les sourires agréables, sur les compliments filandreux de saint Boniface et de ses acolytes.

V

LES RELATIONS

DE L'ALLEMAGNE ET DE LA FRANCE

Octobre 1875.

M. Thiers remarquait naguère avec sa justesse d'esprit et sa précision de langage accoutumées que, si par alliance on entend le concert de deux ou trois États qui s'unissent pour atteindre un but particulier, spécial, intéressé, la France assurément n'a pas d'alliance. « Voulez-vous que je vous le dise? a-t-il ajouté, je n'en connais aucune de semblable en Europe aujourd'hui. A ce titre, personne dans le temps présent n'est l'allié d'un autre ; mais tout le monde est l'allié de tout le monde pour le maintien du repos des nations, et cette alliance vraiment sainte comprend, protége tous les intérêts, et pour long-temps encore est la seule souhaitable, la seule possible. » Cette alliance vraiment sainte, cette sainte conjuration des gouvernements coalisés pour maintenir la paix a prouvé deux fois cette année son efficacité ; à deux reprises, en automne comme au printemps, elle a réussi à prévenir des complications menaçantes, à écarter des causes de conflit.

Les sceptiques ne croyaient plus à l'Europe ; il semble que l'Europe se soit retrouvée et qu'elle comprenne mieux que par le passé quels services peut rendre à la paix du monde une politique sagement préventive, l'action commune et concertée des gouvernements désintéressés. Aussi les belliqueux mettent-ils le plus grand soin à dissimuler leurs projets et à se poser en face de l'opinion publique comme des ministres de paix. Lorsque ont éclaté les troubles de l'Herzégovine, on a vu avec plus d'inquiétude que de surprise plusieurs journaux importants de l'Allemagne soulever insidieusement la redoutable question de l'homme malade et prendre sous leur patronage les solutions radicales et violentes. Jouant le rôle de tentateurs, ils encourageaient les ambitions de la Russie, ils prêchaient à l'Autriche la politique d'agrandissement ; ils disaient à ces deux empires : Ne vous gênez pas, prenez en Orient tout ce qu'il peut vous convenir de prendre ! — Ils ajoutaient *in petto :* Pendant que vous aurez le dos tourné et les mains occupées, nous ferons, nous autres, tout ce qu'il nous plaira. En même temps ces journaux protestaient de leurs intentions pacifiques, et, jetant du côté de l'Occident un regard soupçonneux, ils insinuaient que la question d'Orient était une eau trouble où la France essayait de repêcher ses provinces perdues. Ils ont été désavoués, ils ont dégonflé jusqu'à nouvel ordre leurs ballons d'essai. Le fabuliste nous a peint un loup qui commençait « d'avoir petite part aux brebis de son voisinage. » Pour endormir leurs défiances, il s'habilla en berger, fit sa houlette d'un bâton, « sans oublier la cornemuse. » Ce qui gâta son entreprise, c'est qu'il ne put contrefaire la voix du berger.

> Le ton dont il parla fit retentir les bois,
> Et découvrit tout le mystère.

C'est un heureux signe des temps que les loups se croient tenus de se déguiser en bergers et que les boute-feu se donnent pour les gens les plus pacifiques du monde, et imputent à autrui les mauvaises pensées dont on les soupçonne. Aujourd'hui, pour souffleter son voisin, on est obligé de se servir d'une branche d'olivier.

Il serait injuste de compter au nombre des loups déguisés en bergers l'auteur d'une brochure publiée récemment à Berlin sous ce titre : *Après la guerre* [1]. Écrite dans un esprit sage et modéré, elle paraît avoir fait en Allemagne quelque sensation. Il y a de vrais bergers, même à Berlin, et les houlettes allemandes ne sont pas toutes des fourreaux enrubannés où se cachent des épées. Les uns ont attribué à cette publication une origine semi-officielle ; d'autres, mieux informés peut-être, ont voulu reconnaître dans l'auteur un homme d'esprit et de talent, M. Bamberger, qui est un des membres les plus considérés du parti national-libéral. Quoi qu'il en soit, on ne peut refuser à l'écrit dont nous parlons l'autorité qui s'attache toujours au bon sens, quand il est accompagné d'une certaine élévation de sentiments et qu'il fait justice des préjugés, des sottises et des passions courantes.

1. *Nach dem Kriege.* Berlin, 1875.

Le publiciste anonyme voit dans le chauvinisme une maladie ou une folie contraire aux véritables traditions, aux vrais instincts, au génie même de sa nation, laquelle est si peu portée au mépris des peuples étrangers qu'on peut lui reprocher de subir trop facilement leur influence. Il déclare que les guerres de race, les inimitiés héréditaires, les haines internationales, sont des préjugés d'un autre âge, incompatibles avec les idées modernes. Il déclare aussi que, quelle que soit la valeur du principe des nationalités, il ne saurait servir de règle exclusive à la politique, ni d'excuse à aucune entreprise contre la justice. Il estime que c'est le devoir de tout peuple civilisé de concilier l'exercice de son droit avec le respect des droits généraux de l'humanité. La politique qu'il recommande est cette politique réaliste, *die Realpolitik*, qui se glorifie de n'être ni doctrinaire, ni sentimentale, qui se défie également de tous les systèmes, de tous les dogmes et de toutes les variétés du don-quichottisme ; mais il s'empresse d'expliquer que le réalisme des hommes d'État ne peut se croire tout permis, qu'il doit compter avec l'honneur et avec la morale, qu'il aurait tort de fréquenter l'école de Machiavel et de professer avec lui que le monde appartient en bonne justice aux lions et aux renards, et que les moutons remplissent leur destinée en se laissant manger. Selon les sages doctrines du publiciste anonyme, la guerre est un moyen extrême dont les peuples ne doivent user que dans les cas d'absolue nécessité et quand il y va de la conservation de leur existence ; mais la paix est un bienfait dont ils ne sauraient trop sentir le prix, et il importe que la paix soit vraiment pacifique, que les ressentiments et les défiances n'en compromettent pas les avantages et la durée. « Il convient, nous dit-il, à deux grandes nations de recourir aux armes et au jugement de Dieu, quand il s'est élevé entre elles des différends qui ne peuvent être vidés en douceur ; mais il est contraire à tout noble sentiment, et il répugne à la civilisation de ce siècle que l'Allemagne et la France, durant des années après la conclusion de la paix, entretiennent des rapports qui ressemblent à un état de cannibalisme moral, *moralischer Menschenfresserei.* » Il représente à ces deux nations « que par une histoire de mille ans, par toutes les vicissitudes de la paix et de la guerre, elles ont pu se convaincre que leurs forces se balancent, » et il les engage à en faire un usage plus utile que de les employer « à s'affaiblir et à se paralyser réciproquement dans des luttes incessantes. »

« Quand deux adversaires, dit-il ailleurs, entrent en lice avec le sentiment de l'égalité de leurs conditions, leur estime mutuelle ne peut être compromise par le résultat de la lutte... Après que le dieu de la guerre a laissé tomber ses dés et que les conditions de la paix ont été réglées, ce nouveau contrat inaugure un nouveau droit... Les questions litigieuses appartiennent au passé ; mais les peuples, qui sentent la vie abonder dans leurs veines, subsistent et se persuadent de plus en plus qu'ils sont appelés à entretenir ensemble un commerce pacifique. C'est un honneur pour chacun d'eux d'exprimer tout haut cette conviction et de tendre la main à la partie adverse pour conclure avec elle un pacte de bon voisinage. »

Et l'auteur de la brochure exhorte les Français à relire l'une des scènes les plus justement célèbres de Corneille, de ce poète « qui fut grand surtout parce qu'il sut rendre les émotions des grandes âmes et des peuples dont le cœur est haut placé. » Tendant la main à la France, il lui dit au nom de l'Allemagne :

> Soyons amis, Cinna, c'est moi qui t'en convie.

Nous ne savons si la belle scène que le publiciste anonyme engage les Français à relire était bien présente à sa mémoire. Auguste y parle en maître qui consent à faire grâce, qui remet sa peine à un ingrat ; il y a bien de la hauteur dans sa clémence et beaucoup de superbe dans son pardon. Il a auparavant ordonné à Cinna de descendre en lui-même, de se mieux connaître, de ne point s'abuser sur ce qu'il peut valoir. — Tu ferais pitié, lui dit-il,

> Si je t'abandonnais à ton peu de mérite...

Un jour, en entendant ces vers au théâtre, le maréchal de La Feuillade ne put se tenir de crier à l'acteur qui jouait le rôle d'Auguste : « Ah ! tu me gâtes le soyons amis, Cinna. » Et il ajouta : « Si le roi m'en disait autant, je le remercierais de son amitié. » Ne chicanons point le publiciste anonyme sur les mots, attachons-nous à ses pensées, qui témoignent d'un esprit généreux et bien intentionné. A la vérité, quand il pèse et compare le mérite des deux nations qu'il se propose de réconcilier, il fait la part très-belle à l'Allemagne. Il entrait dans son plan de don-

ner à son pays de sages conseils, mais il n'a point
entamé le chapitre des vérités utiles, qui risquent
souvent d'être des vérités désagréables. Il y a dans
sa brochure une page où, faisant le portrait de l'em-,
pereur Guillaume, il affirme que rarement un souverain a eu le privilége de réunir à ce point en sa personne toutes les qualités qui sont l'honneur de son
peuple, la justice, l'amour de la vérité, la fidélité au
devoir, la décision virile, le patriotisme qui ne recule
devant aucun sacrifice, toutes les vertus guerrières
conciliées avec le plus ardent amour de la paix.
L'auteur de la brochure ne maltraite point ses compatriotes ; mais, comme il a su se dégager des préventions de l'orgueil de race, il ne refuse pas tout à
la France, il ne lui reproche point, comme Auguste
à Cinna, son peu de mérite. Au contraire, il admet
qu'elle en a beaucoup ; il rend justice à ces aptitudes diverses, à l'abondance de ses ressources, à
son courage dans le malheur, il reconnaît la part
considérable qu'elle a eue dans l'histoire de la civilisation, l'influence parfois utile qu'elle a exercée sur
l'Allemagne elle-même. Croyant à son passé, il croit
aussi à son avenir ; il l'accuse seulement de gâter ses
heureuses qualités naturelles par un excès de vanité
nationale. Où sont aujourd'hui les peuples modestes?
M. Berthold Auerbach écrivait naguère « que les
Français, qui, quoi qu'ils fassent, ne s'occupent que
de savoir si on les regarde, devaient nécessairement
être vaincus par une race qui puise toute sa force
dans le sentiment de la dignité personnelle. » Quand
la voix du coq est trop éclatante et qu'il lui arrive de
monter sur ses ergots, il est bon qu'un moraliste

bienveillant lui prêche la modestie ; mais M. Auerbach aurait dû songer que, si le moraliste est un paon qui fait la roue, son homélie a peu de chances d'être bien reçue.

« Faire sérieusement la guerre, dit l'auteur de la brochure, aussi longtemps que cela est nécessaire, maintenir sérieusement la paix aussi longtemps que cela est possible, telles étaient et telles sont les dispositions du peuple allemand à l'égard des Français, et par conséquent il dépend absolument de ces derniers d'entretenir avec l'empire voisin des rapports pacifiques ou hostiles. » Prétendre que l'Allemagne se propose de réduire la France à l'état de puissance de second ordre est, selon lui, une imputation calomnieuse, un tel dessein étant incompatible avec le caractère bien connu du peuple allemand, lequel a trop de confiance dans ses propres forces pour que la puissance des autres lui porte ombrage. « C'est le génie de la politique de la France, dit-il, que de croire sa sûreté et sa grandeur intéressées à ce que ses voisins soient faibles et de travailler à leur affaiblissement. » Nous ne savons à quelle période de l'histoire de la politique française l'anonyme veut faire allusion. S'il entend parler de la politique d'Henri IV, de Richelieu, de Mazarin, il serait facile de lui répondre que sous la conduite de ces grands hommes la France ne travaillait point à affaiblir sur ses frontières des États puissants, qui n'existaient pas, mais qu'elle avait pris en main le protectorat des petits, que Richelieu savait ce que valait un simple pion bien ménagé et qu'il s'en servait pour aller à dame, que, pour combattre les envahissements de la

maison d'Autriche, il liait partie avec les États faibles, qui recherchaient son amitié, et parmi lesquels
on comptait l'électorat de Brandebourg.

Le 29 juillet 1870, le professeur Michelet, de Berlin,
écrivait qu'il n'y aurait pas de paix possible tant que
le vol séculaire de l'Alsace et de la Lorraine n'aurait
pas été restitué, et le 3 août une feuille officielle rappelait que ces deux provinces avaient été arrachées à
l'Allemagne par la ruse et l'avidité conquérante des
Français. Comme l'a si bien dit l'auteur de l'*Histoire
diplomatique de la guerre franco-allemande*, il était
impossible de falsifier plus complétement les faits.
M. Sorel remarque fort judicieusement que, lorsque
l'Alsace et la Lorraine sont devenues françaises, l'idée
de l'unité allemande n'avait pas encore pénétré en
Allemagne, que le principe des nationalités n'était
enseigné par personne, que les États pratiquaient un
droit public fort différent de celui qui a prévalu
depuis, et que « Metz et l'Alsace furent pour la France
le prix d'interventions sollicitées par les Allemands
eux-mêmes et de la protection accordée aux protestants du nord contre la maison d'Autriche. » En 1633,
l'électeur de Brandebourg, implorant de Louis XIII
l'alliance dont la cession de l'Alsace devait être le
prix, suppliait le roi « de prendre en main l'œuvre
de protection et de médiation qu'on réclamait de
lui, et de s'y porter avec une promptitude salutaire. »
Telle était, conclut M. Sorel, « l'œuvre de ruse et de
perfidie pour laquelle les gazetiers prussiens allaient
tour à tour réclamer vengeance. » Dieu nous garde
de demander à Guillaume Ier, empereur d'Allemagne,
de se souvenir des obligations que jadis son ancêtre

George-Guillaume, électeur de Brandebourg, put avoir à la France, — plus que toute autre chose en ce monde, la reconnaissance est sujette à prescription; mais, puisque les Allemands se glorifient de leur probité intellectuelle, il est permis de leur demander de respecter toujours l'histoire. Il est beau de ne pas redouter un voisin fort, il est encore plus beau de n'avoir jamais peur de la vérité.

Peut-être l'anonyme, lorsqu'il accuse les Français de fonder leur grandeur sur la faiblesse d'autrui, avait-il en vue une époque plus récente de leur histoire que celle d'Henri II ou de Richelieu; peut-être pensait-il à ce malheureux souverain à qui l'Allemagne a plus d'obligations encore que George-Guillaume n'en avait à Louis XIII. En ce cas, son reproche ne pourrait être pris que pour une sanglante ironie. Étranger aux véritables traditions de la France, cosmopolite par son éducation comme par ses sympathies et ses amitiés, l'empereur Napoléon III a fait tour à tour de la politique anglaise, de la politique italienne, de la politique polonaise, de la politique transatlantique, de la politique humanitaire et même de la politique prussienne; il a fait trop rarement de la politique française, et jamais souverain n'a été plus mal récompensé de la peine qu'il s'était donnée pour avancer les affaires des autres. On a dit de lui qu'il était un homme moderne qui parlait napoléonien; encore ne savait-il qu'imparfaitement cette langue, et il ignorait tout à fait celle d'Henri IV. Qui oserait l'accuser sérieusement d'avoir exigé de ses voisins qu'ils restassent petits? Loin de contrarier leurs ambitions, il les a encouragés à s'agrandir, dans l'espérance qu'ils reconnaîtraient son bon vouloir et lui adjugeraient une indemnité proportionnée aux services qu'il leur rendait par son concours actif ou par sa bienveillante abstention. Pour mener à bonne fin cette politique hasardeuse des indemnités, il aurait fallu une vigilance, une suite dans les desseins, une persévérance de volonté, une promptitude de décision, qui manquaient à celui qu'on a surnommé un rêveur inappliqué. Il y avait assurément du calcul dans sa générosité, mais on ne peut nier qu'il n'y eût souvent de la générosité dans ses calculs, et il faut convenir que ce n'est pas ainsi qu'on entend la politique à Berlin.

Cet idéaliste eut le tort de se croire plus habile que les habiles; les occasions se sont présentées à lui, elles ne l'ont pas trouvé prêt, et c'est le seul crime que la fortune ne pardonne pas. A la France seule il appartient de lui reprocher ses erreurs, dont l'Allemagne a su si bien profiter! « M. de Bismarck, avait-il dit, est le brochet qui mettra les poissons en mouvement, et nous pêcherons. » Il s'est trouvé que le brochet était un requin, et que le pêcheur a été mangé. Les requins sont incapables de reconnaissance; autrement ils n'écriraient pas dans leurs brochures ces lignes impitoyables : « Quiconque a suivi avec attention la marche des événements de Biarritz jusqu'à Sedan et connaît exactement les détails de l'entrevue de Donchery ne soupçonnera jamais M. de Bismarck de nourrir une tendresse particulière pour le bonapartisme. Si notre homme d'État dirigeant était incapable de conclure un traité avec les napoléonides quand leurs intérêts étaient représentés par un homme qui s'appelait Napoléon III, comment pourrait-il aujourd'hui accorder sa confiance à un parti qui, pour le moment, est privé de toute direction effective? On croira difficilement que M. de Bismarck espère fonder une situation politique durable par un accord avec la veuve de Chislehurst, avec l'écolier de Woolwich ou même avec le prince Napoléon. Les bonapartistes doivent commencer par acquérir une puissance réelle en France, où ils ne sont jusqu'à présent qu'un levain d'agitation, avant que la politique réaliste par excellence condescende à négocier avec eux. » On ne saurait nier ses dettes avec plus de désinvolture. Qu'aime donc le chancelier de l'empire allemand, s'il ne nourrit pas dans le fond de son cœur une tendresse secrète pour la mémoire de Napoléon III, et sur quoi peuvent compter les napoléonides si la reconnaissance de l'Allemagne leur fait défaut? Il serait étrange que la France, à qui leurs erreurs coûtent si cher, se crût tenue de les dédommager des ingratitudes de Berlin.

Nous avons relevé avec bonheur, dans la brochure que nous analysons, cette affirmation plusieurs fois répétée que l'Allemagne n'est point une nation ombrageuse, et qu'elle ne se croit point intéressée à ce que la France soit faible. Ces affirmations nous auraient réjouis davantage encore, si nous ne nous étions souvenus qu'à la date du 20 décembre 1872 M. de Bismarck écrivait au comte d'Arnim : « Nous n'avons certainement pas pour devoir de rendre la France puissante en consolidant sa situation intérieure... L'inimitié de la France nous oblige de désirer qu'elle reste faible. » Toutefois l'auteur de la brochure paraît convaincu que la politique réaliste dont on tient école à Berlin ne peut manquer de s'inspirer des sentiments véritables du peuple allemand, qui a pour caractère essentiel « l'esprit de justice et de modération. » Nous sommes heureux de recueillir cette déclaration rassurante; mais notre publiciste ne s'avance-t-il pas un peu trop? Nous n'avons garde de contester à ses compatriotes les qualités de cœur et d'esprit qu'il leur attribue, ils en ont beaucoup; nous doutons seulement que ces qualités soient aussi efficaces en politique qu'il le pense, nous nous demandons si en Allemagne le gouvernement n'a pas plus d'influence sur le génie national que le génie national n'a d'influence sur le gouvernement. L'Allemand a plus que tout autre peuple la faculté et le besoin de raisonner sa conduite et sa volonté, et quiconque raisonne beaucoup sa volonté s'expose à la chercher longtemps sans être sûr de la trouver toujours, car il est peu d'hommes, même au-delà du Rhin, qui soient capables d'aller jusqu'au bout de leur raisonnement. Le gouvernement personnel a beau jeu quand il se trouve en présence d'un peuple sujet à s'embarrasser dans ses réflexions et à s'égarer dans ses incertitudes. — « Frédéric Ier, en érigeant la Prusse en royaume, avait par cette vaine grandeur, écrivait le grand Frédéric, mis un germe d'ambition dans sa postérité qui devait fructifier tôt ou tard. La monarchie qu'il avait laissée à ses descendants était, s'il m'est permis de m'exprimer ainsi, une espèce d'hermaphrodite, qui tenait plus de l'électorat que du royaume. Il y avait de la gloire à décider cet être » L'expression est pittoresque et typique, et l'on peut dire que telle est la fonction du gouvernement per-

G. VALBERT.   8

sonnel en Allemagne, il est appelé fort souvent *à décider cet être*. Le même Frédéric II, écrivant à Voltaire, définissait l'Allemagne « une nation qui n'a que des passions ébauchées. » Il entendait par là des passions confuses, et, quand un peuple a des passions confuses, rien n'égale l'ascendant qu'exercent sur lui les hommes qui ont les idées claires. De ces hommes-là, l'Allemagne en produit toujours la quantité nécessaire à sa consommation, et il faut ajouter que l'Allemand qui voit clair, s'il s'appelle Frédéric II ou M. de Bismarck, voit souvent plus clair et plus loin que tout le monde.

L'histoire contemporaine témoigne que les peuples de l'empire germanique se contentent de demander à leur gouvernement de partager leurs passions, et qu'après cela ils s'en remettent à lui du soin de régler leur destinée. Ils sont tentés quelquefois de protester contre ses décisions, mais en y réfléchissant, et ils réfléchissent beaucoup, ils finissent par reconnaître que leur maître avait raison, que ses conseils sont pleins d'équité et de sagesse, et que ce qu'on leur donne vaut encore mieux que ce qu'ils avaient osé désirer. C'est un Allemand sans contredit que le héros de ce beau conte que Gœthe a intitulé *les Années d'apprentissage de Wilhelm Meister*, et dans lequel il a répandu à pleines mains les grâces tour à tour familièrement olympiennes ou noblement bourgeoises de son grand et incomparable esprit. Cet apprenti de la vie, qui se nomme Wilhelm, part un matin de chez lui et court le monde pour se chercher, et à la fin du livre on n'est pas bien certain qu'il se soit trouvé. Il rencontre en chemin des hommes qui savent ce qu'ils

veulent, un Laerte, un Serlo, un Jarno, et ces hommes
prennent sur lui un empire contre lequel il ne songe
pas longtemps à se défendre ; mais à peine suit-il
une piste, une autre se présente, et ses voies se brouil-
lent comme ses désirs. Il a le cœur aussi partagé que
l'esprit. Il aime presque également la sentimentale
Marianne, la provocante Philine, une comtesse rê-
veuse et passionnée, le mystère et les silences de
Mignon, la sage Thérèse et la noble Nathalie. Un
Français est certainement très-capable d'aimer l'une
après l'autre Marianne, Philine, Mignon et deux ou
trois comtesses ; ce qui est germanique, c'est de les
aimer toutes à la fois. — « Son esprit m'a choisie, dit
en parlant de Wilhelm la judicieuse Thérèse, son
cœur réclame Nathalie, et mon bon sens viendra au
secours de son cœur. » C'est raisonner comme le chancelier de l'empire allemand quand il démontre au
parti national-libéral qu'il est sans doute fort beau
d'aimer la liberté, mais qu'il faut savoir quelquefois
la sacrifier à autre chose, et que, si charmante que
soit Thérèse, on se trouve bien d'épouser Nathalie.
Comme le parti national-libéral, Wilhelm s'accommode de son sort, et lorsqu'un de ses amis lui dit : « Tu
me fais l'effet de Saül, fils de Kis, qui sortit pour chercher les ânesses de son père et trouva un royaume ! »
il lui répond : — « Je ne connais pas le prix d'un
royaume, mais je sais que j'ai acquis un bonheur que
je ne mérite pas et que je n'échangerais pour rien au
monde. » C'est ainsi qu'en 1848 l'Allemagne s'était
mise en route pour chercher les ânesses de son père,
c'est-à-dire toutes les libertés nécessaires au *self-government* ; elle a trouvé à la place le service universel

et obligatoire. Elle ne laisse pas d'être contente; moins modesté toutefois que Wilhelm, elle pense avoir mérité son bonheur.

Ces faciles et joyeuses résignations de l'Allemagne, M. Berthold Auerbach en a fait le narré, ou, pour mieux dire, il en a donné la caricature dans son dernier roman politique intitulé *Waldfried ou l'histoire patriotique d'une famille*. Nous demandons pardon à Goethe d'oser rapprocher Waldfried de son immortel chef-d'œuvre ; mais enfin M. Auerbach n'est pas le premier venu, il a eu jadis du talent, beaucoup de talent, et on peut dire de lui que c'est un écrivain d'un beau passé. Ce qui a fait tort à cette plume élégante et distinguée, ce fut la tâche qu'elle s'imposa de fabriquer des années durant un almanach dans lequel elle enseignait aux Allemands du midi, ses compatriotes, le respect et l'amour de la Prusse. On ne fabrique pas impunément des almanachs, même dans la meilleure intention du monde ; c'est un métier où les plus habiles finissent par se gâter la main M. Auerbach était plus fier de son almanach que de ses charmantes nouvelles villageoises ; il estimait que cet almanach valait au gouvernement prussien beaucoup de clients et presque une armée, et ses nombreux admirateurs affirmaient qu'à Vienne on était prêt à s'imposer les plus grands sacrifices pour obtenir de lui qu'il changeât les saints de son calendrier. Un jour, la reine de Prusse, qui a toujours aimé les lettres, le convia chez elle, dans une salle qu'on a surnommée le salon de Procruste, pour y faire une lecture en présence de celui qui est aujourd'hui l'empereur d'Allemagne. Si nos souvenirs sont exacts, il lut à ses augustes auditeurs l'histoire de ce qui se passe dans un nid. Il eut ce jour-là deux chagrins : il s'aperçut que le roi Guillaume s'intéressait médiocrement aux incidents qui peuvent survenir dans un nid, et il découvrit aussi que Leurs Majestés ignoraient complétement l'existence de son almanach. Il se garda bien de leur en vouloir, il s'en prit aux mauvaises dispositions de l'entourage.

M. Auerbach a renoncé à publier son almanach ; mais nous pouvons assurer que son dernier livre est écrit en style d'almanach, qu'on n'y retrouve pas sa brillante imagination d'autrefois ni les délicatesses accoutumées de sa plume. L'histoire de Waldfried mérite cependant d'être lue. Le héros de ce véridique et instructif roman est un libéral ou un démocrate de 1848, qui, lui aussi, s'arrange très-bien de tout ce qui arrive. Il a usé son chapeau à force d'y porter la main pour saluer tous les événements qui passent ; il bénit à tout coup la Providence, représentée par un grand homme, d'avoir réglé les choses pour le mieux et offert une grive à un peuple qui ne lui demandait qu'un merle. « Comme Guillaume Tell, dit-il, nous avons longtemps caché dans notre sein la flèche de la révolution ; nous avons enfin tiré, et nous avons manqué le but. » Waldfried est heureux de son malheur. Il souhaitait la liberté, il a obtenu en échange un bien plus précieux, il a vu les canons prussiens « délivrer le monde de l'esclavage de la phrase française, » il les a vus sauver à Sedan « les lumières du siècle, la civilisation, la justice, les bonnes mœurs, l'honneur et la probité. » Peu de jours avant la rentrée triomphale des troupes à

Berlin, il a eu la joie « de serrer la main de son empereur allemand dans une chaude et vivante étreinte, » et quand l'empereur s'est retiré, il l'a suivi des yeux, admirant « sa noble et majestueuse démarche ; » l'empereur s'est retourné, et lui a fait un signe de tête. — Un pan du ciel, s'écrie-t-il, est descendu sur l'Allemagne, elle a vécu pendant un jour de la vie des dieux !

En peignant son démocrate dégrisé et content sous les traits d'un pied-plat sentimental et lyrique, M. Auerbach a-t-il eu quelque malicieuse intention ? A-t-il obéi au secret désir de ridiculiser un peu ce que son Waldfried se donne l'air d'admirer ? Aurait-il gardé quelques ressentiments des froideurs qu'on lui témoigna jadis à la cour de Prusse ? A-t-il voulu venger son almanach méconnu ? Nous ne le pensons pas ; il a fait œuvre non de poète satirique, mais de photographe. Il avait rencontré un Waldfried, il l'a peint tel qu'il l'avait vu, car il y a des Waldfried dans ce monde ; ils ont reçu du ciel la mission de tout approuver, et si demain leur gouvernement commettait un abus de pouvoir ou une criante injustice, ils approuveraient encore. Avec cela, ils se donnent pour des esprits libres, pour des sages, et leur sagesse consiste à dire que le château de monseigneur le baron est le plus beau des châteaux, et que Mme la baronne est la meilleure des baronnes possibles. Ce n'est pas là précisément la philosophie de Kant ou de Fichte, ou même de Hegel, et s'il se trouve que monseigneur le baron est un homme d'un goût délicat, il a peu de sympathie pour ces faux philosophes, il les envoie dîner à l'office.

Pour démontrer que l'Allemagne n'a que de bonnes
intentions à l'égard de son voisin de l'ouest, l'auteur
de l'intéressante brochure *Après la guerre* allègue
que M. de Bismarck s'est abstenu de s'ingérer dans
les affaires intérieures de la France, qu'il l'a laissée
libre de se donner le gouvernement qui lui convenait, qu'il n'a rien demandé à ce gouvernement sinon
d'avoir la ferme volonté et la force de maintenir la
paix. « Si la politique allemande, ajoute-t-il, cherchait à se créer des difficultés avec la France et à
remporter par des luttes répétées des avantages ulté-
rieurs sur son voisin, elle verrait avec plaisir les
intrigues cléricales et chauviniques la seconder dans
ses desseins. Voilà les points noirs qui obscurcissent
l'horizon... L'opinion publique en Allemagne ne peut
voir d'un œil indifférent l'ultramontanisme et le mili-
tarisme se tendre fraternellement la main, comme si
la religion n'était destinée qu'à attiser les passions
guerrières, comme si c'était la tâche de l'armée française d'être une édition augmentée et corrigée des
zouaves pontificaux, et de former les colonnes d'attaque de la hiérarchie romaine. » Ce passage nous
montre comment aujourd'hui des esprits éclairés et
sérieux jugent la France, M. de Bismarck disait dernièrement à un propriétaire poméranien que les
Allemands devaient se féliciter de voir les tendances
cléricales prendre le dessus en France, parce que
cela affaiblirait la force militaire de la nation. « On
bat facilement, disait-il, un bataillon dans lequel
l'aumônier a plus d'influence que le commandant. »
M. de Bismarck et l'auteur de la brochure se font en
vérité une idée singulière de l'armée française ; mais

ceux qui souhaitent le règne de l'aumônier, ceux qui voudraient mettre l'épée de la France au service de l'*Encyclique* et de la restauration du pouvoir temporel, feraient bien de méditer les avertissements multipliés qu'on leur donne de Berlin, aussi bien que de Saint-Pétersbourg et de Londres.

Les Français ont peine à se rendre compte de toute l'importance qu'a prise en Allemagne la question religieuse, des passions qu'elle y excite et du rôle considérable que jouent dans la politique d'outre-Rhin les professeurs en général et en particulier les professeurs d'histoire. L'Allemand est le plus rétrospectif des hommes. A Sedan, il se souvenait de Louis XIV et de l'incendie du Palatinat ; aujourd'hui il rêve de l'empereur Henri IV, l a juré de le venger et de lui faire prendre sa revanche des humiliations de Canossa. Quelqu'un qui connaît bien M. de Bismarck disait, après la conclusion de la paix de Francfort, que Richelieu ne tarderait pas à se faire Pitt. Il entendait par là que le chancelier de l'empire allait s'occuper activement de se créer la grande situation parlementaire qui lui avait toujours manqué, qu'il soulèverait à cet effet une importante question politique intérieure, et qu'il en profiterait pour grouper autour de lui un parti et une majorité qui fussent entièrement à sa dévotion. M. de Bismarck a soulevé la question religieuse, il a déclaré la guerre au Vatican, et le parti national-libéral est à lui, prêt à le suivre partout où il lui plaira de le conduire, docile à tous ses ordres et ne se plaignant qu'à voix basse des sacrifices parfois excessifs qu'il impose à sa fidélité. Cette guerre qu'on a déclarée au Vatican, si nous en croyons ce qu'on nous écrivait dernièrement des bords de la Sprée, on ne la regarde point comme une lutte passagère ; on ne craint pas de dire dans les régions officielles qu'elle durera vingt-cinq ans, et on ne prévoit pas qu'aucun événement puisse modifier d'une manière sensible la situation. Malgré la modération bien connue de ses sentiments et de son caractère, le prince impérial a épousé avec chaleur la politique religieuse du chancelier, et le catholicisme ne pourrait pas attendre de l'esprit ferme, décidé, un peu absolu, de la fille du prince Albert, les ménagements presque sympathiques qu'il a toujours trouvés dans l'impératrice Augusta. Aujourd'hui l'Église catholique est aux prises avec Luther ; quand les idées de Strauss et de Darwin seront montées sur le trône, aura-t-elle un sort moins rigoureux ? On ne le pense pas à Berlin.

Si les passions protestantes et professorales doivent régner longtemps sur l'Allemagne, Dieu préserve ses voisins de s'emprisonner comme elle dans les sombres geôles de la théologie ! Deux fanatismes rivaux, deux frères ennemis, se surveillant d'un œil jaloux par-dessus le Rhin, voilà un danger qu'il faut éviter à tout prix, et on doit désirer ardemment que le zélotisme catholique et clérical ne trouve pas de ce côté-ci des Vosges son dernier refuge ou sa terre de promission, on doit souhaiter que la république du maréchal de Mac-Mahon ne devienne pas, comme nous le disait l'autre jour un spirituel diplomate, « la république de Charles X. » Autrement une collision prochaine viendrait justifier non-seulement les fâcheux pressentiments de l'auteur de la brochure, mais les sinistres prophéties qu'exposait hier encore

M. Gladstone dans une revue anglaise. En homme sûr de son fait et qui possède le secret des dieux, l'ancien premier lord de la trésorerie annonçait que « ce puissant courant de passions humaines, que nous appelons faussement la fatalité, » entraîne la France à un mortel conflit avec l'Allemagne, que, le jour venu, elle ne pourra contracter d'alliance avec aucun État, que son seul allié sera un allié sans nom, à savoir cette minorité ultramontaine qui est répandue sur toute la terre, qui hait l'Allemagne, qui trouble l'Italie, « qui triomphe en Belgique, qui fanfaronne en Angleterre, qui à Versailles tout à la fois gouverne et conspire, *which partly governs and partly plots.* » Tel sera l'auxiliaire actif de la France « quand elle se lancera dans une aventure insensée sous la bannière du fanatisme religieux, et ces deux forces, leur union fût-elle mal assortie et dussent-elles se détester l'une l'autre, se ligueront pour une entreprise commune, bien qu'elles poursuivent des buts absolument différents. » Il semble que, whigs ou tories, les chefs des partis anglais qui ne sont plus au pouvoir éprouvent le besoin d'occuper leurs loisirs en écrivant des romans ; mais nous préférons les spirituels romans politiques de M. Disraeli aux sombres romans théologiques de M. Gladstone, et nous dirions volontiers avec le *Times* que « la peur qu'il a du pape pourrait bien avoir dérangé quelque peu la balance de son jugement. »

Non, nous n'avons pas la république de Charles X, et fût-il vrai qu'en France la minorité ultramontaine gouverne un peu et conspire beaucoup, il serait permis de croire que ses rêves ne se réaliseront point, que ses beaux jours sont passés, que les élections prochaines justifieront ses inquiétudes, que dans le sénat et dans la chambre des députés elle comptera moins d'amis dévoués que dans l'assemblée nationale, et des adversaires moins généreux ou moins imprévoyants. Toutefois il est bon que la France réfléchisse aux embarras que pourrait lui susciter le triomphe d'un parti qui l'isolerait du reste du monde, en attendant de la pousser aux aventures.

— *Lascia le donne e studia la matematica*, disait à Jean-Jacques une courtisane de Venise, et ce mot fut répété un jour par un maître publiciste à un écrivain qui avait eu l'ingénuité de raisonner en docteur sur une matière de politique ecclésiastique. — Laisse les femmes, que tu ne connais pas, lui disait-il, et étudie l'arithmétique. Le publiciste avait raison. La politique de l'Église est une politique de femme, elle en a toutes les exigences et toutes les tyrannies. Ceux qui épousent ses intérêts, l'Église les considère comme ses chevaliers, qui lui appartiennent corps et âme ; elle dispose de leur sort sans les consulter, ils doivent être fiers de porter ses couleurs et heureux de risquer leur vie pour elle. C'est l'histoire que Schiller a mise en ballade. Le lion est entré dans l'arène, le tigre aussi, et le léopard. Du haut de son balcon, la charmante Cunégonde laisse tomber son gant, et le sourire aux lèvres, elle dit au chevalier Delorges : « Seigneur, si votre amour est aussi brûlant que vous me le jurez à toutes les heures du jour, veuillez, je vous prie, me rapporter mon gant. » Le chevalier s'exécuta, et, par miracle, il ne fut point dévoré ; mais de ce jour il ne revit plus la charmante Cunégonde.

La France sera plus sage que le chevalier Delorges, et s'il plaît à l'Église de jeter son gant à la face de l'Allemagne ou de l'Italie, elle ne se mêlera point de cette affaire, elle réserve son épée pour de meilleures occasions. Aussi bien les femmes se lamentent beaucoup et protestent pour la forme. Dans le fond, elles ont le courage et l'industrie des longues patiences. Elles trouvent moyen, quand on les laisse faire, de s'accommoder des situations qu'elles déclaraient insupportables; on est leur dupe en les plaignant trop. On nous citait un mot charmant du saint-père. Au printemps dernier, le lendemain du jour où Garibaldi arriva à Rome pour siéger dans le parlement italien, le prisonnier volontaire du Vatican dit à quelqu'un avec qui il cause librement : « Eh bien! on disait que nous ne pourrions pas tenir deux à Rome; depuis hier, nous y sommes trois. » Ce mot prouve que, si le pape Pie IX a le tort de se croire infaillible, il ne laisse pas d'avoir beaucoup d'esprit et le sentiment très-fin des situations. Ne soyons pas plus royalistes que le roi, et tâchons d'être au moins aussi Italiens que le saint-père et aussi résignés que lui à la perte de son pouvoir temporel.

VI

LE DERNIER INCIDENT

DU PROCÈS ARNIM

Pro nihilo, Vorgeschichte des Arnim'schen Processes, erstes
Heft. Verlags-Magazin, Zurich, 1876.

Novembre 1875.

Un conservateur prussien, domicilié, paraît-il, à
Potsdam et dont on n'a pas encore découvert le nom,
vient d'entreprendre la défense du comte Arnim. Il a
baptisé son apologie du titre de *Pro nihilo,* parce
qu'il se proposait de réduire à néant les inculpations
dont on a chargé l'ex-ambassadeur d'Allemagne à
Paris et de faire annuler par le tribunal de l'opinion
le jugement qui l'a frappé. Tout porte à croire qu'il
s'était assuré au préalable l'assentiment et l'aveu du
principal intéressé. Il a obtenu de lui la communication de quelques documents confidentiels demeurés
inconnus jusqu'à ce jour; quelques-unes de ces pièces
méritent de figurer à côté dès célèbres dépêches et
des mémorables rapports qui avaient été lus au cours
du procès, et qu'une indiscrétion calculée a mis sous
les yeux de toute l'Europe. L'avocat très-subtil, très-

véhément et très-anonyme qui vient d'entrer en campagne et s'est efforcé de démontrer qu'il n'y a plus de juges à Berlin, a-t-il servi efficacement la cause de son client? a-t-il réussi à dissiper les préventions dont le comte Arnim était l'objet? En lisant le *Pro nihilo*, les adversaires du spirituel ambassadeur ont-ils été émus de pitié ou atteints d'un secret remords? Il n'y a pas d'apparence, et l'apologiste visait à un autre but. Il n'ignorait pas que l'humilité d'un recours en grâce et un acte solennel de contrition auraient pu seuls attendrir des juges qui ne passent pas pour être enclins à l'attendrissement et s'il est vrai que la contrition parfaite consiste, au dire des théologiens, « en une douleur et une détestation des péchés commis, jointe à la volonté de n'en plus commettre, » il savait que le condamné n'était point contrit, que jamais il ne se déciderait à s'écrier dans la plénitude de son cœur : *Delicta juventutis meæ ne memineris, Domine!* Aussi le mystérieux inconnu de Potsdam n'a-t-il pas cherché à désarmer des rancunes qui ne rentrent pas facilement leurs griffes, il s'est occupé plutôt de les troubler dans la jouissance de leur triomphe. Sa brochure ressemble moins à un plaidoyer qu'à un réquisitoire, et pourrait bien être une œuvre de vengeance.

S'il en est ainsi, l'auteur du *Pro nihilo* n'a pas manqué son but. Les révélations plus ou moins canoniques que renferme son factum ont été jugées non-seulement désagréables, mais compromettantes et dangereuses. L'événement l'a prouvé. Le *Pro nihilo* a été saisi à Berlin par ordre du ministère public, parce qu'il contient « des offenses et des calomnies

répétées contre le chancelier de l'empire et le ministère des affaires étrangères. » Deux jours plus tard,
le journal officiel de l'empire complétait cette déclaration en ajoutant que la saisie « avait été ordonnée
en première ligne à raison d'offenses à la personne
de Sa Majesté l'Empereur. » Il est possible que ces
offenses à la personne de l'empereur n'aient été
découvertes qu'après coup, il est possible qu'on les
ait trouvées parce qu'on les cherchait; mais il est
hors de doute que l'inconnu de Potsdam s'est tout
permis, qu'il a lâché la bride à sa plume, qu'il a
divulgué le secret de certaines confidences, qu'il a
tout sacrifié au désir de brouiller les cartes. Les personnages les plus considérables et même les plus
augustes sont mis en scène par lui avec une liberté
dont ils ont le droit de se plaindre. Sans s'inquiéter
des démentis qu'il était certain de s'attirer, il rapporte qu'un jour à Ems, dans l'épanchement d'une
conversation intime, le ministre de l'intérieur, M. le
comte Eulenburg, se permit de prononcer un jugement défavorable sur la politique ecclésiastique du
chancelier de l'empire d'Allemagne. Il rapporte aussi
que, le 1ᵉʳ septembre 1873, le comte Arnim, ayant
obtenu audience de l'empereur Guillaume, eut la joie
de lui entendre dire « que la rancune était le trait
dominant du caractère de M. de Bismarck, qu'il était
triste de constater cette faiblesse chez un homme à
qui on devait tant, que son humeur rancunière avait
déjà enlevé au service de l'État bien des hommes de
mérite, M. de Goltz, M. de Thiele, M. Savigny,
M. d'Usedom, M. Werther : — c'est maintenant votre
tour, » aurait ajouté l'empereur.

G. VALBERT.   9

Le même jour, paraît-il, le comte Arnim, déjà gravement malade, s'étant présenté chez M. de Bismarck, celui-ci, « se pâmant d'aise de se trouver en si bonne santé, ouvrit l'entretien sur un ton blessant de compatissante hauteur. » Le comte lui ayant demandé pour quel motif il le persécutait avec tant d'acharnement, le chancelier de l'empire lui répondit « par un torrent de reproches préparés d'avance, comme le prouvaient les documents rassemblés sur sa table, » et il s'écria : « C'est moi qui suis le persécuté. Depuis huit mois, depuis un an, vous m'attaquez dans ma santé et dans mon repos. Vous conspirez avec l'impératrice, et vous n'aurez pas de relâche avant que vous n'ayez pris ma place. » Plus circonspect que son défenseur, plus soucieux des conséquences, le comte Arnim a éprouvé le besoin de couper court aux suppositions fâcheuses qu'a fait naître un tel récit. Par une lettre adressée de Vevey au *Times*, il a déclaré solennellement que, pendant toute la durée de son ambassade à Paris, il n'a jamais eu aucune conversation religieuse ni politique avec l'impératrice d'Allemagne, que s'il lui a écrit, c'est de son propre mouvement, et que jamais elle ne lui a répondu, « J'ignore entièrement, ajoute-t-il, sur quels faits a pu se fonder M. de Bismarck pour me dire ce qu'il m'a dit à ce sujet. » Cependant nous ne voyons pas qu'il reproche au conservateur de Potsdam la témérité de ses propos, qui étaient de nature à déchaîner les vents et à soulever en haut lieu de redoutables tempêtes. N'a-t-il plus rien à perdre, qu'il prenne si facilement son parti de tout risquer ? Ou se flatte-t-il de l'espoir que la brochure *Pro nihilo*, comme l'ont prétendu quelques feuilles allemandes, « portera un coup au prince de Bismarck et que l'avenir le prouvera ? » Au lieu de mettre le ministère public en campagne, peut-être M. de Bismarck eût-il été mieux inspiré en rassurant les inquiétudes excessives de quelques-uns de ses amis, qui le croyaient menacé, et en leur répétant le mot d'Auguste à Tibère : « Gardez-vous de trop céder à l'ardeur de votre âge et de vous fâcher du mal qu'on dit de moi; il doit nous suffire qu'on ne puisse pas nous en faire. »

Selon toute apparence, le plaidoyer ou le réquisitoire du conservateur de Potsdam n'apportera pas un grand changement dans l'opinion qu'on s'était faite, pièces en main, de la conduite politique du comte Arnim et des incidents qui ont servi à la fois de motifs et de prétextes à sa mise en accusation. « Les hommes, disait Voltaire, sont en général comme les chiens qui hurlent, quand ils entendent de loin d'autres chiens hurler. » Il suffit que deux ou trois gros dogues donnent de la voix pour que l'écho réponde et pour que tous les roquets aboient, les uns parce qu'il sont nés courtisans, d'autres parce qu'on les paie pour cela, d'autres enfin par un instinct machinal d'imitation. Cependant, lorsque éclata cette étrange collision qu'on appelle le procès Arnim et qui tiendra toujours sa place parmi les causes célèbres, il y avait en Europe beaucoup de gens disposés à donner tort au dogue et à s'intéresser à sa victime. Bon gré mal gré, ils ont fini par reconnaître que cette victime était en quelque mesure responsable de sa destinée, et que l'homme distingué, mais imprudent, qui pour son malheur a été ambassadeur d'Allemagne à Paris, avait pris avec ses fonctions des libertés que le droit public n'autorise pas, qu'il n'avait pas été un observateur assez scrupuleux des vertus ou des convenances professionnelles. — « Il était prévenu, a dit M. Valfrey [1], d'avoir détourné des archives de sa mission un certain nombre de pièces qui étaient la propriété de l'État. La revendication de la chancellerie allemande sur ces pièces était, selon nous, absolument légitime. Pas une d'elles, croyons-nous, n'appartenait au comte Arnim, même les plus confidentielles. Notre droit public n'admet à cet égard ni distinction, ni équivoque, et devant des tribunaux français M. le comte Arnim n'eût pas été condamné seulement pour avoir troublé l'ordre public par ses détournements, il l'eût été avant tout pour avoir fait sienne une propriété de l'État. »

Sur un autre point, l'auteur de la brochure *Pro nihilo* aura peine à modifier le sentiment général. On croira difficilement sur sa parole que le comte Arnim eut à l'égard de son chef hiérarchique une attitude toujours régulière et correcte, qu'il n'a pas profité de plus d'un incident pour lui faire une opposition sourde ou déclarée, et que M. de Bismarck n'avait pas raison de lui écrire à la date du 20 décembre 1872 : « Aucun département ne comporte aussi peu que celui de la politique étrangère une marche dirigée dans deux sens différents. Une telle manière d'agir me semblerait aussi dangereuse que dans une guerre un état de choses qui permettrait à

1. *Le Procès d'Arnim*, recueil complet des documents politiques et autres pièces produites à l'audience publique, traduit de l'allemand, introduction de M. J. Valfrey.

un général de brigade et à un général de division de se guider d'après deux plans contradictoires. » Il lui écrivait encore, à la date du 10 juin 1873 : « Les tendances dont s'inspirent vos rapports depuis huit mois ne s'accordent point avec les conseils que je donne à Sa Majesté touchant notre politique en France, et l'assentiment que vous avez trouvé chez elle m'a empêché de soutenir efficacement M. Thiers. Partant, je me vois dans la nécessité de prendre à mon compte la responsabilité de cette faute politique et de la situation qui en est résultée, bien que je n'y sois pas moralement tenu après les efforts incessants que j'ai faits pour remonter le courant 1. »

A vrai dire, le conservateur anonyme se fait fort de démontrer que les doléances et les imputations de M. de Bismarck n'étaient point fondées ; mais il n'a pu dissimuler la gravité des dissentiments qui s'étaient produits entre Berlin et la rue de Lille, et qui autorisaient le chancelier de l'empire à solliciter auprès de l'empereur le rappel du comte Arnim. Il demandait instamment ce rappel, mais il se heurtait contre d'invincibles résistances. C'est dans les questions de personnes qu'il a le plus souvent essuyé de pénibles échecs, et il doit dépenser une notable partie de ses forces à obtenir les destitutions qu'il juge nécessaires au salut de l'État. Comme on l'a dit, c'est surtout le cas « lorsqu'il s'agit d'hommes à qui l'empereur a depuis longtemps accordé sa confiance, son estime, voire ses sympathies particulières. » Et c'est ainsi que la guerre entre la rue de Lille et la Wilhelms-

1. *Pro nihilo*, p. 32.

strasse a pu durer deux ans; on travaillait par la
sape de part et d'autre, on éventait les mines de
l'ennemi par des contre-mines. Croirons-nous, ainsi
que l'affirme l'auteur de la brochure, que M. de Bismarck recourait à tous les moyens pour mettre
l'ambassadeur dans une situation impossible, et pour
annihiler son influence? Croirons-nous qu'il employait des agents secrets pour prévenir le gouvernement
français contre celui qui représentait l'Allemagne à
Paris? Croirons-nous qu'un de ces agents fut chargé
de répéter à M. le duc Decazes ce mot du vindicatif
chancelier : « Il faut que le duc Decazes soit bien
jeune pour se livrer à des épanchements vis-à-vis
d'Arnim! » Cette histoire est riche en enseignements.
Elle prouve que, quoi qu'on en dise, il y a encore des
juges à Berlin, puisque le comte Arnim, accusé de
haute trahison, n'a été condamné que pour un délit
de droit commun. Elle prouve que le régime parlementaire a du bon, puisqu'il permet à un premier
ministre de révoquer un fonctionnaire sans se croire
obligé de le perdre. Elle prouve encore que l'homme
le plus puissant ne peut pas tout ce qu'il veut, et que
les souveraines grandeurs ont leurs croix cachées.
Elle prouve enfin que le pays de la discipline a ses
indisciplinés, qui étonnent le monde par la ténacité
de leurs résistances, et que le pays de la discrétion
produit des brochures d'une prodigieuse indiscrétion.

L'opinion bien arrêtée du conservateur de Potsdam
est qu'en frappant le comte Arnim M. de Bismarck
n'a point eu en vue l'intérêt de l'État ni le rétablissement de la discipline dans la conduite de la politique
étrangère de l'empire, mais qu'il a consulté seule-

ment ses inquiétudes, ses animosités, qu'il a voulu se défaire d'un homme qui lui était désagréable et qu'il jugeait dangereux. « Il est naturel de haïr son héritier, surtout quand on le soupçonne d'être impatient, » lisons-nous dans la brochure. Le comte Arnim était-il un homme aussi dangereux que le pensait le chancelier? Le conservateur anonyme ne nous fournit à ce sujet que des informations insuffisantes, obscures, souvent contradictoires. On dirait qu'il craint de diminuer le rival de M. de Bismarck en le justifiant trop, et qu'en racontant le passé il s'occupe de réserver les éventualités possibles de l'avenir. Toutefois, si nous en jugeons par certains passages de son plaidoyer, nous pourrions croire qu'il a été fait beaucoup de bruit pour rien, que M. de Bismarck n'a couru aucun danger sérieux, que son imagination est une lunette aux verres grossissants, et qu'il voit des affaires d'État dans ses moindres contrariétés personnelles. « Nous éprouvons quelque surprise, est-il dit dans la brochure, quand nous voyons un éléphant se servir du même instrument pour soulever des quintaux et pour ramasser à terre des aiguilles. Le prince de Bismarck ne procède pas autrement; mais pour l'éléphant, qui a le sens rassis et peu d'imagination, l'aiguille n'est qu'une aiguille. Pour le chancelier de l'empire, elle est un instrument meurtrier, trempé dans le poison. On nous a montré nombre de ces aiguilles qui ont excité les nerfs malades du chancelier, et qui ont eu sur la constellation politique plus d'influence que maint coup de canon. »

Serait-il vrai qu'on ne dispute dans la Wilhelmsstrasse que sur des pointes d'aiguilles ou sur des têtes d'épingles? Il est permis d'en douter. Ce n'est un mystère pour personne que M. de Bismarck a beaucoup d'ennemis très-sérieux, qu'à la cour comme à la ville de hautes influences lui ont souvent été contraires, qu'à l'exemple du loup de la fable il a tout gagné à la pointe de l'épée, et qu'au lendemain de la guerre franco-allemande il a eu besoin de toute son énergie pour mettre sa situation à l'abri des surprises et des cabales. L'occasion parut bonne aux gens qui ne l'aiment pas pour rapporter à l'armée et à ses chefs toute la gloire des événements et pour déclarer d'un ton leste qu'il n'y a pas d'hommes nécessaires. Le chancelier de l'empire a déjoué les mauvaises intentions de ses ennemis par une de ces manœuvres hardies qu'il exécute avec autant d'habileté que de résolution. Après avoir passé près de dix ans à batailler contre le parlement, à pratiquer le système « de gouverner avec les minorités, » changeant tout à coup de tactique, il a cherché dans le parlement son point d'appui. Il s'est fait du Reichstag un camp fortifié, d'où il peut braver toutes les cabales. Il a rompu ses anciennes alliances, il a renouvelé sa clientèle, il est devenu le patron des nationaux-libéraux. Certes il n'entendait pas leur accorder cette extension des libertés parlementaires qu'ils réclament. Il n'a eu garde d'adopter leurs principes, mais en soulevant la question religieuse il a satisfait leurs passions, et il savait que lorsqu'on donne contentement aux passions des hommes, ils deviennent plus coulants sur les principes, qu'ils sacrifient facilement leur liberté à leur fanatisme, et que les nationaux-libéraux feraient les plus grandes concessions à celui qui seul pouvait mener à bonne fin une campagne contre Rome. Quand le parti fait mine de regimber contre les compromis qu'on lui impose, quand il menace de ne pas voter l'impôt sur les valeurs de bourse ou sur la bière et les articles additionnels au code pénal, le bruit court que M. de Bismarck songe à traiter avec le Vatican ou à renouer avec les conservateurs. On entend dire qu'il a eu à Varzin de longs entretiens avec M. Wagener , qu'après un dî il s'est exprimé fort durement sur le compte de M. Lasker, et que dans un cercle intime il a traité d'absurdes les lois de mai. C'est ainsi qu'il entretient chez ses nouveaux amis de salutaires inquiétudes; mais depuis longtemps les conservateurs ne peuvent plus se faire d'illusions. Ils savent combien il serait difficile à M. de Bismarck de se passer des nationaux-libéraux et aux nationaux-libéraux de se passer de M. de Bismarck.

Si ce ménage est souvent troublé par des dissensions, par des aigreurs, par des reproches, par des méfiances, par de méprisantes hauteurs, les brouilleries momentanées n'aboutiront point à un divorce. Que dans cette persuasion les conservateurs prussiens aient compulsé avec soin la liste de tous les hommes politiques de l'Allemagne pour tâcher d'y découvrir le successeur prédestiné de l'homme nécessaire, la chose est hors de doute. Que dans le temps ils aient jeté les yeux sur l'ambassadeur d'Allemagne à Paris, qui était recommandé à leur choix par son ambition et ses talents bien connus, nous ne pouvons non plus en douter, et la brochure en fait foi. Elle nous apprend à ce sujet un détail piquant. Bien que le comte Arnim se défiât de M. le baron de Holstein, bien qu'il le soupçonnât de correspondre avec M. de Bismarck, il ne put se tenir de lui faire lire une lettre qu'il avait reçue de Berlin et dans laquelle il était désigné comme l'héritier présomptif du chancelier de l'empire. De quelles étourderies ne sont pas capables les gens d'esprit! et avec quelle rigueur la fortune les leur fait expier! En poursuivant à toute outrance l'audacieux qui rêvait de le supplanter, en l'accablant de tout le poids de ses implacables ressentiments. M. de Bismarck n'a pas voulu seulement se venger, il a voulu faire un exemple. L'exemple a été terrible, et il a été profitable. Bien des fiertés se sont assouplies, bien des inimitiés invétérées ont désarmé. Aujourd'hui l'omnipotent ministre cueille des fleurs dans plus d'une terre longtemps infertile qui ne lui rapportait que des chardons; il récolte des sourires sur des bouches chagrines, qui lui avaient juré une haine immortelle, et quand il est à la cour, il peut dire comme le Dieu d'Israël : Ce peuple m'honore des lèvres, quoique son cœur soit loin de moi.

Ce qui a dû aider le comte Arnim à ne pas refuser le rôle périlleux qu'on lui destinait, c'est l'idée qu'il s'est faite de son redoutable rival. Si nous jugeons de ses sentiments par ceux de son défenseur, qui a reçu toutes ses confidences, il est disposé à croire qu'on a surfait le génie politique de M. de Bismarck, et qu'il n'est pas aussi difficile de le remplacer qu'on se le figure en Allemagne et ailleurs; il traite de fétichisme aveugle le culte qu'ont voué ses compatriotes à l'homme supérieur qu'il n'aime pas. Proudhon comparaît Napoléon Ier, affolé par sa fortune, à un astre « qui, poussé loin de son orbite, n'aperçoit plus sa route dans l'éblouissement de ses rayons et court au hasard à travers l'empyrée. » L'*alter ego* du comte Arnim compare le chancelier de l'empire tantôt à un soleil déraillé, tantôt « à un homme désagréable en selle sur un cheval emporté. » Il l'accuse de ne plus prendre conseil que des caprices de son humeur, de n'avoir plus d'autre règle de conduite que « les vérités de fantaisie qu'il décrète, » et qu'il fait propager « par les cosaques de la presse. » Il lui reproche de compromettre les conquêtes de l'Allemagne et le repos de l'Europe par une politique brouillonne et tracassière, « par son irritabilité nerveuse, que la nation allemande en famille trouve supportable et même charmante, » mais qui indispose les peuples étrangers. Il lui reproche encore de vouloir mêler tous les cabinets à sa querelle avec les catholiques et de n'y pas réussir. « Le prince de Bismarck, nous dit-il, condamne la politique d'intervention, et cependant il a entrepris de modifier les principes de gouvernement des autres pays quand ils ne répondent pas à ses visées personnelles. Il envoie et recommande à tout le monde sa recette contre l'Église, même à ceux qui ne se sentent pas malades. Ses journaux la vantent à l'égal de la revalescière arabique. M. de Keudel la prône à M. Minghetti, le comte Münster la prêche à l'Angleterre étonnée. Le gouvernement français comme le gouvernement belge reçoivent des leçons touchant le sens de leurs lois pénales, et l'Autriche est accusée sous main de ne pas consommer une assez grande quantité de la revalescière de Varzin. »

L'auteur du *Pro nihilo* se plaint aussi que dans sa politique intérieure M. de Bismarck use d'une méthode décousue et saccadée, « qu'on laisse une affaire cheminer pendant un certain temps, et qu'on s'enveloppe dans un profond silence, que tout à coup on entre en scène avec l'impétuosité de Percy, qu'on bouleverse tout ce qui a été fait, qu'on censure ce qu'on ne peut plus changer, et qu'on disparaît de nouveau comme une comète dans un incommensurable éloignement. » Nous avons entendu des Allemands se plaindre que M. de Bismarck s'était rendu trop inabordable, trop inaccessible, qu'il mettait entre les hommes et lui non-seulement la distance qui sépare Varzin de Berlin, mais la hauteur de son mépris et les profondeurs de son silence. Personne cependant ne s'était encore avisé, comme le comte Arnim ou son avocat, de comparer Varzin à Caprée et le chancelier de l'empire allemand à l'empereur Tibère. Personne ne s'avisera non plus de soutenir avec lui que le Richelieu de la Poméranie est redevable de tous ses succès aux complaisantes faveurs de la fortune, qui, à deux reprises, en 1863 et en 1870, l'a sauvé d'une situation désespérée. Qui pourrait prendre au sérieux ces peintures inspirées par la malignité ou par la jalousie? Les ennemis de Sylla pensaient déjà rabaisser sa gloire en vantant son bonheur, et Sylla les laissait dire; il n'était pas fâché qu'on vît dans les destins les complices de son génie. Hélas! ce n'est pas tout de passer pour heureux, il faut savoir jouir de son bonheur, et pour n'en point jouir il suffit d'avoir des nerfs trop orageux, il suffit de ne pouvoir se défaire d'une mouche qui bourdonne et qui pique, ou de penser trop souvent à Kullmann. M. de Bismarck disait l'autre jour au Reichstag qu'un pfennig vaut un million pour l'homme qui ne l'a pas, et quel homme est assez heureux pour que le budget de son bonheur ne se balance pas par un déficit de quelques pfennigs au moins?

A mesure qu'on avance dans la lecture du *Pro nihilo*, on s'aperçoit que l'auteur s'est proposé avant tout d'établir un parallèle en forme entre deux personnages politiques, dont l'un lui est aussi cher que l'autre lui est odieux, et de démontrer à l'Europe abusée que le premier l'emporte infiniment sur le second en prévoyance et en sagacité. Le comte Arnim ou son avocat insinue que M. de Bismarck, quand il publie des documents, s'entend à trier les chiffons, qu'il se fait la part belle, qu'il met en lumière tout ce qui est à son honneur, qu'il garde sous le boisseau tout ce qui est propre à relever les autres. Nous avions inféré des pièces du procès que le comte Arnim est un Prussien de beaucoup d'esprit, mais qu'il a, comme tous les esprits trop vifs, le défaut de ne pas savoir douter. Observateur pénétrant des hommes et des choses, il a vu très-juste en beaucoup d'occasions; mais il a l'imagination mobile, quelquefois un peu trouble, et, lui aussi, il a commis le péché qu'il reproche aux éléphants, et qui consiste à se servir d'une trompe pour ramasser une aiguille. Nous savons aussi que sa plume est fort bien taillée, que son style est rapide et épicé, qu'il possède tous les secrets de la cuisine littéraire, que quelques-unes de ses dépêches sont des mets du plus haut goût. Certain article qu'il fit insérer dans la *Gazette de Cologne* a prouvé jusqu'à l'évidence qu'il y en lui l'étoffe d'un journaliste de premier ordre. Les nouveaux documents publiés dans le *Pro nihilo* nous confirment dans l'impression que nous avions déjà reçue. La pénétration naturelle de l'ex-ambassadeur à Paris se révèle une fois de plus dans son rapport du 27 mai 1873; il s'y inscrivait en faux contre les prophéties qui annonçaient une prochaine restauration en France. « C'est une opinion que je ne partage pas, écrivait-il; je crois plutôt que la république, c'est-à-dire un état politique sans empereur ni roi héréditaire, a aujourd'hui plus de chances de durée qu'auparavant. » On trouvera aussi des touches heureuses dans le rapport qu'il adressait le 8 juin de la même année à l'empereur Guillaume, pour lui rendre compte de sa première entrevue avec le maréchal de Mac-Mahon, à qui il avait présenté ses nouvelles lettres de créance : « Le maréchal était en uniforme; il me reçut debout, en présence de son ministre, et me congédia à la façon d'un souverain. J'ai vu peu de Français qui ressemblassent aussi peu à un Français que le duc de Magenta. Si l'assemblée nationale et ses ministres ont cru posséder en lui une machine privée de volonté, ils pourront faire à cet égard des expériences désagréables. Peut-être les manières simples et sèches d'un homme qui ne discute pas sont-elles plus propres à gouverner les Français que tout l'esprit de son prédécesseur. » Nous lisons plus loin « que de bons soldats de cette trempe ont, dans les derniers temps de l'empire romain, arrêté pour quelques années la décadence croissante. » Toutefois le comte Arnim daignait reconnaître aux Français de la décadence certaines qualités qui ont du prix. « Il admirait leur probité, il était convaincu qu'ils feraient honneur à leurs engagements, les ressources extraordinaires de la France lui étaient connues, il considérait l'exactitude des Français dans les questions d'argent, aussi bien dans les affaires privées que dans les affaires publiques, comme une des qualités dominantes de ce peuple, qui à cet égard n'est inférieur à aucun autre, mais qui au contraire est un modèle digne d'imitation. » Décidément les peuples dégénérés ont du bon, et il ne faut pas trop déprécier les vertus faisandées.

En fin de compte, sur quoi portaient les principaux dissentiments entre les deux hommes d'État qui semblaient se disputer la confiance de l'empereur Guillaume? Le rapport que nous venons de citer se termine par cet aphorisme : « Pour nous, le meilleur gouvernement que puisse se donner la France est celui qui devra employer la plus grande partie de ses forces à combattre ses ennemis intérieurs. » Dans une dépêche célèbre, datée du 20 novembre 1872, M. de Bismarck avait écrit de son côté : « L'inimitié de la France nous oblige de désirer qu'elle reste faible. » Sur ce point de théorie, il régnait entre le chancelier et l'ambassadeur un parfait accord de sentiments; mais dans l'application de leur commun principe ils ne s'entendaient plus. Le comte Arnim estimait que la France, quelque gouvernement qu'elle se donnât, acquitterait l'indemnité de guerre jusqu'au dernier sou. M. de Bismarck ne partageait pas cette confiance, il était un créancier plus perplexe. Voyant dans les vaincus du jour de futurs ennemis, il ne pouvait oublier pourtant que ces ennemis étaient ses

débiteurs, et, s'il désirait que leur gouvernement fût
faible, il souhaitait aussi dans l'intérêt de ses créances
que ce gouvernement se maintînt et jouît de quelque
crédit en Europe. On doit des égards à ses débiteurs,
il est impossible de ne pas les ménager un peu, de ne
pas s'intéresser à leur santé; comme le disait Pa-
nurge : « Devez-vous à quelqu'un, par icelui sera continuellement Dieu prié vous donner bonne, longue et
heureuse vie; craignant sa dette perdre, toujours bien
de vous dira en compagnie, toujours nouveaux créanciers vous acquerra, afin que vous fassiez versure et
de terre d'autrui remplissiez votre fossé. » Il paraissait à M. de Bismarck que l'homme éminent qui tenait alors les rênes garantissait mieux que personne
à l'Allemagne le recouvrement de ses créances; il
désirait lui conserver la signature de la grande maison avec laquelle il était en relations d'affaires, et en
toute compagnie il disait du bien de lui.

D'autre part, il était convaincu que la France républicaine ne faisait courir aucun danger aux monar-
chies de l'Europe, car pour lui qui disait république
disait anarchie. Une république provisoire, mal assise
et contestée, lui semblait, entre tous les régimes que
pût adopter la France, celui qui convenait le mieux
aux intérêts allemands, d'abord parce qu'il le jugeait
incapable de contracter des alliances sérieuses, ensuite parce qu'il lui savait gré de laisser la porte
ouverte à la solution qu'il préférait, c'est-à-dire à
une restauration bonapartiste. Il s'en est expliqué
plus d'une fois. Dans sa dépêche du 12 mai 1872, il
déclarait que « le parti bonapartiste était celui avec
l'aide duquel on pourrait se flatter le plus raisonna-

blement d'établir des rapports tolérables entre l'Allemagne et la France, » à savoir de mettre la France dans la complète dépendance de l'Allemagne, et nous lisons dans la brochure *Pro nihilo* qu'au cours de l'entretien qu'il eut au mois de septembre 1873 avec le comte Arnim, il se plaignit, « avec quelque mélancolie, que l'empire eût perdu toutes ses chances. » Le comte Arnim, au contraire, pensait que la consolidation de la république en France pouvait devenir un danger pour les trônes, et il avait réussi, semble-t-il, à communiquer ses inquiétudes à l'empereur Guillaume. « M. de Bismarck, nous dit l'auteur de la brochure, condamnait ces inquiétudes comme peu politiques; il était heureux de ne les pas ressentir. On lui donnerait raison, s'il pouvait nous garantir qu'il n'y aura pas un jour en Allemagne un gouvernement faible et impopulaire à côté d'une république française florissante, respectée chez elle comme au dehors. C'est une éventualité qu'on se représente facilement et qui devient plus vraisemblable d'année en année, à mesure que la France se déshabitue davantage des traditions monarchiques. »

On ne peut trop s'étonner de l'usage vraiment étrange, pour ne rien dire de plus, que, sous l'impulsion de l'esprit de parti, certains journaux français ont prétendu faire des dissentiments de M. de Bismarck et du comte Arnim au sujet de la conspiration parlementaire du 24 mai. Les opinions de ces deux hommes d'État, occupés de se nuire l'un à l'autre, étaient-elles assez désintéressées pour être absolument sincères, et ne voit-on pas que chacun d'eux était en quête d'arguments *ad hominem?*

G. VALBERT.

10

> L'un soutient son oracle, et l'autre sa statue;
> Chacun veut tout tirer à soi.

N'est-il pas permis de croire avec M. le baron de Holstein que, lorsque le comte Arnim se montrait favorable à une restauration monarchique; « cette politique devait avoir pour résultat de soulever la question qui de lui ou de M. de Bismarck dirigerait plus tard les affaires de l'empire allemand ? » Et quand de son côté M. de Bismarck se plaignait que le comte Arnim l'eût empêché de prêter main-forte à M. Thiers, n'est-il pas à présumer qu'il se préoccupait avant tout de grossir d'un grief de plus le dossier qu'il devait soumettre quelques mois plus tard à l'examen du ministère public ? L'Évangile nous commande d'aimer nos ennemis, et ce précepte est prodigieusement difficile à pratiquer; s'il nous exhortait seulement à les admirer toutes les fois qu'il sont admirables, cette morale serait mieux proportionnée à l'humaine faiblesse, — mais assurément aucune loi divine ne saurait nous obliger à tenir nos ennemis pour infaillibles. Admettons, en dépit des infaillibilistes de toute espèce et de toute couleur, qu'on peut se tromper à Varzin et dans la Wilhelmsstrasse comme on se trompe au Vatican.

Et vraiment qui ne s'est pas trompé sur le 24 mai? Il a déçu l'espoir de ceux qui l'ont fait et les conséquences n'en ont peut-être été appréciées sainement dès le premier jour que par celui contre qui il était fait. M. de Bismarck usait d'une sage réserve lorsqu'il chargeait M. de Balan de rappeler au comte Arnim que, « quand il s'agit d'une nation aussi explosible que la France, l'avenir ne saurait être calculé, » Il arrive parfois aussi que les peuples explosibles deviennent tout à coup, pour quelque temps du moins, des peuples sages. Si leur sagesse se maintenait durant dix ans, cela suffirait pour dérouter les calculs, pour déranger les combinaisons des plus grands et des plus artificieux politiques, qui, à l'exemple de certain personnage d'une comédie contemporaine, s'écrieraient avec regret : « La France avait un volcan, et elle l'a laissé s'éteindre. »

VII

LE RACHAT DES CHEMINS DE FER

EN ALLEMAGNE

Dans le discours qu'il prononça au Reichstag le 22 novembre 1875, M. de Bismarck déclara qu'une réforme générale des impôts et des douanes était certainement désirable, mais que cette réforme était une œuvre de longue haleine, qu'elle demandait le concours de tous les États de l'empire, qu'on ne pouvait l'entreprendre sans danger, qu'il convenait de l'ajourner jusqu'à des temps plus propices. — La question est bien résolue dans mon esprit, disait-il, et je sais ce que je ferais, si j'étais libre de faire tout ce que je veux ; mais je dois compter avec vingt-cinq gouvernements, vingt-cinq parlements, vingt-cinq ministres, voire avec mes propres collaborateurs. Tels que nous voici, nous nous entendons à merveille ; le jour où il faudrait passer à l'exécution, on verrait se manifester de nombreuses divergences. Et puis représentez-vous un peu la vie d'un chancelier de l'empire ; le Reichstag et le conseil fédéral se disputent ses journées. Comment aurait-il le loisir d'éla-

borer des réformes avec la maturité convenable ? —
M. de Bismarck ajoutait que l'empire allemand était
jeune encore, beaucoup plus jeune que tous les autres États de l'Europe, qu'avant de le soumettre à de
périlleuses épreuves, il fallait lui laisser le temps de
grandir, de se fortifier, qu'on ne pouvait trop ménager cette plante délicate, éclose d'hier, dont la fra-
gilité était à la merci d'une gelée, d'un accident,
d'une maladresse, d'une bévue ou d'une utopie de jardinier. — « Si l'empire vient à périr, s'écria-t-il avec
mélancolie, ce dont Dieu nous préserve, l'ancien état
de choses sera rétabli, les divers particularismes
qui jadis se partageaient l'Allemagne ressusciteront,
principalement le plus puissant, le plus dangereux
de tous, le particularisme prussien. La restauration
de l'ancien fédéralisme serait encore supportable
pour quiconque n'a pas été délégué comme moi à la
diète fédérale de Francfort. »

L'extrême modestie avec laquelle M. de Bismarck
parlait de cet empire allemand qu'il a créé, les
inquiétudes qu'il semblait éprouver pour son avenir
étaient propres à frapper, à émouvoir les esprits.
Dans le fond, il n'était pas aussi inquiet qu'il voulait
le paraître, et les craintes qu'il témoignait n'étaient
qu'un artifice oratoire. Le 22 novembre 1875, M. de
Bismarck cherchait à persuader au Reichstag de voter
un nouvel impôt sur la bière qui, selon lui, non-seulement était nécessaire au trésor, mais devait par sur-
croît rendre la bière meilleure. A ceux qui lui disaient : « Au lieu de nous proposer une mesure impopulaire, que ne nous apportez-vous un projet de réforme générale de l'impôt ? — il répondait : — Plus

tard, quand l'empire sera mieux assis et mieux portant, nous ferons toutes les réformes qui vous plairont ; pour le moment, nous vous demandons de l'argent et non des conseils, et surtout parlez bas, nous sommes dans la chambre d'un malade. »

Quoi qu'il en dise, M. de Bismarck a foi plus que personne en la vitalité, en la robuste constitution de l'empire allemand. Il l'a bâti à ciment et à chaux, il le sait capable de braver tous les chocs, de résister à tous les accidents et à toutes les épreuves. Ce qui le prouve mieux que tout le reste, c'est la grande expérience économique, la gigantesque opération financière qu'il médite, entreprise aussi effrayante qu'une réforme radicale de l'impôt. Il a résolu de faire racheter par l'empire les 25,000 kilomètres de voies ferrées qui sillonnent l'Allemagne dans tous les sens, et dont le prix d'achat s'élèvera, au témoignage de certains experts, à 5 milliards de marks, selon les autres à près de 9 milliards, c'est-à-dire à plus du double de l'indemnité de guerre française. Ce colossal projet lui est, assure-t-on, particulièrement cher. Il ne souffre à ce sujet aucune contradiction, il surmontera ou brisera tous les obstacles, il poussera sa pointe jusqu'au bout ; *sic volo, sic jubeo.*

Le chancelier de l'empire allemand est l'homme d'État le plus entendu dans l'art de tenir un peuple en haleine. Il ne dort guère et n'aime pas que les autres dorment ; ses secrétaires ne le savent que trop, il se plaît « à tuer le sommeil. » Le nouveau dessein qu'il a conçu occupe, préoccupe, agite toute l'Allemagne ; elle se passionne pour ou contre. L'Herzégovine, le *Kulturkampf* lui-même, se trouvent relégués à l'arrière-plan. Les uns approuvent et applaudissent avec enthousiasme, d'autres font leurs réserves, demandent à réfléchir, tournent avec défiance autour « d'un bloc enfariné qui ne leur dit rien qui vaille. » Ceux qui applaudissent font plus de bruit, ceux qui se défient sont peut-être plus nombreux.

Les imaginations germaniques font carême aujourd'hui, elles jeûnent au pain et à l'eau, elles traversent une phase de dégrisement et de résipiscence ; elles ont perdu pour un temps le goût des grandes espérances et des vastes pensées ; de cruelles expériences leur ont appris que, s'il est glorieux de faire grand, cela coûte quelquefois très-cher. La pluie d'or des 5 milliards était tombée sur elles comme une rosée divine et fertilisante ; elles ne se refusaient plus rien, et rien ne leur semblait impossible, elles habitaient le palais des songes ; ce palais s'est écroulé. L'accès de fièvre a duré deux ans, de 1871 à 1873 ; c'est ce qu'on appelle la *Gründerperiode*, c'est-à-dire l'ère des faiseurs éhontés, des spéculateurs sans vergogne, des forbans de la bourse et des pirates de la banque. Pendant ces deux années, dont M. Otto Glagau vient de raconter la très-curieuse histoire, on a spéculé avec délices ou avec fureur, on a pratiqué à l'envi ce bel art qui consiste « à employer tous les moyens non prévus par la loi et insaisissables à la justice pour surprendre le bien d'autrui ; » M. Glagau le définit plus simplement : « l'art de vendre ce qu'on n'a pas et d'acheter ce qu'on n'a jamais eu l'intention d'avoir. » Robert-Macaire tenait le haut du pavé ; que de miracles n'a pas enfantés son esprit inventif !

« Dans un vallon solitaire, disait la *Nouvelle Gazette de la Bourse de Berlin*, le spéculateur découvre une cheminée abandonnée, et de cette ruine il fait par un coup de baguette une fabrique de machines. Il avise sur la montagne un moulin à vent, vieille carcasse vermoulue aux bras ankylosés; il la transforme en un établissement de moulins par actions. En passant au bord d'un ruisseau, il se heurte contre un canot retourné, et déjà sur l'onde claire il voit voguer les navires à vapeur d'un nouveau Lloyd, d'un Lloyd de terre ferme. »

De 1790 à 1870, il s'était formé en Prusse à peu près 500 sociétés par actions; pendant les deux années 1871 et 1872 il s'en est fondé 780, c'est-à-dire en moyenne une par jour [1]. Grâce aux facilités que fournissait la loi, 120 minutes suffisaient pour accomplir par-devant notaire toutes les formalités nécessaires à la constitution de la société; au bout de deux heures, elle avait fixé ses statuts et nommé son conseil de surveillance. Le nombre de maisons en l'air que la spéculation a bâties à Berlin dans ce temps de délire aurait suffi pour loger une population de 9 millions d'âmes. On mettait tout en actions, les terrains, les châteaux, les fabriques, les brasseries, les hommes et les consciences. Qu'est-il résulté de tant d'entreprises avortées, de tant de piraterie et d'agiotage ? Les habiles ont tiré leur épingle du jeu, les fripons se sont enrichis, les dupes ont perdu du même coup leurs illusions et leur argent. Tel pro-

---

1. *Der Börsen und Gründungs-Schwindel in Berlin*, von Otto Glagau, p. 23,

priétaire campagnard avait vendu son bien, réalisé
sa fortune : arrivé à Berlin avec 200,000 thalers, il les
a employés à acheter des actions de la Banque centrale ; six mois après, il n'avait plus rien, et il était
le débiteur de son banquier. Tel autre, après avoir
vendu 250,000 thalers une maison qui n'en valait pas
100,000, apprenant quinze jours plus tard qu'une
banque venait de la racheter pour 100,000, a été pris
d'un si violent accès de désespoir qu'il s'est pendu.
Ceux qui ne se sont pas pendus se sont servis du peu
de cervelle qui leur restait pour faire des réflexions ;
ils ont conçu une salutaire aversion pour les ban-
ques, les réclames et les prospectus, ils ont rappris
le chemin des caisses d'épargne. Au lendemain de
ces orgies financières, beaucoup d'Allemands se sentent atteints du *Katzenjammer*, c'est-à-dire de cette
migraine accompagnée d'écœurement par laquelle
on expie un jour de débauche et de folie. Ils maudis-
sent les pluies d'or et les 5 milliards, quoique à vrai
dire aucun d'eux n'ait encore proposé de les rendre,
et ils s'avisent que la vraie richesse repose sur le
travail et l'économie, ils sont portés à enterrer leurs
écus, ils professent le culte de la tirelire et du bas de
laine.

« A l'étourderie entreprenante, écrivait naguère
un économiste allemand, à la recherche d'une vie
opulente et somptueuse fondée sur des gains fic-
tifs, à l'esprit d'aventure et aux coups de bourse,
ont succédé chez nous une timidité exagérée, un
penchant à réduire outre mesure sa dépense, un
pessimisme qui se défie de tous les placements et
se retire de toutes les entreprises, même des plus

solides » En pareil cas, les particuliers sont toujours disposés à rendre le gouvernement responsable de leurs folies et do leurs malheurs, quoique le gouvernement pût leur répondre, comme l'a fait un jour M. Delbrück ; « Quand les gens veulent à toute force se défaire de leur argent, il n'y a pas de législation qui puisse les en empêcher. » Nombre d'Allemands sont convaincus que leurs hommes d'État ont aidé à la crise, qu'ils ont fait preuve d'imprévoyance et d'incapacité financières; ils les accusent d'avoir commis de grandes fautes, ils leur reprochent surtout les placements véreux faits pour le compte du fonds des invalides. Aussi ne verraient-ils pas sans inquiétude tous les chemins de fer concentrés dans les mains du gouvernement impérial. L'Allemagne est devenue défiante; à ceux qui lui promettent monts et merveilles en l'engageant à les laisser faire, elle répond que la prudence est la mère de la sûreté. Aujourd'hui le vainqueur se recueille comme le vaincu, et le recueillement d'esprit est une bonne chose : « Douze coups de discipline appliqués à propos, disait Sancho Pança, sont plus agréables à Dieu que mille coups de lance qui tombent sur des géants, des vampires ou d'autres monstres de cette espèce. »

M. de Bismarck compte toujours avec l'état des esprits. Il n'ignore pas que ses desseins excitent bien des alarmes et soulèveront de vives oppositions. Aussi n'a-t-il eu garde de démasquer du premier

1. *Die wirthschaftliche Krisis*, von Wilhelm OEchelhaeuser. Berlin, 1876.

coup toutes ses batteries. Le 25 mars dernier, il a déposé sur le bureau des chambres prussiennes un projet de loi fort modeste, autorisant le gouvernement prussien à entrer en négociation avec l'empire allemand pour lui vendre ses chemins de fer d'État et pour lui céder ses droits sur les lignes administrées et exploitées par des compagnies particulières. Si la loi est votée, le prince de Bismarck, président du ministère prussien, sera autorisé à négocier cette importante affaire avec le prince de Bismarck, chancelier de l'empire germanique. Ce n'est pas la première fois que la Prusse prend l'initiative des sacrifices et du désintéressement. Elle se dépouille au profit de l'empire, elle immole son particularisme sur les autels de la commune patrie, et, quoiqu'il n'en soit rien dit dans l'exposé des motifs, prêchant d'exemple, elle se croit en droit d'espérer que tout le monde s'exécutera comme elle. Les Saxons et les Allemands du sud n'ont pour son désintéressement qu'une médiocre admiration, ils estiment que son sacrifice est plus apparent que réel. Ils ont pu apprendre, par un rapport qui a été lu dans la seconde chambre saxonne, que le rendement des chemins de fer prussiens a diminué d'année en année, qu'ils ne donnent pas en moyenne le 4 pour 100, qu'au surplus le gouvernement s'est vu obligé de racheter à des compagnies privées plusieurs lignes en souffrance, qu'il a stipulé en faveur de quelques autres des garanties d'intérêt, qu'enfin il ne peut différer plus longtemps de construire dans les provinces de l'est des chemins coûteux, qui ne rapporteront rien. Il ne serait pas fâché, dit-on, de se débarrasser sur l'Allemagne d'obligations onéreuses pour ses finances; ce n'est pas un cadeau qu'il lui fait, c'est un paquet qu'il lui passe. « Aussi bien, ajoute-t-on, que lui en coûte-t-il de céder à l'empire ses droits sur les chemins exploités par des compagnies concessionnaires? Il n'y a là qu'un changement de nom et d'étiquette. La Prusse est la puissance dirigeante de l'empire, et ce qu'elle donne à l'empire, elle est sûre de ne pas le perdre. » Dans un temps de détresse du trésor, un roi de France avait envoyé généreusement toute son argenterie à la Monnaie pour y être fondue, et il se vantait de son sacrifice à un gentilhomme, en l'exhortant à suivre son exemple. « Ah! sire, lui répliqua le gentilhomme, quand Notre-Seigneur mourut le vendredi, il savait bien qu'il ressusciterait le dimanche. »

Personne ne doute d'ailleurs que la mesure préliminaire proposée par M. de Bismarck n'eût un effet décisif. Si elle est adoptée, il est sûr d'arriver à ses fins; ce premier pas fait, le reste ne sera plus qu'une affaire de temps. Du jour où le chancelier de l'empire aura réussi dans sa négociation avec le président du ministère prussien, il aura facilement raison de toutes les résistances que pourront lui opposer les ministres saxons, bavarois ou wurtembergeois. On est convaincu à Dresde « qu'une fois en possession d'un grand réseau qui couvrirait le nord de l'Allemagne et qui, poussant à l'est comme à l'ouest ses ramifications vers le sud, envelopperait dans ses mailles la Saxe, la Thuringe et les États méridionaux, il ne tiendrait qu'à l'office impérial des chemins de fer de diriger le trafic de manière à le donner ou à l'ôter aux États secondaires, selon que ces États favoriseraient ou contrarieraient ses vues, et que partant il pourrait exercer sur les gouvernements fédérés une pression telle, qu'ils se verraient contraints à faire également cession de leurs chemins à l'empire. « On a remarqué depuis longtemps que certaine politique avait pour principe de n'ôter à personne son habit. Elle se contente de vous arracher vos boutons l'un après l'autre; quand votre habit ne peut plus vous servir, elle a l'obligeance de vous en soulager.

M. de Bismarck n'a jamais fait d'entreprise au dehors sans s'être assuré au préalable qu'il aurait des alliés ou des complices, et jamais il n'a soulevé une question politique ou économique sans avoir passé un contrat avec cette puissance que les uns appellent le diable et les autres l'esprit du siècle. En proposant le rachat des chemins de fer, il est certain de satisfaire de nombreux intérêts et de trouver dans l'industrie et dans le commerce de chaleureuses adhésions. Saint-Just prétendait que le bonheur est une idée neuve en Europe. Ce qui est hors de doute, c'est qu'en tout ce qui concerne ses aises et sa liberté d'action l'homme du xixe siècle est infiniment plus difficile et plus exigeant qu'on ne l'était avant lui. On a eu raison de dire que, si les abus ont diminué, la sensibilité aux abus est devenue plus vive, ce qui fait compensation. C'est une admirable invention que les chemins de fer; il reste à les perfectionner, ils n'ont pas dit encore leur dernier mot, et on ne peut nier que sur plus d'un point ils ne donnent prise à la critique, qu'ils ne fournissent matière à des plaintes et à des doléances fort légitimes. Le morcellement politique de l'Allemagne l'avait empêchée d'établir sur un plan d'ensemble un réseau savamment combiné. Chacun des États souverains n'avait consulté en cette matière que son avantage et ses goûts, ici construisant et exploitant pour son compte, ailleurs faisant construire par des compagnies et se réservant l'exploitation, ailleurs encore l'abandonnant aux compagnies concessionnaires. Les règlements variaient à l'infini, c'était une véritable bigarrure. Chaque administration en prenait à son aise, faisait son pot à part, sans souci du voisin. Les intérêts communs étaient sacrifiés aux convenances particulières. Il fut un temps où de Cologne à Berlin le malheureux voyageur était obligé de changer cinq fois de wagon. A force de se plaindre et de protester, on a obtenu la réforme des abus les plus criants; en ce qui touche au trafic, on est encore loin de compte.

Les marchandises sont classées en nombreuses catégories, et cette classification diffère de lieu en lieu. De là une multitude de tarifs spéciaux; à cette confusion s'ajoute celle des tarifs différentiels. Impossible à l'expéditeur d'un colis de calculer ce qu'il lui en coûtera pour le faire parvenir à destination; souvent l'employé qu'il interroge n'en sait pas plus que lui et ne lui répond que par un à-peu-près. C'est le règne des cotes mal taillées, toujours odieuses au commerce, qui se résigne difficilement à être renvoyé d'Hérode à Pilate. Soixante-trois administrations souveraines, réparties entre les vingt-cinq États de l'empire, et treize cent cinquante tarifs différents, il y avait là de quoi lasser la patience allemande, dont la réputation a été un peu surfaite. Le commerce n'a pas cessé de réclamer. Il est vrai que la constitution de l'empire a conféré au gouvernement central un droit de surveillance et de contrôle sur les voies ferrées et sur les tarifs, mais jusqu'aujourd'hui ce contrôle est demeuré inefficace. Une loi du 27 juin 1873 a institué un office impérial des chemins d fer ; cet office n'a pas rendu tous les services qu'on espérait. A deux reprises le Reichstag a mis le chancelier de l'empire en demeure de lui présenter une loi sur les chemins de fer, à l'effet d'en régler la construction et l'exploitation par des principes uniformes. On a tenté de s'entendre pour faire cette loi, on n'y est point parvenu. Le bruit court que cet insuccès répété n'a pas chagriné M. de Bismarck, qui aujourd'hui peut dire à l'Allemagne : — Nous avons essayé des petits moyens et nous n'avons pas réussi, essayez de mon grand moyen; certains maux ne peuvent être guéris que par des remèdes héroïques.

Les partisans du remède héroïque préconisé par le chancelier de l'empire traitent durement les timides qui refusent d'en tâter. — Cerveaux étroits, leur disent-ils, quand donc renoncerez-vous à vos préjugés et à vos objections? Dieu soit loué, l'empire est fait, et nous ne sommes plus au temps de la diète de Francfort! Il convient à l'Allemagne de renouveler les habitudes de son esprit, et c'est le devoir d'un grand peuple d'aimer les grandes idées et de donner les grands exemples. Il nous sera glorieux de faire aux yeux de l'Europe attentive une expérience dont au demeurant le succès est assuré. Vous savez ce que vaut l'administration prussienne; n'est-il pas à souhaiter qu'elle propage partout ses principes, ses règlements et ses procédés, dont l'excellence vous est connue? Quand le gouvernement impérial se sera substitué aux États et aux compagnies d'actionnaires, quand il tiendra dans sa main tout le réseau allemand, il introduira les innovations heureuses qu'il a déjà pratiquées dans l'Alsace-Lorraine. Les marchandises ne paieront plus qu'en raison de leur poids et de la distance à parcourir, tant par mille, tant par quintal. Non-seulement l'empire établira partout des tarifs rationnels et uniformes, les économies qu'il obtiendra dans l'exploitation lui permettront de les abaisser sensiblement. Il administrera les voies ferrées comme il administre déjà les postes et les télégraphes, en subordonnant l'intérêt fiscal à l'intérêt des particuliers, en ne demandant au public que le prix de sa peine et du service qu'il lui rend. Ainsi l'Allemagne deviendra le pays des chemins de fer à bon marché, l'*Eisenbahnparadies*, le paradis des rails, pour le plus grand avantage de son commerce et avec la certitude d'attirer bientôt à elle tout le transit européen.

A cela, les adversaires du rachat répondent : — Vous êtes bien sûrs de votre fait, nous le sommes moins que vous. Nous ne contestons point les mérites de la bureaucratie prussienne, nous doutons seulement qu'elle fasse aussi bon marché que vous le dites des intérêts du trésor, et son esprit fiscal nous est connu. La Prusse exploite fort bien ses chemins d'État; exploitera-t-elle aussi bien ceux de toute l'Allemagne? Les difficultés d'une bonne administration croissent en raison géométrique avec l'étendue du réseau. Au surplus, nous ne voyons pas que ses chemins d'État soient plus économiques que les autres ; telle compagnie privée se tire d'affaire à meilleur compte. L'empire simplifiera les tarifs, il lui sera fort difficile de les abaisser. Que s'il veut réaliser à tout prix l'idéal des chemins de fer à bon marché, il ne pourra couvrir les déficits de sa caisse qu'en se procurant d'autres ressources, en établissant de nouveaux impôts, en augmentant les contributions matriculaires que lui paient les États. L'expérience à laquelle vous nous conviez profitera peut-être aux commerçants, nous craignons que les contribuables n'en fassent les frais. Ce serait miracle qu'il en fût autrement, et nous ne croyons plus aux miracles, nous avons perdu la foi du centenier [1].

En proposant le rachat, M. de Bismarck pouvait compter sur la chaude adhésion du parti militaire, pour qui les voies ferrées ne sont que l'outillage de la guerre et qui estime que l'outil sera parfait quand l'autorité impériale l'aura façonné à sa mode. Les hommes de guerre allemands ont beaucoup médité sur le rôle considérable qu'ont joué les railways dans les événements de 1870. — C'est grâce aux chemins de fer, disent-ils, que le maréchal de Mac-Mahon a pu sauver les débris de son armée battue à Wœrth ; c'est encore grâce aux chemins de fer qu'à la dernière heure le corps du maréchal Canrobert a pu prendre part aux combats décisifs qui se sont

---

1. Les objections qui peuvent être faites au rachat des chemins de fer ont été résumées par M. von Unruh dans une suite d'excellents articles publiés par la *Gegenwart*, revue hebdomadaire de Berlin, du 29 janvier au 26 février 1876. M. von Unruh est un national-libéral, membre du Reichstag et du Landtag, ingénieur et économiste distingué.

livrés devant Metz, et d'autre part la destruction de
la ligne de Frouard à Metz a obligé ce corps à laisser
en arrière une partie de son effectif et la plus grande
partie de son artillerie, circonstance qui a peut-être
décidé de l'issue de la bataille du 18 août. Les chemins de fer ont permis aux Français d'approvisionner leur capitale et de prolonger leur résistance
pendant plus de quatre mois, et c'est des chemins de
fer que les grandes armées assiégeantes, condamnées
à une longue immobilité, ont tiré leur subsistance.
Le rétablissement de la ligne d'Amiens à Rouen a mis
l'armée allemande qui cernait Paris au nord en état
de se maintenir contre des forces supérieures, et c'est
le chemin de fer de Metz à Paris qui a amené les
troupes dont la résistance a 'fait échouer l'essai de
sortie du général Ducrot. Enfin c'est le mauvais fonctionnement des voies ferrées de l'est qui a fait misé-
rablement avorter la campagne si bien commencée
du général Bourbaki [1].

Les généraux prussiens sont obligés de convenir
qu'en 1870, lors de la mobilisation de l'armée, les
lignes allemandes ont fait merveilles; ils reconnaissent que les diverses administrations dont elles dépendent ont presque été sans reproche. En vertu
d'une loi votée depuis, ces lignes seront, en cas de
guerre, administrées militairement. Un article de la
constitution stipule en outre que tous les chemins de
fer dont l'établissement sera jugé nécessaire dans
l'intérêt de la défense de l'Allemagne, pourront être

---

1. *Militair-Wochenblatt vom 4 december 1875 : Die militai-
rische Seite der Eisenbahnfrage.*

construits pour le compte de l'empire, quoi qu'en puissent penser les États fédérés dont on empruntera le territoire. Ces décisions et ces précautions ne suffisent pas au parti militaire. Il a dû lire avec plaisir dans l'exposé de motifs qui accompagne le nouveau projet de loi « que l'heureuse issue de la dernière guerre a démontré l'importance considérable d'un réseau adapté à des fins stratégiques, et que c'est le devoir de l'empire de tirer tout le parti possible de ce réseau pour la défense du territoire. » Les généraux prussiens, qui prévoient tout, ont prévu le cas où l'Allemagne serait attaquée de deux côtés à la fois et aurait à faire front à deux ennemis; il n'y aurait de salut pour elle que dans ses railways, et il y va de la sûreté de l'empire que, dès ce jour, tous les chefs de gare soient des fonctionnaires impériaux, façonnés aux leçons de cette discipline sévère, de ce savant dressage dont on tient école à Berlin.

Le rachat n'intéresse pas seulement les commerçants et les militaires; il aura des conséquences politiques d'une incontestable gravité, dont s'alarment tous ceux qui désirent conserver aux gouvernements secondaires le peu d'autonomie qui leur reste. « La Saxe, disait-on récemment dans la seconde chambre saxonne, est en possession d'un réseau de chemins de fer dont la formation a puissamment contribué au développement économique du pays. Elle y trouve non-seulement une source de revenus qui suffit pour payer les intérêts du capital engagé et pour l'amortir par degrés, mais un excédant qu'elle applique à d'autres besoins de l'État et à l'amélioration de plusieurs services, entre autres de celui des forêts, ce qui lui permet de ne pas augmenter ses impôts. Elle attache un grand prix à la conservation de cette propriété acquise par beaucoup de soins et de peines, d'autant plus qu'elle la sait en bonnes mains. Elle a souscrit pour la plus grande partie les emprunts nécessaires à la construction de ses voies ferrées, et par l'entremise de la représentation nationale elle peut contrôler la gestion de son gouvernement. Elle perdrait à jamais cet avantage, si les chemins saxons étaient absorbés dans le grand réseau de l'empire, dont l'administration échapperait entièrement à son contrôle. » Les partisans du *statu quo* ne peuvent songer sans effroi à l'armée d'employés que le rachat mettrait à la disposition de l'empire, au nombre de places dont il deviendrait le suprême dispensateur, à tous les moyens d'influence et d'action qu'il acquerrait. Comme on l'a remarqué, le nombre et la vitesse des trains, la durée des arrêts, les heures de départ ou d'arrivée, deviendraient matière de gouvernement. Le patriotisme local n'est pas mort en Allemagne; les Saxons comme les Bavarois ont gardé quelque tendresse pour leur petite patrie, et il leur en coûterait de la sacrifier à la grande. L'empire unitaire leur fait peur; mais on n'échappe pas à sa destinée. Pour s'y dérober, les gouvernements des États moyens ont l'intention, paraît-il, d'opposer au projet prussien un contre-projet aux termes duquel ils se feraient autoriser par leurs chambres, conformément à l'exemple que vient de leur donner le grand-duché de Hesse, à racheter dans leur territoire respectif tous les chemins de fer particuliers. On créerait ensuite quatre ou cinq administrations centrales, qui auraient à se concerter ensemble pour corriger les abus dont on se plaint, pour établir l'uniformité des règlements et des tarifs. Selon toute apparence, cette proposition ne trouvera pas grâce devant les volontés impérieuses du chancelier de l'empire; il ne s'accommode pas de moyens termes. Le ciel a ouvert ses écluses, les eaux montent; il est à craindre que Noé ne s'y soit pris trop tard pour construire son arche.

L'accaparement des chemins de fer par l'empire n'est pas seulement redouté pour les conséquences politiques que cette grande mesure ne peut manquer d'avoir; ne peut-il pas se faire qu'elle ait aussi des conséquences sociales? Beaucoup d'économistes appréhendent les fâcheux résultats d'une centralisation poussée à l'excès; ils estiment que le gouvernement, en tout ce qui n'est pas de son ressort, ne saurait se substituer sans danger à l'initiative et à l'industrie privées. Quand il étend trop ses attributions et sa compétence, quand il se mêle de ce qui ne le regarde pas, il court le risque d'être rendu responsable de tout le mal qui arrive dans le monde et des inconvénients attachés à l'irrémédiable infirmité des sociétés humaines. Toutes les souffrances s'en prennent à lui, et quand le moulin chôme, le meunier s'écrie : C'est la faute de ceux qui nous gouvernent.

On s'inquiète en Allemagne des progrès du socialisme. Ils doivent être imputés dans une certaine mesure aux criminelles folies de la spéculation pendant les deux années de la *Gründerperiode*. L'ouvrier allemand a subi l'universelle contagion; comme tout le monde, il a eu la fièvre, il a fait des songes délicieux et décevants, il a été en proie aux chimères. Il voyait des fortunes de hasard croître en une nuit comme des champignons et des gens de rien devenir millionnaires; il a rêvé d'avoir sa part du banquet. Dans ce temps d'appétits effrénés et d'extravagantes entreprises, on avait besoin de lui, on se disputait son travail, il pouvait faire ses conditions, louer ses bras et ses peines aussi cher qu'il lui plaisait; la main-d'œuvre et les salaires ont haussé dans des proportions exorbitantes. Qu'a duré cet âge d'or? l'espace d'un matin. « L'ouvrier, écrivait récemment un économiste, s'est promené, lui aussi, parmi les palmiers, et on ne se repose pas impunément à leur ombre... Chaque verre de vin de Champagne qu'il a bu dans ces jours néfastes a coulé dans ses veines comme un dangereux poison. » Il a vu les chimères s'évanouir; il s'est réveillé la tête lourde et les mains vides, son ivresse a fait place au dégoût du travail et à la haine de son sort. Brouillé avec sa conscience, il se retrouvait en face de la vie telle qu'elle est, et ce visage est odieux à qui vient de rêver. — Que les gouvernements y prennent garde, disent les sages, qu'ils soient économes de leurs promesses, qu'ils mesurent leurs paroles, l'ouvrier mécontent et dégrisé les écoute. Si le gouvernement de l'empire se pose en protecteur naturel de certains intérêts, quelle raison pourrait-il donner pour en négliger d'autres et pour fermer l'oreille aux requêtes de quiconque a quelque chose à lui demander? S'il prétend tout régler, s'il se vante d'être la providence visible de son peuple, peut-il refuser leur pâture aux petits des oiseaux? S'il croit de son devoir de réformer et d'abaisser les tarifs des chemins de fer, pourquoi ne fixerait-il pas le prix de la viande et du pain ? S'il se fait industriel, s'il se fait voiturier par terre et par eau, pourquoi ne se ferait-il pas boulanger et boucher ? Les déshérités de ce monde le mettront en demeure de faire pleuvoir sur eux la rosée du ciel et la graisse de la terre, et quand viendront les années maigres, l'Égypte éclatera en reproches contre Pharaon et criera après lui pour avoir de la farine. M. de Bismarck prononçait naguère ce mot juste et profond : « Il n'y a de société bien organisée que quand chacun se charge de balayer devant sa porte. » Pourquoi veut-il aujourd'hui que le gouvernement se charge de balayer pour tout le monde ? M. de Bismarck est un économiste d'occasion et de circonstance ; il subordonne tout à ses vues politiques. Apparemment ils ne se trompent pas ceux qui le soupçonnent de ne désirer le rachat des voies ferrées que pour préparer les chemins à l'empire unitaire.

Quel accueil fera le parlement à son projet ? Quel sera le résultat final de la discussion qui vient de s'ouvrir ? Si les chambres autorisent le gouvernement prussien à vendre ses chemins de fer d'État à l'empire, le conseil fédéral acceptera-t-il ce dangereux marché ? On se dispute depuis longtemps à ce sujet ; on calcule les chances, on suppute le nombre des adhérents et des opposants. En ce qui concerne la décision de la chambre des députés, tout dépend de ce que fera le parti national-libéral. On assure qu'il est très-divisé sur la question, et « que les députés mêmes qui votent d'habitude tout ce que le chancelier impérial, président du ministère prussien, leur demande, en sont à craindre les conséquences financières de ce dualisme greffé sur une seule tête. » Les paris sont ouverts. Les uns prétendent que les nationaux-libéraux ne résisteront que pour la forme, qu'ils se rendront sans attendre les trois sommations. Leur situation est difficile et un peu compromise. Le parlement n'a plus que quelques mois à vivre, l'ère électorale s'ouvrira avant peu. Les conservateurs prussiens, long-temps divisés, cherchent à reformer leur phalange ; ils se coalisent contre l'ennemi commun, qu'ils travaillent à discréditer dans le pays, — ils l'atta-quent à la fois par la sape et par le fer. Si M. de Bismarck retirait aux nationaux-libéraux sa faveur et son appui, s'il les abandonnait à eux-mêmes ou qu'il prît à leur égard une attitude hostile, assurément beaucoup d'entre eux succomberaient dans les élec-tions prochaines, et le parti pourrait essuyer un désastre dont il aurait peine à se relever. Il est en froid avec le tout-puissant chancelier ; il a eu des velléités de résistance, il a combattu et repoussé l'impôt sur la bière, il s'est permis d'amender les articles additionnels au code pénal. S'il refusait de voter le rachat des chemins de fer, on se brouillerait sérieusement ; il ne s'agirait plus d'un dépit amou-reux, ce serait une séparation de corps, et qui sait ? peut-être un divorce.

De bons juges soutiennent cependant que les natio-naux-libéraux n'accorderont pas facilement le rachat, qu'ils feront leurs conditions. On affirme qu'ils diront au chancelier de l'empire : « Vous nous en demandez beaucoup ; donnant, donnant. Le gouvernement impé-rial acquerra par le rachat des chemins de fer, si nous le votons, un accroissement très-considérable

de ressources et de puissance. Il est naturel que nous
exigions des garanties. Vous êtes jusqu'aujourd'hui,
en votre qualité de chancelier, le seul ministre responsable de l'empire. Qui répond de tout ne répond
de rien, et votre responsabilité est illusoire. Consentez
à la partager avec d'autres ministres qui tiendront
en bride votre omnipotence; concédez-nous au moins
la création d'un ministère impérial et responsable du
commerce. » Si les nationaux-libéraux élèvent cette
prétention, un incident naîtra dans l'incident. On
paraît croire à Berlin que M. de Bismarck ne l'em-
portera que s'il fait à M. Lasker et à ses amis la
concession qu'ils réclament de lui. La fera-t-il? Jadis
il s'y est nettement refusé. Il disait en 1869 : « Quiconque a été dans un ministère ou s'est trouvé à la
tête d'un conseil de ministres, et a dû prendre des
résolutions sous sa propre responsabilité, ne craint
point cette responsabilité; mais il redoute la tâche
de persuader à sept personnes qu'il a raison de vouloir ce qu'il veut. C'est un bien autre labeur que
celui de gouverner un royaume. » Il disait aussi :
« Voulez-vous un chancelier qui consente à accepter
des collègues? Cherchez ailleurs. Je me fonde sur
mon droit constitutionnel; j'ai accepté l'office tel
qu'il est défini dans la constitution. Le jour où j'aurai
un collègue, ce collègue sera mon successeur. »

M. de Bismarck a-t-il changé d'avis? A-t-il pris
goût à l'art de persuader? Il est permis d'en douter;
du haut de sa prodigieuse fortune, il doit voir les
hommes comme des cirons. L'empereur Guillaume
vient de fêter son quatre-vingtième anniversaire;
M. de Bismarck n'a pas paru à la cour. Il s'est con-

tenté de donner son banquet d'usage aux ambassadeurs et aux chefs de légation, qui sont bien rarement admis à l'honneur de le contempler face à face. Pendant tout le repas, il a parlé agriculture et il en a parlé à merveille. S'il lui en coûte peu de causer d'engrais et de reboisements avec des diplomates, il lui en coûte davantage d'expliquer ses combinaisons politiques à ceux qu'il appelle ses collaborateurs; son omnipotence dirait volontiers, comme Agrippine :

> ..... Derrière un voile, invisible et présente,
> J'étais de ce grand corps l'âme toute-puissante.

Cependant on peut inférer du remarquable discours qu'il prononça le 22 novembre 1875 que les nationaux-libéraux, s'ils sont très-pressants et très-habiles, ont peut-être quelque chance de gagner leur procès, qu'à tout le moins M. de Bismarck se prêterait à un accommodement. « Dans le système des ministères solidaires, disait-il, il y a quatre mois, au Reichstag, un président du conseil n'a rien à ordonner; il ne peut que prier, adjurer, pérorer jusqu'à extinction de chaleur naturelle, et je ne me résignerai jamais à ce rôle ingrat. En revanche, j'accepte volontiers la responsabilité d'un chancelier de l'empire, sans admettre que cette responsabilité s'étende aux menus détails. » Il ajouta : « Les détails seront l'affaire des ministres de l'empire, si jamais nous en avons. Nous avons déjà de véritables ministères impériaux, l'office des affaires étrangères, la marine, l'office des chemins de fer. Cela peut se développer. » En parlant ainsi, M. de Bismarck entr'ouvrait la porte; consentira-t-il à l'ouvrir tout à fait ? Nous verrions sans chagrin les nationaux-libéraux voter le rachat des chemins de fer ; cette grande expérience, quel qu'en soit le résultat, sera intéressante et instructive pour tout le monde. Notre satisfaction serait complète, s'ils réussissaient à doter l'empire allemand d'un ministère responsable. Nos voisins ont introduit depuis longtemps dans leurs codes civils la recherche de la paternité ; il faut souhaiter qu'ils l'introduisent définitivement dans la politique, où elle offre beaucoup moins d'inconvénients et beaucoup plus d'avantages. Ils ont vu dans l'établissement de la république en France un gage de paix ; de leur côté, ils donneraient une précieuse garantie à la sécurité de l'Europe, s'ils parvenaient à établir chez eux le véritable régime parlementaire.

VIII

LA QUESTION RELIGIEUSE

EN FRANCE ET EN PRUSSE

Il s'est tenu dernièrement dans une sorte de parlement extra-parlementaire des discours fort étranges. Des orateurs dont la parole a du poids se sont chargés d'apprendre à l'Europe étonnée que l'Église souffre aujourd'hui en France de cruelles persécutions, que nous sommes revenus au temps de Galerius et de Dioclétien, qu'une nouvelle *ère des martyrs* s'est ouverte. « Nous sommes en présence d'une situation, nous a-t-on dit, qui attriste tous les cœurs chrétiens; elle dure depuis longtemps, mais, dans ces derniers jours, elle est devenue plus aiguë. Une audacieuse conjuration s'organise contre la religion catholique. On s'efforce de lui enlever le peu de liberté dont elle jouit dans l'instruction et dans les œuvres de charité. Nous portons un habit religieux, cela suffit pour nous refuser tout droit. Pas de colère ni d'injures, il faut laisser nos adversaires se déshonorer en nous déniant la justice, en nous mettant hors le droit commun. »

G. VALBERT.

12

Où se sont fait entendre ces amères doléances et ces véhémentes protestations? Dans une assemblée générale des comités catholiques. Beaucoup de gens ignoraient qu'il y a en province des comités catholiques permanents, et que, lorsqu'il leur plaît, ils envoient à Paris de délégués qui s'organisent en congrès et en commissions spéciales, « correspondant aux neufs chœurs de la milice céleste. » De quoi s'occupent ces commissions? Non-seulement des œuvres du très-saint sacrement, de l'adoration nocturne et du vœu national, mais de beaucoup d'autres choses, de la presse, de l'enseignement, de l'économie sociale, de la législation et du contentieux. M. le cardinal-archevêque de Paris avait raison d'affirmer que l'Église catholique est mise hors le droit commun; ces comités, ce congrès, ces commissions d'anges et d'archanges en font foi. L'Église jouit en France d'une liberté d'association et d'action qui lui est propre; elle en a le monopole, c'est un privilége que personne ne songe à lui disputer. Elle ne laisse pas de se plaindre, car il est doux d'être plaint, et lorsqu'on a d'excellentes raisons de se louer de son sort, il est habile de mettre un crêpe à son bonheur, cela ferme la bouche aux envieux. D'ailleurs, si fortuné qu'on soit, possède-t-on jamais tout ce qu'on désire? On rêvait de faire des docteurs, et Dioclétien vient de rédiger un projet de loi portant que les élèves des facultés libres s'adresseront aux facultés de l'État pour obtenir leurs grades. Le puits de l'abîme s'est ouvert, la bête de l'Apocalypse en est sortie, il ne reste plus qu'à tendre la gorge et à mourir.

Il est difficile au libéralisme de demeurer toujours conséquent avec lui-même et avec ses principes dans les questions d'Église. Il ne peut voir sans inquiétude les envahissements d'un certain parti religieux qui a l'esprit de domination et se déclare lésé, quoi qu'on lui accorde. Ce parti a une singulière façon de raisonner, il dit à ses adversaires : « Nous sommes la vérité, et vous êtes l'erreur; partant, vous nous devez tout, et nous ne vous devons rien. En nous accordant la liberté, vous ne faites que votre devoir, et, quand nous serons devenus les plus forts, nous ferons également le nôtre en vous la refusant. Voyez plutôt ce qui se passe en Espagne, nous n'admettons pas qu'on y tolère les hérétiques. Si le ministère espagnol réussit à faire voter par les cortès l'article 11 de son projet de constitution, s'il s'obstine à donner aux protestants le droit de célébrer leur culte en lieu clos, le nonce du pape quittera Madrid, et Rome rompra tout commerce avec le roi Alphonse. Pour être libres, il faut que nous soyons les maîtres, et César nous opprime lorsqu'il refuse de nous obéir. » Le parti clérical met les gouvernements libéraux à une rude épreuve; ses exigences croissent avec les concessions qui lui sont faites, et il paie tous les bienfaits de la plus noire ingratitude. Cependant le libéralisme se doit à lui-même de ne jamais se démentir; le libéralisme est une vertu, et il en coûte toujours d'être vertueux. Il se trouve au surplus que la vertu est souvent récompensée dans ce monde. Tolérer les intolérants, respecter la liberté des ennemis mêmes de la liberté n'est pas seulement le procédé le plus honnête, la conduite la plus honorable, c'est encore le parti le plus sûr et le meilleur moyen d'éviter les embarras.

On accuse le clergé d'avoir déployé un zèle imprudent et aventureux dans les dernières élections, et il est certain que dans plus d'un arrondissement il a eu ses candidats officiels. L'événement a trompé ses espérances. On ne peut s'étonner qu'un grand nombre de députés républicains, dont il avait combattu la candidature, soient arrivés à Versailles encore échauffés de la lutte, émus des injures qu'on leur avait dites et des tracasseries qu'on leur avait suscitées, résolus à donner une leçon aux évêques et aux curés qui s'avisent d'ajouter aux soins de leur ministère celui de gouverner le suffrage universel et qui enseignent à leurs ouailles que « voter pour la république, c'est voter pour le diable. » Parmi ces nouveaux députés, il est beaucoup d'hommes nouveaux, et c'est l'ordinaire que les hommes nouveaux, n'ayant pas la pratique des affaires, les croient plus simples, plus faciles à manier qu'elles ne le sont. Ils n'ont pas encore perdu leur candeur, ils s'imaginent qu'avec un peu de bonne volonté on résout tous les problèmes, qu'il suffit d'avoir raison et d'aller droit devant soi. Ils ne se doutent pas que les bonnes intentions sont quelquefois arrêtées par un mur ou qu'elles restent prises dans les broussailles ; il faut du temps pour apprendre à se défier des murs et des buissons. « Venez à mon secours, mon cher Atticus, écrivait un jour Cicéron, et dites-moi si, selon le mot de Pindare, je dois suivre le chemin raide de la justice ou si je ferai mieux de prendre des détours. — Prenez des détours, » lui répondait son ami, et le grand Frédéric était de l'avis d'Atticus, lorsqu'il disait : « Les dissensions polonaises et les négociations avec l'Église sont à peu près de la même espèce ; il faut vivre longtemps et avoir une patience angélique pour en voir la fin. »

Que la chambre des députés ait ordonné une enquête sur l'élection de M. de Mun, on ne saurait y trouver à redire. Le candidat officiel du clergé dans l'arrondissement de Pontivy ne peut s'en prendre qu'à lui, il s'est appliqué à provoquer cette mesure par les déclarations qu'il a faites à la tribune, par les intempérances préméditées de son langage. Les naïfs ont remarqué que les doctrines dont il a fait profession se trouvent en contradiction flagrante avec les lois organiques. Que sont les lois organiques pour M. de Mun ? Son principe est que « l'Église a le droit de faire tout ce qu'elle juge qu'il est de son devoir de faire. » Selon lui, les seules lois qui obligent les consciences sont les décisions rendues à Rome, les décrets de celui qui tient les clés, de celui qui a reçu du ciel le pouvoir de lier et de délier. Ce qu'il faut espérer, c'est que la commission nommée pour procéder à une enquête sur l'élection de Pontivy se renfermera scrupuleusement dans son mandat. Elle a eu, comme on sait, avec M. le garde des sceaux un entretien dans lequel elle a fait paraître des curiosités indiscrètes. Elle a eu la fâcheuse idée de lui demander si les doctrines gallicanes et la déclaration du clergé de France de 1682 sont vraiment enseignées dans les séminaires comme le veut la loi, et dans le cas où il en serait autrement, si le gouvernement n'aviserait pas. M. le garde des sceaux a promis qu'il s en informerait. Nous souhaitons pour notre part qu'il oublie sa promesse, et que la commission s'abstienne de lui en rafraîchir la mémoire.

Selon toute apparence, les doctrines gallicanes et la déclaration de 1682 ne sont plus professées dans les séminaires, et il est hors de doute qu'aux termes des articles organiques l'État aurait le droit d'exiger qu'on les y professât; mais, comme le disait un illustre jurisconsulte, le propre de la raison est de découvrir les principes et le propre du bon sens est de ne jamais les isoler des convenances. Depuis le concile du Vatican, l'infaillibilité personnelle du pape est devenue un dogme, et les évêques de France ne sauraient, sans encourir le reproche d'hérésie, enseigner encore que les conciles généraux sont supérieurs au pape dans le spirituel, que les décisions du saint-siége en matière de foi ne sont sûres qu'après que l'Église les a acceptées. Exigerez-vous des évêques qu'ils fassent ouvertement profession d'hérésie? Ils n'y consentiront jamais. « Qui êtes-vous donc, vous diront-ils, pour prétendre nous prescrire ce que nous devons croire? » Vous leur répondrez peut-être que vous représentez la raison; mais la raison a-t-elle rien à voir dans un mystère de théologie? Êtes-vous bien sûrs qu'il soit plus raisonnable de croire à l'infaillibilité d'un concile qu'à celle d'un pape? Et au surplus où en serions-nous si vous vouliez supprimer de ce monde la liberté de déraisonner? Peut-être alléguerez-vous les droits de l'État. Le droit de l'État dans le temps où nous vivons est de rester neutre entre les cultes et de les protéger tous en protégeant contre eux la paix publique. En 1869, M. de Bismarck, qui s'est ravisé depuis pour son malheur, écrivait à M. d'Arnim que « la politique prussienne en matière ecclésiastique avait pour règle d'assurer aux Églises une pleine liberté dans les questions de doctrine et de culte et de s'opposer résolûment à tout empiétement qu'elles pourraient faire sur le domaine de l'État. »

Non, il n'est pas de la compétence d'un gouvernement de définir ce qu'il est nécessaire de croire pour être un bon catholique. Il ne lui appartient pas de prendre parti dans les controverses qui agitent l'Église, il ne lui appartient pas même d'avoir une opinion en théologie. Un gouvernement qui dogmatise est ridicule, un gouvernement qui emploie la rigueur pour imposer ses doctrines est odieux. Puisse la commission chargée de faire une enquête sur l'élection de Pontivy laisser dormir en paix les principes gallicans et la déclaration de 1682! Une fée fit jadis sortir d'une noisette un carosse à quatre chevaux, un cocher et deux laquais poudrés; les assistants éperdus s'écriaient : — Qui aurait pu croire qu'il y eût tant de choses dans une noisette! — On ne saurait croire non plus combien il peut y avoir de choses dans une simple question adressée par une commission à un ministre, et combien de calamités et de funestes complications peut engendrer une curiosité théologique.

M. de Bismarck disait un jour à la chambre des seigneurs de Prusse que la lutte entre l'État et l'Église date de loin, qu'elle a commencé à Aulis le jour où Agamemnon eut maille à partir avec ses devins et se vit contraint de leur sacrifier sa fille. « Dès les premiers temps de l'histoire, ajoutait-il, il y a eu des gens, prêtres ou sages, qui affichaient la prétention de connaître les volontés divines mieux que tout le monde et qui, sur la foi de cette prétention, s'arrogeaient le droit de dominer les hommes. » Il est à noter que, dans cette rivalité séculaire entre Calchas et Agamemnon, le monde a tour à tour donné raison à l'un et à l'autre. Quand Calchas devient trop riche, trop insolent, trop intrigant ou trop factieux, quand il entreprend sur les droits de l'État, c'est avec l'applaudissement universel qu'Agamemnon lui fait sentir la pesanteur de son bras; mais lorsque Agamemnon se mêle de ce qui ne le regarde pas, lorsqu'il dicte à Calchas des articles de foi et lui prescrit ce qu'il doit enseigner aux peuples, les peuples prennent parti contre Agamemnon. On a vu plus d'une fois l'Église devenir si riche et si puissante qu'elle formait comme un État dans l'État, et les gouvernements se sont bien trouvés de confisquer ses dîmes, de séculariser ses biens et de lui ôter les moyens d'en acquérir de nouveaux. On a vu aussi des républiques et des rois fermer des couvents, supprimer des congrégations qui foisonnaient et pullulaient en trop grande abondance; ces mesures rigoureuses ont été approuvées par l'opinion publique; elle reconnaît à l'État un droit de contrôle sur les associations et l'autorise à supprimer celles qui mettent en péril les lois et la société, comme un propriétaire nettoie son jardin en retranchant l'ivraie et les folles herbes. En revanche, il est peu de gouvernements qui se soient bien trouvés d'avoir attenté à la liberté doctrinale de l'Église, et le métier d'oppresseur de consciences n'est pas de ceux qui portent bonheur.

L'Etat a deux moyens de contraindre l'Église à enseigner ce qu'il désire qu'elle enseigne. Il peut la mettre sous tutelle, lui imposer une organisation, une discipline, un régime à sa convenance, ou ce qu'on nomme une constitution civile, et l'on sait combien sont éphémères les constitutions civiles et le triste souvenir qu'elles laissent après elles. Il peut aussi se charger de faire lui-même l'éducation des prêtres. Joseph II l'a tenté; son essai ne fut pas heureux. Ce prince ne connaissait guère les hommes, il ignorait l'empire qu'exercent sur eux les traditions et les habitudes et combien certains abus leur sont chers. Il se piquait de rendre son clergé parfaitement raisonnable et ce fût là sans contredit la plus déraisonnable de ses prétentions. Il entreprit de tout régler, jusqu'à la figure qu'on devait donner aux images des saints; il prit des mesures somptuaires contre les madones, leur défendit de porter sur elles plus de bijoux qu'il ne convient à une honnête mère de famille. Après avoir interdit nombre de processions et de pèlerinages, il abolit la faculté théologique de Louvain et les séminaires épiscopaux, qu'il remplaça par deux séminaires d'État dont il nommait les directeurs. Qu'y gagna-t-il? De perdre les Pays-Bas, et peu de temps avant sa mort, il engageait ses proches à graver sur sa tombe cette mélancolique inscription : « Ci-gît un prince dont toutes les intentions étaient pures et dont toutes les entreprises échouèrent. » Aucun de ses imitateurs ne fut plus heureux que lui. Le joséphisme n'a jamais conduit qu'à des mécomptes, et voilà des expériences qu'il est bon de recommander à la méditation des assemblées et des commissions.

Ce qui se passe depuis quelques années en Prusse et en Suisse est aussi fort instructif. Le roi Frédéric II faisait cas de l'empereur Joseph ; il écrivait à Voltaire : « Ce prince est aimable et plein de mérite ; il aime vos ouvrages et les lit autant qu'il peut. Enfin c'est un empereur comme de longtemps il n'y en a eu en Allemagne ; nous n'aimons ni l'un ni l'autre les ignorants et les barbares. » Il ne laissait pas de juger fort sainement la politique ecclésiastique de Joseph ; il disait de lui : « Mon frère Joseph a le tort de faire toujours le second pas avant d'avoir fait le premier. » Aussi peut-on croire que, s'il revenait au monde, son prodigieux bon sens goûterait médiocrement le remue-ménage qu'on a fait depuis peu dans sa maison et les lois joséphistes qui ont été votées à Berlin.

Le gouvernement prussien était autorisé à prendre des mesures de précaution contre l'Église catholique. L'indépendance, la liberté d'allures et la protection dont elle jouissait dans un pays aux deux tiers protestant lui avaient permis d'acquérir une importance excessive, et son envahissante ambition se donnait carrière. Ainsi que l'écrivait l'an dernier l'auteur d'une intéressante brochure [1], elle menaçait de devenir pour l'État, sinon un véritable péril, du moins une gêne et un grave embarras. Le clergé exerçait une grande influence sur l'école ; en maint endroit, les instituteurs étaient à sa merci, et les tendances ultramontaines de l'enseignement étaient de nature à compromettre la paix entre les diverses confessions.

---

1. J. H. von Kirchmann : *Der Culturkampf in Preussen und seine Bedenken.*

Les biens de l'Église s'accroissaient continuellement par des fondations ou par des legs. L'administration de ces biens était aux mains des évêques et de leurs chapitres, l'État n'avait rien à y voir, et l'on avait sujet de craindre que ces abondantes ressources ne fussent employées en partie à des fins occultes et dangereuses. Les couvents, les maisons religieuses se multipliaient à l'infini; une foule de congrégations et de confréries enveloppaient certaines provinces de leur noir réseau. Enfin les jésuites et « les prophètes voilés qui se tiennent derrière le trône » prenaient sur le haut clergé allemand un ascendant toujours plus marqué.

L'État n'a pas seulement le droit, il a le devoir de se défendre. Quoi qu'en puisse dire Calchas, Agamemnon a, comme lui, charge d'âmes; il a une mission à remplir, un ministère à exercer. De précieux intérêts lui sont confiés, il leur doit la sécurité, et il répond de la paix publique. Si le gouvernement prussien s'était contenté de se défendre, s'il s'en était tenu aux mesures préservatrices que lui commandait sa sûreté, s'il lui avait suffi d'affranchir l'école primaire de l'influence abusive du clergé et de faire une loi sur les biens d'Église, d'en faire une autre sur les couvents et sur les ordres, de dissoudre nombre de communautés religieuses et de congrégations, il aurait encouru les censures de la curie romaine, il aurait été en butte aux réclamations plaintives ou hautaines de l'épiscopat, mais les laïques ne se seraient pas émus. Les uns se seraient résignés, d'autres auraient approuvé. On se serait mis aux fenêtres pour regarder passer les événements, après quoi chacun serait retourné à ses affaires. « Le gouvernement prussien, a dit un écrivain protestant, auteur d'une savante et judicieuse étude sur les rapports de l'Église et de l'État, doit imputer le mauvais succès de ses lois ecclésiastiques non à l'opposition des évêques, mais à la résistance des populations catholiques. Que l'épiscopat combatte aussi longtemps qu'il le peut toute tentative de donner des bornes à sa puissance, l'histoire en témoigne, et on sait l'audacieux usage qu'il a toujours fait de sa devise : Il vaut mieux obéir à Dieu qu'aux hommes. Toutefois il est trop avisé pour engager une guerre qu'il ne pourrait soutenir. Les évêques autrichiens ont réclamé et protesté contre les lois de 1874; quoiqu'elles eussent été condamnées par le saint siége, ils ont fini par s'y soumettre, sachant bien que s'ils s'obstinaient dans leur résistance, ils ne pourraient compter sur l'appui des laïques. De même la hiérarchie n'est point entrée en campagne contre le petit royaume de Wurtemberg; elle s'est soumise à la loi de 1862. Au contraire, les évêques prussiens ont refusé d'obéir aux lois de mai, parce qu'ils étaient persuadés que non-seulement le clergé, mais le peuple catholique seraient avec eux, et l'événement a prouvé qu'ils ne s'étaient pas trompés [1]. »

Les hommes d'État de Berlin ont outre-passé leur droit. Par les lois incohérentes, mal digérées qu'ils ont présentées au parlement, ils ont attenté à la fois à la liberté doctrinale et au pouvoir disciplinaire de

1. Heinrich Geffcken : *Staat und Kirche in ihrem Verhältniss.* M. Geffcken a été autrefois ministre des villes hanséatiques à Berlin et à Londres; il est aujourd'hui professeur à l'université de Strasbourg.

l'Église, et les consciences se sont émues comme une fourmilière qu'un passant s'amuse à inquiéter avec son bâton, — car il en est des consciences comme des fourmis, elles entendent qu'on les laisse en paix dans leur maison, elles ont horreur de l'étranger qui se mêle de leurs affaires, et l'État est pour elles l'éternel étranger. Les politiques de Berlin ont dit aux évêques :
— Vous avez promulgué depuis peu un nouveau dogme qui nous est désagréable et qui peut avoir de fâcheuses conséquences. Si quelques-uns de vos prêtres refusent d'enseigner ce dogme, nous prenons sur nous de déclarer qu'ils sont d'aussi bons catholiques que vous, et, s'il vous plaît de leur infliger des peines disciplinaires, nous leur permettrons d'en appeler à nous; après avoir examiné le cas, nous reviserons ou nous casserons votre sentence. Nous vous défendons aussi d'excommunier pour ce fait aucun laïque. L'excommunication est un mauvais procédé, fort désobligeant, contraire à tous les principes de la civilité honnête et puérile. Vous nous ferez le plaisir d'y renoncer; sinon, vous serez passible d'un an de prison et d'une amende de 200 à 500 thalers. Vous élevez mal vos prêtres, vous en faites des fanatiques et des énergumènes, nous savons mieux que vous ce qu'il convient de leur enseigner; désormais nous nous chargerons de leur éducation. Nous entendons qu'à l'avenir ils apprennent la théologie dans nos universités ou dans un grand séminaire dont le plan d'études aura été examiné et approuvé par nous. Vous ne procéderez à aucune nomination sans avoir présenté votre candidat au président supérieur de la province, et vous attendrez pendant trente jours sa décision.

S'il se trouve que votre candidat n'a pas fait les études réglementaires, ou si ses antécédents nous autorisent à penser qu'il n'a pas pour nous tout le respect qui nous est dû, vous serez tenus de nous en proposer un autre qui nous offre de meilleures garanties. Dans le cas où, par le fait de votre mauvais vouloir, quelque place demeurerait vacante, nous retiendrons votre traitement et nous vous infligerons des amendes jusqu'à concurrence de 1,000 thalers. Vous nous objecterez peut-être que nos nouvelles lois sont contraires à certains articles de la constitution. Qu'à cela ne tienne, nous supprimerons ces articles, nous changerons la constitution, car nous sommes résolus à mater votre fierté, et, si vous refusez d'entendre raison, nous vous prierons de vous en aller et nous amenderons au besoin notre code pénal pour pouvoir vous bannir en sûreté de conscience.

Que César soit jaloux de son autorité, que dans l'intérêt public il supprime des congrégations ou prenne des mesures pour empêcher l'accroissement des biens de main morte, ceux qui souffrent de ses rigueurs crieront, mais leur voix trouvera peu d'échos ; le jour où César dogmatise et veut obliger l'Église à l'en croire sur parole, les indifférents eux-mêmes lui donnent tort. Ce n'est pas que le monde se soucie beaucoup de controverse, ni qu'il attache un grand prix aux définitions de théologie. Un écrivain anglais a eu raison de dire que « la plupart des hommes se donnent pour but de traverser la vie en dépensant le moins de pensée possible ; » mais quand l'État dispute avec l'Église sur quelque article de foi, les demi-croyants qui abondent dans ce siècle et décident du gain des batailles, se trouvant forcés de faire un choix, déclarent à l'ordinaire que chacun doit faire son métier et se tenir à sa place, que dans les matières de doctrine l'estampille de l'Église est plus sûre que le poinçon de l'État, qu'en tout ce qui concerne le *Credo* les évêques sont plus compétents qu'un président de conseil, et que les prêtres qu'ils excommunient ne sont pas de vrais prêtres. Or les demi-croyants désirent que leur curé soit un vrai curé, sans tare et sans défaut, et un prêtre constitutionnel ou assermenté sera toujours à leurs yeux un intrus, dont le cas n'est pas net. Cela se voit en Suisse : le vieux-catholicisme y est mort de la dangereuse amitié que lui a témoignée l'État. Les gouvernements de Berne et de Genève, qui s'imaginent qu'on peut forcer les gens à être libres, ont dit à leurs ressortissants catholiques : « Nous voulons vous affranchir du joug odieux de la hiérarchie romaine, nous vous octroyons le droit de nommer vous-mêmes vos pasteurs ; ne vous gênez pas, choisissez-les aussi raisonnables qu'il vous plaira. » Les catholiques genevois et bernois n'ont pas su apprécier la faveur qu'on leur faisait. La commune de Moutiers, qui compte près de 1,400 catholiques romains et 24 vieux-catholiques, devait nommer son curé : 5 électeurs ont pris part au scrutin, 3 ont donné leur voix au titulaire actuel, 2 ont voté contre. Le gouvernement, comme c'était son devoir, a validé l'élection. L'église de Moutiers et ses biens appartiennent aujourd'hui aux 24 vieux-catholiques, et la caisse de l'État sert un traitement à un curé national élu par 3 voix. C'est ainsi que dans les républiques qui permettent à la politique d'envahir la religion, la démocratie et le suffrage universel aboutissent quelquefois au règne oppressif des minorités.

C'est un insaisissable ennemi qu'un dogme ou une idée. Il se dérobe à toutes les étreintes ; quand on croit le tenir, il s'échappe dans l'air, *par levibus ventis*, et l'on ne se bat pas à coups de poing contre le vent. Le radicalisme suisse ne fait pas une brillante figure dans cette grande partie de pugilat qu'il vient d'engager avec un dogme. La Prusse a eu plus de souci de sa dignité. L'homme supérieur qui dirige ses destinées n'a pas l'habitude de prêter à la plaisanterie ; la vue d'une soutane ne lui donne point de syncopes, et jamais il ne se serait avisé qu'il suffit d'un rabat qui se promène dans la rue pour mettre une république en danger. Cependant M. de Bismarck est-il arrivé à ses fins ? Peut-il se vanter d'avoir ville gagnée ?

Qui fut jamais mieux armé pour une lutte contre l'Église que le gouvernement prussien ? Il n'avait pas seulement pour lui la force, une imposante autorité, l'assistance de la plus puissante et de la plus respectée des bureaucraties ; il avait encore le prestige de la gloire militaire, il tenait dans sa main l'épée de Sadowa et de Sedan. Il a donné des ordres aux consciences du même ton qu'il en eût donné à ses soldats ; il se flattait d'être obéi, il ne l'a point été. Il espérait que, protégé par lui contre les foudres de l'excommuniation, le vieux-catholicisme ferait de rapides conquêtes et qu'avant peu il pourrait le prendre sous son patronage officiel, lui faire une part léonine dans le budget des cultes, qui sait encore ? le pro-

clamer comme le vrai catholicisme et déclarer que
les infaillibilistes sont des sectaires. Il s'appuyait sur
un roseau, le roseau s'est dérobé sous sa main. On
affirme que sur 8 millions de catholiques à peine y
a-t-il en Prusse plus de 6,000 vieux-catholiques pra-
tiquants. Le pape avait frappé d'anathème les lois de
mai 1873 ; on a tenté de faire signer une protestation contre son encyclique, on n'a guère recueilli
qu'un millier de signatures. Les évêques refusaient
de pourvoir aux cures vacantes dans les formes pres-
crites par le gouvernement ; en vertu d'une loi votée
en 1874, les paroisses étaient autorisées à élire elles-
mêmes leur curé ; aucune n'a fait usage de ce droit.
Des souscriptions ont couvert toutes les amendes
infligées aux ecclésiastiques rénitents, et ceux qui
sortaient de prison ont été portés en triomphe.

Le concile de Rome avait été une cruelle épreuve
pour l'épiscopat allemand. Après avoir fait une vive
opposition au nouveau dogme, il s'était soumis ; on
lui avait reproché son inconséquence et sa faiblesse,
on avait attribué sa conduite à des motifs de crainte
ou d'intérêt. M. de Bismarck s'est généreusement
employé à le relever de son abaissement. — Prenez-y
garde, disait l'abbé Maury, il n'est pas bon de faire
des martyrs. — Un évêque persécuté n'est plus un
évêque, on oublie qu'hier il s'est déjugé, qu'avant-
hier il avait la main dans une intrigue ; il est devenu
tout à coup le représentant auguste d'une liberté
violée et d'un droit méconnu. Par votre faute, le discrédit s'attache à vos lois, et l'honneur à la désobéis-
sance : vous avez grandi vos ennemis, et vous voyez
sans cesse se redresser devant vous des fronts que

votre injustice a couronnés. Passe encore si vous étiez sûrs de réussir ; mais à la lutte des intérêts et des idées s'est joint le conflit des orgueils. Qui aura le dernier ? « La passion politique est forte, dit M. Geffeken, qui n'est pas suspect de tendresse pour l'ultramontanisme, la passion ecclésiastique est plus forte encore, et aucune puissance ne commande à autant de passions bonnes ou mauvaises que la hiérarchie catholique. De temps à autre, les feuilles libérales annoncent que les esprits s'apaisent, que le clergé est sur le point de céder, et chaque fois il faut revenir de son illusion. Non-seulement on n'a rien obtenu, mais on a fait le contraire de ce qu'on voulait faire. On a fourni aux évêques prussiens l'occasion de prouver que leurs intérêts temporels n'avaient été pour rien dans leur soumission aux décisions du concile, dans ce *sacrificio dell' intelletto* qu'on leur reprochait et qui avait endommagé leur crédit. On espérait détacher le clergé inférieur de l'épiscopat, il lui est demeuré fidèle. On voulait émanciper les laïques, ils forment aujourd'hui une phalange serrée, commandée par ces chefs contre lesquels on se proposait de les insurger. Il est impossible que le gouvernement reste longtemps en guerre avec le tiers de la population, et l'on ne voit aucun moyen de briser une résistance passive organisée par le fanatisme. Quand une loi serait juste, qu'est-ce donc pour un homme d'État qu'une loi qu'il ne peut faire exécuter ? » Voilà de sages paroles, elles méritent d'être prises en considération. Qui se flatterait de réussir où M. de Bismarck a échoué ?

Frédéric II, qu'on ne se lasse pas de citer en pa-

reille matière, souhaitait un jour que les philosophes
fussent toujours aussi pacifiques qu'ils font profession de l'être, et il ajoutait : « Toutes les vérités ensemble qu'ils annoncent ne valent pas le repos de
l'âme, seul bien dont les hommes puissent jouir sur
l'atome qu'ils habitent. Pour moi, qui suis un raison-
neur sans enthousiasme, je désirerais que les hommes
fussent raisonnables et surtout qu'ils fussent tranquilles. Nous connaissons les crimes que le fanatisme
de la religion a fait commettre ; gardons-nous d'introduire le fanatisme dans la philosophie. » Il disait encore : « Vivons et laissons vivre les autres. » Cette
devise est bonne à retenir. Vivons et laissons vivre
les hommes et les idées qui nous sont désagréables.
La séparation de l'Église et de l'État est, assure-t-on,
un idéal chimérique, une utopie. Soit ; mais tout ce
qui nous rapproche de cet idéal est bon, tout ce qui
nous en éloigne est mauvais. L'État ne saurait être
trop attentif à mettre ses droits hors d'insulte, à défendre la société civile et les idées modernes contre
toute ingérence indiscrète ou malfaisante. Qu'il fasse
son devoir, et qu'il se désintéresse de plus en plus des
questions qui ne le concernent point. Il sera toujours
un mauvais théologien, et, qui pis est, un théologien
sans conviction. Quand il se fait professeur de dogme,
il lui arrive comme à ce jésuite missionnaire qui
avait perdu la foi et ne laissait pas de se donner beaucoup de peine pour convertir les sauvages. Un ami
lui représentait l'inconséquence de son zèle : « Ah !
répondit le jésuite, vous n'avez pas d'idée du plaisir
qu'on goûte à persuader aux hommes ce qu'on ne
croit pas soi-même. » Il n'est pas à présumer que cet

étrange missionnaire fit beaucoup de prosélytes ; la
première condition pour persuader, c'est de croire,
et y a-t-il aujourd'hui en Europe un seul gouvernement prêt à jurer sur sa tête qu'un concile œcumé-
nique est plus infaillible qu'un pape ?

Assurément ceux qui ont promulgué le nouveau
dogme avaient des intentions dont il est permis de
se défier. Ils ont moins consulté le besoin des consciences que les intérêts de leur politique. En proclamant l'infaillibilité du saint-siége, ils ont voulu attribuer le caractère d'article de foi aux déclarations
contenues dans l'*Encyclique* et aux condamnations
renfermées dans le *Syllabus*, et nous obliger de
croire que le pape était inspiré d'en haut quand il a
mis à l'interdit tous les principes sur lesquels repose
la société moderne. Nous vivons dans un siècle où
les anathèmes ne sont guère pris au sérieux. Les
demi-croyants n'en tiennent aucun compte, et les
croyants eux-mêmes se réservent le droit de les
interpréter. C'est à l'application qu'il faut attendre
les doctrines. Tant qu'un dogme n'a commis aucun
délit, tant qu'il est encore dans l'âge d'innocence ou
qu'il n'a pas trouvé l'occasion d'en venir aux effets,
les gouvernements ont mauvaise grâce à l'attaquer
et, comme nous l'avons dit, ils risquent d'avoir
contre eux non-seulement ceux qui croient, mais les
tièdes, les indifférents, les philosophes eux-mêmes,
qui les accuseront de se prendre de querelle avec des
fantômes. Le jour où l'État se défend contre une entreprise, il peut frapper aussi fort qu'il lui plaît, et
dût-il abuser de sa victoire, peu de gens songeront à
le lui reprocher. Aussi bien il a plus d'une arme

contre les doctrines qu'il juge pernicieuses. Les moyens indirects sont presque toujours les meilleurs, et tel ennemi qu'on ne peut attaquer de front redoute beaucoup les mouvements tournants. On ne peut nier qu'il ne se fasse de grands efforts pour réveiller les mauvaises passions religieuses. Nous voyons se propager autour de nous des rites, des pratiques qui n'ont rien à démêler avec l'Évangile, des dévotions puériles ou malsaines que Fénélon eût peu goûtées et qui eussent révolté Bossuet. On travaille à changer le cœur et le cerveau de la France, à lui faire abjurer ses souvenirs et brûler tout ce qu'elle adorait depuis 1789. Il ne tient qu'au gouvernement de troubler dans leur œuvre ces instituteurs trop zélés. Qu'il multiplie, qu'il améliore les écoles et qu'il sécularise de plus en plus l'enseignement primaire ; ce sera pour la société moderne une meilleure garantie que la déclaration de 1682.

Encore un coup, la commission chargée de faire une enquête sur l'élection de Pontivy agira sagement en dispensant M. le garde des sceaux d'aller aux informations et de lui rapporter ce qui se dit dans les séminaires. Il est toujours mal d'écouter aux portes, et dans ce cas-ci nous ne voyons pas bien quel serait le profit de cette indiscrétion, nous voyons très-bien quel en serait le danger. Quand M. de Bismarck souleva la question religieuse et entama sa dispute avec l'Église, le plus spirituel des hommes d'État français, qui prévoyait les inextricables difficultés où il allait s'engager, dit ce mot : « Je crains que M. de Bismarck ne se trompe et qu'il ne prenne des guêpes pour des \

abeilles. » Il est à souhaiter que la France ne fasse point cette confusion et que son bon sens naturel la mette en garde contre toutes les questions qui sont des guêpiers.

IX

LA POLITIQUE ALLEMANDE

ET

LA QUESTION D'ORIENT

I

Juillet 1876.

L'événement le plus marquant de la politique intérieure en Prusse est l'effort tenté par les diverses fractions du parti conservateur pour concilier leurs différends, pour mettre un terme à leurs divisions intestines et à leurs sourdes zizanies. « Les petits paquets, disait Napoléon Ier, sont le cachet des sots et la perte des batailles. » Les conservateurs prussiens ont juré de ne plus former qu'une seule armée, obéissant aux même chefs, combattant sous le même drapeau, et ils annoncent à l'Allemagne qu'aux prochaines élections les nationaux-libéraux et les progressistes trouveront en face d'eux, ardent à leur disputer la victoire, un parti compacte qui portera le nom de grand parti conservateur allemand.

Cette tentative de fusion n'était pas une entreprise facile. Liés par la haine de l'ennemi commun, les conservateurs « vivaient entre eux comme cousins » ; mais les disputes entre cousins sont les plus âpres de toutes. Féodaux entêtés de leurs priviléges, contraires à toute innovation et détestant comme une œuvre de Bélial toutes les concessions que fait un gouvernement à l'esprit moderne et à la démocratie, Vieux-Prussiens regrettant la vieille Prusse et méprisant l'Allemagne, hobereaux *agrariens* qui haïssent de tout leur cœur les spéculateurs de bourse, la circulation trop facile des espèces et la liberté de l'agiotage, orthodoxes de la stricte observance, moins hostiles à l'auteur de l'*Encyclique* qu'à l'auteur de la *Vie de Jésus*, et qui appréhendent que le *Kulturkampf* n'aboutisse au triomphe de l'incrédulité et du rationalisme, conservateurs-libres, disposés à s'accommoder aux temps, à compter avec les circonstances, à transiger avec les choses et avec les hommes, — il n'était pas aisé de trouver un bonnet assez large pour y loger toutes ces têtes. Il paraît cependant qu'on y a réussi. Après de longues et laborieuses négociations, on s'est fait des sacrifices mutuels, on s'est accordé sur les termes d'un programme où les questions litigieuses sont réservées et qui, vaille que vaille, satisfait tout le monde.

M. de Bismarck a gouverné pendant ces dernières années avec le concours des nationaux-libéraux; il a trouvé en eux des amis utiles, pleins de zèle, mais pas aussi désintéressés qu'il l'aurait voulu. Ils lui ont demandé plus d'une fois de les récompenser de leur complaisance, ils l'ont importuné de leurs prétentions indiscrètes. M. de Bismarck a tout à la fois l'esprit très-libre, très-moderne et le tempérament césarien. Si certains conservateurs l'accusent d'être un révolutionnaire, les libéraux lui reprochent son césarisme, et ne se lassent pas de l'engager à instituer en Allemagne le véritable régime parlementaire. Il n'accédera jamais à leur désir ; il est disposé à admettre beaucoup de choses, il n'admettra jamais que son existence dépende d'une chambre et d'une aventure de scrutin. M. de Bismarck a vu sans déplaisir le parti conservateur ceindre ses reins pour le grand combat et se fortifier par la concorde ; le programme des nouveaux coalisés contient plus d'un article qui a dû lui sourire, et il ne peut vouloir du mal à des gens qui souhaitent que l'Allemagne et la Prusse soient gouvernées par *un pouvoir autoritaire vigoureux*. Cependant on a été étonné de la réserve un peu froide avec laquelle la *Correspondance provinciale*, parlant au nom du gouvernement, a accueilli les avances des conservateurs et discuté leur plan de campagne. Cette feuille officieuse et même officielle leur a signifié, en les louant de leurs bonnes intentions, que M. de Bismarck n'entendait se donner à aucun parti, que c'était aux partis qui recherchaient son amitié de se donner à lui sans conditions. Elle leur a dit à peu près : — Vous avez des principes qui s'accordent sur plus d'un point avec les nôtres. Les libéraux aussi ont quelquefois du bon ; ils seraient tout à fait nos hommes s'ils se décidaient à rompre sans retour avec nos ennemis les progressistes. Nous n'avons pas de préjugés, nous n'avons que des intérêts, et il nous importe peu qu'on soit libéral ou conservateur ; l'essentiel est qu'on entre dans nos vues, qu'on épouse nos idées et qu'on ne nous fasse jamais d'opposition. — A coup sûr, le gouvernement ne restera point neutre dans les prochaines élections ; mais il n'entend s'engager d'avance avec personne. Il scrutera les cœurs, il sondera les reins, pour découvrir ses vrais amis. Il se propose d'exercer entre les partis en présence un arbitrage souverain et intéressé; son appui, sa faveur, son patronage, sont promis à celui qui lui demandera le moins et qui lui offrira le plus.

Il y a quelque analogie, semble-t-il, entre le rôle que s'attribue le gouvernement allemand dans les luttes entre les partis et celui qu'il joue en Europe dans les questions de politique générale, et en particulier dans cette redoutable question d'Orient, qui tient tout le monde en alerte. Le chancelier de l'empire germanique n'est pas seulement l'arbitre des conservateurs et des libéraux, il est l'arbitre naturel des puissances occupées de régler les destinées de la péninsule illyrienne; c'est un emploi et un honneur que personne ne songe à lui disputer. De quelle manière exercera-t-il son arbitrage? Quelle sentence rendra-t-il? Quelles sont ses vues? Quels sont ses desseins? Il n'en dit rien, il garde pour lui son secret. La *Correspondance provinciale* a daigné expliquer aux conservateurs prussiens à quelles conditions ils pourraient obtenir le patronage électoral du gouvernement; elle ne s'est jamais expliquée sur ce qui se passait à Cettigne, à Belgrade et à Constantinople. On raconte qu'un soir de l'hiver dernier, un membre du Reichstag eut la candeur de demander à M. de Bismarck ce qu'il fallait penser des affaires d'Orient, et que M. de Bismarck lui répondit : « Je n'aperçois pas un nuage au ciel, sauf le petit point noir de l'Herzégovine. » Voilà tout ce qu'a dit M. de Bismarck depuis que s'est rouverte la question d'Orient. Lui qui aime à parler, il se tait, et son silence inquiète l'Europe plus que tout ce qui peut se dire ou s'écrire à Saint-Pétersbourg, à Vienne ou à Londres. L'Europe se demande : Que veut l'Allemagne ? — et elle ne réussit pas à le savoir. De temps à autre on lui apprend que deux empereurs se sont rencontrés à Berlin, ou sur les bords de la Lahn, ou en Bohême, ou dans le Tyrol, et le télégraphe lui annonce qu'ils se sont embrassés trois fois. L'Europe aimerait qu'on s'embrassât un peu moins et qu'on s'expliquât davantage, et elle interroge du regard le sphinx des bords de la Sprée. Moins naïve qu'un député au Reichstag, elle n'ose le mettre en demeure de parler, mais elle cherche à deviner ce qu'il cache au fond de ses yeux, et les yeux du sphinx lui répondent : Il n'y a pas un nuage au ciel, sauf le petit point noir de l'Herzégovine, qui, à vrai dire, depuis l'hiver dernier, a considérablement grossi et qui aujourd'hui ressemble à peu près à un nuage.

Un roi de Prusse disait jadis : Si j'étais roi de France, il ne se tirerait pas en Europe un seul coup de canon sans ma permission. Les rôles sont bien changés ; en l'an de grâce 1876, ceux qui ont envie de tirer du canon ou même de simples pétards savent très-bien que c'est au roi de Prusse devenu empereur d'Allemagne qu'ils doivent s'adresser pour en obtenir l'autorisation. Plaise au ciel qu'il la leur refuse ! — L'empire allemand, c'est la paix, — nous a-t-on souvent dit et répété, et nous ne demandons pas mieux que de le croire. On ajoutait : — L'Allemagne unie et fortement constituée offre au repos et à la sécurité des nations la plus précieuse, la plus efficace des garan-

ties. Non-seulement l'Allemagne est un pays essentiellement pacifique, qui ne veut point faire de conquêtes et qui ne cherchera jamais d'injustes querelles
à ses voisins, mais encore elle est plus intéressée
qu'aucun autre peuple à la conservation de la paix
générale, et aujourd'hui elle est assez forte pour con-
tenir, pour réprimer les ambitions inquiètes et brouil-
lonnes ; elle est en mesure de protéger contre leurs
manœuvres et leurs convoitises la tranquillité de
l'Europe. — Le jour est venu où l'Europe saura ce
qu'elle doit penser de cette solennelle et rassurante
promesse et le prix qu'elle y peut attacher. Elle ne
doute point qu'il ne dépende des hommes qui dirigent
à cette heure la politique allemande de donner aux
difficultés pendantes, soumises à leur arbitrage, une
solution aussi satisfaisante que pacifique. Si l'empire
germanique remplit heureusement la mission qu'il
s'attribue, la reconnaissance que lui en auront les
peuples sera pour lui le meilleur des titres, la plus
précieuse des consécrations. Toutefois ils ne sont pas
encore entièrement édifiés sur les intentions du grand
arbitre de qui dépendent leurs prochaines destinées ;
ils ne sont pas certains que cet arbitre tout-puissant
ait fait tout ce qui était en son pouvoir pour prévenir
des complications qui sont devenues menaçantes.
N'a-t-on pas laissé comme à plaisir les difficultés s'aggraver, le mal s'étendre, les passions s'envenimer ?
Était-il vraiment impossible d'étouffer l'incendie dès
sa naissance ? Aujourd'hui la maison brûle, mais il
ne s'agissait au début que d'un simple feu de cheminée ; pourquoi ne l'a-t-on pas éteint ? Ne l'a-t-on pas
pu ou ne l'a-t-on pas voulu ?

Dans le commencement, le grand public, qui n'est pas initié aux secrets de la diplomatie, n'avait pas pris au sérieux l'insurrection de l'Herzégovine; il ne s'était point avisé qu'elle pût avoir de funestes conséquences. Quand il a vu qu'elle durait, il a soupçonné qu'elle était encouragée, fomentée, entretenue du dehors, et rien ne prouve qu'il se soit trompé. La conduite des puissances qui ont interposé leur médiation entre le sultan et ses sujets chrétiens a été vraiment de nature à justifier les soupçons, à autoriser les mauvais propos. Elles ont donné à la Turquie de rudes et d'énergiques avertissements, elles l'ont mise en demeure de satisfaire aux réclamations des insurgés, elles lui ont imposé un plan de réformes, que la Turquie s'est empressée d'accepter. Du même coup, on s'engageait à agir auprès des Herzégoviniens et des Bosniaques pour leur faire poser les armes, et comme l'insurrection tirait sa principale force de la connivence plus ou moins avouée des Serbes et des Monténégrins, on pouvait croire que la diplomatie tiendrait à Cettigne comme à Belgrade un langage ferme, décidé, qu'elle dirait au prince Milan et au prince Nikita : Nous voulons la paix, nous la voulons à tout prix, et nous ne vous permettrons pas de la troubler. Ainsi que l'écrivait récemment lord Derby, « avant toute discussion d'un plan quelconque fondé sur un armistice, il devait être clairement entendu que la Serbie et le Montenegro seraient avertis et, s'il était nécessaire, contraints de s'abstenir de fomenter l'insurrection. »

A qui persuadera-t-on que les insurgés, les Serbes et les Monténégrins, auraient osé résister aux aver-

tissements et aux sommations des puissances média-
trices, agissant d'accord et dans une même pensée ?
Sans doute elles leur ont prodigué les bons conseils,
les courtoises représentations ; nous savons à peu
près ce qu'elles leur ont dit tout haut, nous ne savons
pas bien ce qu'elles leur disaient à voix basse. Quiconque a lu Shakspeare se souvient de l'honnête
officier de justice Dogberry et des instructions assez
singulières qu'il donnait à ses gardes de nuit, en les
envoyant faire une ronde dans les rues de Messine :
« Vous arrêterez tous les vagabonds, leur disait-il,
mais si l'un d'eux refuse de se laisser arrêter, laissez-
le aller, ne vous occupez pas de lui et remerciez Dieu
de ce qu'il vous a délivré d'un coquin. Entrez dans
tous les cabarets et ordonnez à tous les ivrognes de
s'en aller au plus vite dans leur lit ; si l'un d'eux vous
fait une mauvaise réponse, déclarez-lui qu'il n'est
pas l'homme pour qui vous l'aviez pris. Si vous
entendez crier un enfant, appelez sa nourrice et
commandez-lui de le faire taire ; si elle ne vous
écoute pas, laissez-la tranquille jusqu'à ce que l'enfant l'ait éveillée par ses cris. Enfin, sur toutes
choses, souvenez-vous qu'un bon garde de nuit ne
doit désobliger personne et que c'est désobliger
quelqu'un que de l'obliger à faire ce qu'il ne veut pas
faire. » Les agents que les trois puissances alliées
avaient envoyés dans l'Herzégovine et dans les lieux
circonvoisins semblent s'être inspirés des instructions
du bon Dogberry. Ils n'ont fait de peine à personne,
ils n'ont intimidé ni désobligé personne, ils n'ont
forcé âme vivante à faire ce qu'elle ne voulait pas
faire. L'enfant terrible a continué à remplir de ses

cris les gorges des Balkans et la vallée du Danube.
On a fait venir sa nourrice pour le calmer, elle lui a
parlé russe; bien qu'il écoute volontiers ce qu'on lui
dit dans cette langue, il n'a point entendu raison, et
les gardes de nuit sont partis en lui disant : A vos
souhaits ! Pendant ce temps, les puissances alliées
tançaient durement les lenteurs, l'inertie du gouvernement turc, elles lui reprochaient de manquer à ses
engagements, d'ajourner indéfiniment les réformes
promises. Ces reproches étaient-ils fondés ? Comme
le disait Pitt, « il n'y a pas de bonne volonté qui
tienne, on ne peut demander à un homme de prendre
le moment d'un ouragan pour réparer sa maison. »

Le public assis ou debout, qui ne va pas dans les
coulisses et qui juge du parterre les actes des gouvernements, avait cru tout d'abord que la pièce
qu'on représente devant lui depuis quelques mois
était une pièce en un acte, sans importance et sans
prétention. Point du tout ; à plusieurs reprises, il a
vu le rideau tomber et se relever bientôt après, et il
commence à se douter que tout ce qu'on lui a montré jusqu'aujourd'hui n'est qu'un prologue. « Et
pourtant, se dit-il, le sujet comportait-il de si grands
développements ? Tout ne serait-il pas fini depuis
longtemps, si d'habiles embrouilleurs n'avaient pris
plaisir à mêler les fils, à multiplier les incidents ? De
quoi s'agissait-il, après tout ? D'un procès où toutes
les parties sont presque d'accord. Était-il impossible
à un juge désintéressé de trouver les termes d'un
arrangement et de concilier des plaideurs qui, en
apparence du moins, ne disputent que sur des pointes
d'aiguilles ? » On ne voit pas en effet qu'entre les

G. VALBERT.   14

diverses puissances intéressées dans le règlement des affaires d'Orient il y ait des divergences d'opinions et des oppositions de vues absolument inconciliables. Il n'en est aucune qui ne désire améliorer sérieusement le sort des populations chrétiennes de la Turquie; elles s'accordent aussi à condamner pour le moment toute solution violente; elles admettent, les unes par goût, les autres avec un soupir de résignation, que « les meilleurs remèdes sont ceux qui fourniraient une solution pratique des questions en jeu sans altérer le *statu quo* politique et territorial de l'empire ottoman. »

Les ambitions moscovites ne sont pas impatientes, elles savent compter avec le temps et avec le dieu russe, qui ne se presse pas, parce qu'il croit à son avenir. Il y a sans doute à Saint-Pétersbourg des impatients; mais personne ne doute de la modération, de la sagesse, des sentiments pacifiques de l'empereur Alexandre. La politique agitée et fiévreuse du général Ignatief n'a point encore prévalu dans les conseils impériaux sur la politique mesurée et prudente du prince Gortchakof. Le chancelier de l'empire russe n'aime pas les aventures et il n'est point pressé d'aller à Constantinople; peut-être son ambition se borne-t-elle à donner un second coup de canif dans le traité de Paris. Et que sait-on si, dans le secret de son cœur, il ne soupire pas en ce moment après les ombrages d'Ouchy, s'il ne maudit pas les complications de la politique européenne, qui lui refusent tout loisir et le retiennent captif de ses soucis loin des bords enchantés du Léman? Qu'on se reporte à la dépêche qu'il adressa d'Ems au comte Schouvalof, ambassadeur de Russie à Londres. « Nous ne croyons pas, lui écrivait-il, à la durée indéfinie de l'état de choses anormal que nous voyons dans l'empire ottoman ; mais dans le présent rien n'est préparé pour remplacer cet empire, et s'il venait à s'écrouler tout à coup, il y aurait danger d'une catastrophe à la fois en Orient et en Europe. Il est donc désirable de maintenir le *statu quo* politique en améliorant le sort des populations chrétiennes, ce qui nous a paru et nous paraît encore une condition indispensable de l'existence de l'empire ottoman. Nous pensons que ce résultat peut être atteint au moyen d'une entente générale des grandes puissances... A présent comme il y a huit mois, nous ne voyons pas de raison pour désirer une crise décisive en Orient, parce que la matière n'est pas assez mûre pour une solution. » Ce langage est clair, catégorique et satisfaisant, il n'a pu déplaire ni à Vienne, ni à Londres. Que dit-on en effet à Londres et à Vienne ? A peu près les mêmes choses, dans un style un peu différent.

Sans doute, dans la capitale de l'Autriche, on éprouve à l'égard de la Turquie de tout autres sentiments qu'à Saint-Pétersbourg, et la haine du croissant n'y est point une passion nationale. Ce fut longtemps un principe de la politique autrichienne que l'avenir de la monarchie des Habsbourg et celui de l'empire ottoman étaient en quelque mesure solidaires l'un de l'autre. Les constitutionnels allemands de la Cisleithanie, aussi bien que les Magyars, observent d'un œil perplexe toutes les agitations, toutes les crises qui peuvent se produire dans la péninsule des Balkans. Ils estiment qu'ils n'ont rien à gagner au démembrement de la Turquie. Ils répugnent à s'annexer des populations slaves, qui seraient pour eux un sérieux embarras ; ils ne désirent pas non plus que d'autres se les annexent, et ils jugent que la formation d'un grand royaume serbe mettrait en danger l'équilibre instable de l'empire austro-hongrois. La politique magyare est comme le chien du jardinier, elle ne veut pas manger et elle ne veut pas non plus que les autres mangent. Cette politique, dont on se moque à Berlin, n'est point celle du comte Andrassy, si tant est que le comte Andrassy ait une politique. Les principes de cet homme d'État, à supposer qu'il ait des principes qui soient à lui, ont été exposés récemment dans une brochure qui a fait quelque bruit et dont l'auteur anonyme lui veut beaucoup de bien [1]. « L'administration des pachas turcs, lisons-nous dans cette brochure, et le pouvoir temporel des papes étaient destinés à périr avant que le XIXᵉ siècle, siècle des lumières et de la civilisation, penchât vers son déclin. Ce double événement a été annoncé par tous les hommes d'État clairvoyants. Le pouvoir des papes s'est écroulé plus promptement qu'on ne s'y attendait. Ce n'est pas à l'armée italienne ni à une intervention diplomatique qu'il faut attribuer sa triste fin ; il a succombé à une sorte de décomposition intérieure dont l'effet a été hâté par le concile du Vatican. Le même sort est réservé à la papauté mahométane, à cela près que l'écroulement de cet autre colosse vermoulu sera moins rapide et

---

1. *Fünf Jahre Andrassy'scher Staatskunst und die Orient-Politik Oesterreich-Ungarns.* Munich, 1876.

coûtera plus de larmes et de sang au genre humain. »
Le publiciste anonyme nous affirme que le comte
Andrassy ne croit plus à la Turquie, mais que la
politique de l'Autriche à l'égard de « l'homme malade
de Constantinople » sera la même qu'à l'égard de
« l'homme malade du Vatican », que si elle a renoncé
à conjurer l'inévitable crise, elle ne fera rien pour la
précipiter, et qu'elle restera dans l'expectative, tout
en prenant pour devise le mot de la *Genèse :* « Ne
regrette rien et ne regarde point derrière toi, de
peur que tu ne périsses. »

Il est à présumer que lord Derby croit un peu plus
à la Turquie que le comte Andrassy et le prince
Gortchakof, bien qu'il ait refusé de s'en expliquer
nettement, quand il a été interrogé à ce sujet par
M. John Bright. Toutefois nous ne sommes plus au
temps où l'Angleterre déclarait par la bouche de son
premier ministre qu'elle refusait de discuter avec
quiconque n'admettait pas comme un principe l'intégrité de l'empire osmanli. L'Angleterre ne s'asso-
ciera jamais à une croisade contre l'islamisme ; elle
ne peut oublier qu'elle a aux Indes 40 millions de
sujets mahométans. Elle n'est pas disposée non plus
à s'abstenir quand les autres agissent ; elle a rompu
avec ce système « d'indifférence absolue et d'apathie
internationale » si cher à M. Gladstone et qui a
produit ce que nous savons. Si quelque puissance
étrangère menaçait les Turcs, peut-être les défen-
drait-elle ; mais la bienveillance qu'elle a pour eux
ne va pas jusqu'à les protéger contre les méc:onten-
tements de leurs sujets, ni contre les révoltes de
leurs vassaux, ni contre les conséquences fatales de

leurs fautes. « L'empire turc, disait lord Derby, est-il dans un état de décadence qui tienne à des causes intérieures? C'est une question sur laquelle je ne veux pas exprimer d'opinion. Ce qui est certain, c'est que nous avons pris sur nous il y a vingt ans de protéger la Turquie contre des ennemis du dehors, mais que nous ne nous sommes jamais engagés à la garantir contre le suicide ou contre la mort naturelle. » Si tout le monde consent à laisser les choses suivre leur cours naturel, si la Russie s'engage à ne pas assassiner « l'homme malade » et si l'Angleterre ne s'oppose point à ce qu'il meure de sa belle mort, n'est-on pas bien près de s'entendre? Le malheur est que tout à coup la Serbie a tiré l'épée du fourreau; on se bat sur les bords de la Drina et du Timok et l'Angleterre sait que les Serbes ne se battraient pas, si le prince Gortchakof ou le général Ignatief ne leur en avait donné la permission.

Ce qui a tout gâté, ce n'est pas la contrariété des opinions, ce sont les mauvais procédés et les vifs ressentiments, les justes susceptibilités qu'ils ont éveillées. On a été maladroit, et c'est une question de savoir si on l'a été naïvement ou par calcul et de propos délibéré. Le 13 mai, M. de Bismarck mandait auprès de lui les trois ambassadeurs de France, d'Angleterre et d'Italie à Berlin. Il leur donnait communication du mémorandum rédigé par les trois puissances alliées; il les engageait à en faire un résumé aussi correct que possible, à l'expédier par le télégraphe à Rome, à Paris et à Londres, et il leur témoignait l'espoir que leurs gouvernements emploieraient aussi le télégraphe pour envoyer leur adhésion.

Le prince Gortchakof et le comte Andrassy devaient rester à Berlin jusqu'au 15; on désirait que tout fût réglé avant leur départ.

Le chancelier de l'empire allemand est un psychologue consommé, et on croira difficilement qu'il n'ait pas deviné ce qui allait arriver. Il savait de science certaine que M. le duc Decazes ne demanderait pour envoyer son adhésion que le temps qui est strictement nécessaire pour plonger une plume dans un encrier, et il y a toujours de l'encre dans l'écritoire de M. le duc Decazes; mais il ne pouvait échapper à la perspicacité de M. de Bismarck que l'Angleterre ressentirait vivement l'affront qu'on prétendait lui infliger. Régler sans elle les affaires d'Orient, où sont engagés ses intérêts les plus considérables, et lui mander un petit mot pour lui dire : Voici à peu près ce que nous avons décidé, nous comptons sur votre approbation, vous avez trente-six heures pour nous la signifier, — le procédé était leste, cavalier et même arrogant. Quelle défaite, quel éclatant désastre avait donc essuyé la Grande-Bretagne sur terre et sur mer, pour qu'on la traitât avec un tel sans-gêne, pour qu'on exigeât d'elle une rapidité électrique dans l'obéissance, pour qu'on la condamnât à la peine du télégramme forcé? Il est possible que M. Gladstone, s'il eût été au pouvoir, se fût exécuté galamment et qu'il eût couru au télégraphe; mais M. Gladstone n'est plus au pouvoir, et les hommes qui l'ont remplacé ne font pas bon marché de l'honneur et de la dignité de leur pays. Lord Derby avait assurément plus d'une difficulté, plus d'une objection fondée à soulever contre le mémorandum; « ce bloc enfariné »

ne lui revenait point. Toutefois ses objections n'é-
taient pas de nature à empêcher tout arrangement,
une transaction était possible; mais lord Derby,
aussi bien que M. Disraeli, a jugé qu'on traitait l'Angleterre comme un autre Montenegro, et il écrivait
le 19 mai à l'ambassadeur britannique à Berlin :
« Le gouvernement de Sa Majesté est dans l'impossibilité de donner son assentiment aux propositions
que les trois gouvernements désirent présenter à la
Porte... Aucune de ces propositions n'avait été préa-
lablement discutée avec le gouvernement de Sa
Majesté, et l'inconvénient s'est par conséquent présenté de nouveau, comme cela a été le cas pour la
note du comte Andrassy, qu'une série d'articles fût
soumise à l'acceptation de la Grande-Bretagne sans
qu'on eût fourni l'occasion d'un examen préliminaire
de leurs détails à son gouvernement. » Lord Derby
ajoutait « qu'il attachait peu d'importance aux formes
dans des affaires de ce genre, mais qu'il ne pouvait
accepter, par amour pour la simple apparence d'un
concert, un projet pour la préparation duquel il
n'avait pas été consulté. » Grâce à la résistance du
cabinet tory, le mémorandum est tombé dans l'eau,
et il est permis de croire qu'on ne s'est pas trop
étonné à Berlin de ce grave incident. La psychologie
est une science qui préserve de toutes les surprises.

Le refus péremptoire de l'Angleterre et la fanfare
un peu bruyante sonnée par M. Disraeli, qui a toujours eu du goût pour le clairon, ne pouvaient manquer de causer à Saint-Pétersbourg et à Moscou la
plus pénible impression et une cuisante blessure

d'amour-propre; la presse russe perdit toute mesure, elle cria *tolle* sur la perfidie et l'astuce britanniques. Soit qu'il obéisse au penchant naturel de son esprit ou aux nécessités de sa situation, le prince Gortchakof s'est toujours soucié d'être populaire, et sa froide raison compte avec les entraînements nationaux, avec les passions qui embrasent l'air autour de lui; il a pour principe de faire la part du feu. Aussi bien Constantinople devenait le théâtre d'événements aussi graves qu'imprévus, et les Russes soupçonnaient la Grande-Bretagne d'y avoir eu la main. Un complot de soldats et d'étudiants détrônait le malheureux Abdul-Azis. C'en était fait de cet instrument docile du général Ignatief, qui savait exploiter ses faiblesses et ses terreurs et qui disposait de sa volonté déchue, *sicut cadavere aut baculo.* La jeune Turquie arrivait aux affaires, et, fidèle à son programme, elle déclarait bien haut que le remède à la situation ne devait pas être cherché dans des priviléges exclusifs octroyés aux populations chrétiennes et garantis par les puissances étrangères, mais que chrétiens et musulmans avaient les mêmes griefs contre le régime oppressif qui les avait si longtemps foulés et déshonorés, que des réformes politiques assureraient la commune satisfaction de tous les intérêts, et qu'on verrait toutes les races, toutes les religions, se réconcilier au sein d'une Turquie constitutionnelle, et, s'il était possible, parlementaire. Les Russes ne peuvent prendre au sérieux ce programme; une Turquie constitutionnelle, un 89 en tarbouch, leur paraît une chimère, une absurdité, une fantasmagorie ridicule. Cependant on voit des gens qui se moquent des fantômes et qui ne laissent pas d'en avoir peur. La révolution turque portait un coup redoutable aux rêves de l'ambition moscovite. Si, par un miracle, la charte de Midhat-Pacha réussissait à faire le bonheur des chrétiens aussi bien que des musulmans, les Bulgares et les Bosniaques ne tourneraient plus les yeux vers Saint-Pétersbourg pour y chercher un secours nécessaire, et le protectorat russe serait réduit à néant. Au surplus, fût-il prouvé que 89 ne prendra jamais le turban et que Midhat-Pacha est un rêveur, n'y a-t-il pas du danger pour la Russie à ce que les fils d'Osman caressent certaines chimères? Peut-elle admettre qu'ils s'accoutument à prononcer dans leurs conversations journalières certains mots qu'elle n'entend pas sans tressaillir?

On assure que, lorsque naquit l'aîné de ses petits-fils, mort depuis, l'empereur Nicolas s'approcha du berceau de l'enfant et lui dit : « Pauvre enfant, je te plains; tu grandiras, tu règneras, on te demandera une constitution, et tu ne pourras la refuser. » Ne serait-il pas possible que les insondables destinées abrégeassent les heures et le délai de grâce que s'accordaient les Romanof? Si on parle de réformes politiques et de régime représentatif sur les rives du Bosphore, n'en parlera-t-on pas bientôt sur les bords de la Néva? Une assemblée nationnale pourrait-elle se réunir à Stamboul sans que peu après une autre assemblée se réunît à Saint-Pétersbourg? Une Russie autocratique peut-elle subsister longtemps à côté d'une Turquie qui aspire à devenir constitutionnelle? « Tout échec qu'éprouvera notre gouvernement dans les affaires d'Orient, disait un sagace politique russe, le mettra dans la nécessité de nous octroyer une constitution prématurée. » — Le prince Gortchakof a jugé apparemment qu'il y avait péril dans la demeure, il a renoncé à aller chercher le repos sous les ombrages d'Ouchy, il a lâché la bride au général Ignatief, il lui a permis de brouiller les cartes; le prince Milan et le prince Nikita ont été autorisés à entrer en campagne, et voilà pourquoi on se bat sur les bords de la Drina et du Timok.

Ce sont les mauvais procédés, disions-nous, qui ont tout gâté ; on n'a pas de peine à s'en convaincre en étudiant les pièces récemment publiées par le gouvernement anglais, et la presse britannique a raison d'affirmer que « l'insuccès du mémorandum est dû surtout aux prétentions excessives de cette alliance impériale qui a été contractée à Berlin en 1872 ». Si on avait l'intention sérieuse de pacifier l'Orient , il fallait s'assurer le concours de toute l'Europe, et c'était mal s'y prendre que d'humilier l'Occident par des hauteurs et de le traiter en vaincu ou en suspect. « Dans les communications officieuses et dans les conversations entre ambassadeurs, disait naguère le *Times* , il semble qu'on ait toujours témoigné quelque déférence à l'Angleterre, à la France et à l'Italie; mais dans tous les actes publics on a manifesté une tendance dominatrice et un oubli, pour ne rien dire de plus, de la dignité des autres puissances, qui ont été certainement une faute diplomatique. »

Il est très-difficile de persuader au monde que le chancelier de l'empire allemand soit capable de commettre une faute, et, son silence aidant, les esprits soupçonneux, enclins à croire le mal, se sont persuadé qu'il avait agi dans toute cette affaire avec pleine connaissance de cause, que ses maladresses avaient été volontaires et préméditées, qu'il en avait prévu les conséquences. Des bruits étranges ont couru à ce sujet ; s'il en faut croire une légende qui s'est accréditée jusque dans le monde diplomatique, le jour où est parvenue à Berlin la nouvelle de la révolution de Constantinople, on y a tenu des langages fort contradictoires; on disait à l'ambassadeur de Russie : « Voilà un événement heureux pour vous, car vous ne reconnaîtrez Mourad V que s'il accepte le mémorandum; » et à l'ambassadeur d'Angleterre : « Les softas vous ont servi à souhait, voilà le mémorandum à vau l'eau. » Tant que le chancelier de l'empire allemand s'enveloppera dans son nuage, tant qu'il n'aura pas prononcé les paroles décisives et rassurantes que nous espérons de lui, les mauvais bruits courront et les pessimistes auront beau jeu. « Après tout, disent-ils, n'est-ce pas l'usage à Berlin de ne penser qu'à son profit et de conduire ses affaires le mieux qu'on peut? *The world to the wise.* »

Au printemps de l'année dernière, la politique allemande nourrissait un grand projet, elle méditait une grande entreprise; elle a été arrêtée brusquement par l'opposition de la Russie et de l'Angleterre, unies dans une même pensée et dans une égale sollicitude pour la paix générale. Avertie par cette expérience, elle a jugé qu'elle ne pouvait recouvrer la liberté de ses mouvements et de ses résolutions qu'en rompant à jamais l'entente des cabinets de Londres et de Saint-Pétersbourg, et elle a laissé la question d'Orient se rouvrir par une insurrection dans l'Herzégovine. Son attitude et sa tactique offrent quelque analogie avec la conduite qu'observa en 1866 l'empereur Napoléon III. Tout en proclamant son désir de maintenir la paix, il a fait tout ce qui était en lui pour amener à point le conflit entre la Prusse et l'Autriche, se flattant d'y trouver son agrandissement; son mauvais sort a voulu qu'il fût entravé dans sa manœuvre par ses sympathies italiennes et par le Mexique, ce pesant boulet qu'il traînait à son pied. Quand le moment d'agir est venu, il a dû se croiser les bras, il est demeuré neutre, il a manqué l'occasion. La politique allemande n'a point de sympathies qui la gênent, elle ne traîne à son pied aucun boulet, elle n'a aucun Mexique, elle dispose d'un outil excellent et formidable, qu'elle a eu soin de remettre à neuf en le perfectionnant. Elle a très-habilement préparé le terrain, où elle peut aujourd'hui manœuvrer à son aise. Elle calcule ses chances et ce qu'elle peut gagner à faire cause commune avec la Russie ou à se coaliser avec l'Angleterre et l'Autriche contre son vieil allié. Lorsque la situation sera mûre, elle prendra brusquement son parti, elle prononcera son arbitrage, et elle se mettra du côté du plus offrant. — Les pessimistes ont aujourd'hui l'oreille du public. L'Europe est sujette à des attaques de nerfs, et quand ses accès la prennent, elle sent peser sur elle à travers l'espace les ailes étendues d'un oiseau de proie qui, l'œil ouvert, la plume au vent, plane dans la nue et guette l'occasion.

Nous voulons croire que ces appréhensions sont vaines et que l'événement les démentira. La situation est bien compromise; cependant les soldats turcs l'ont améliorée en quelque mesure. Quelque intérêt qu'on puisse avoir pour les Serbes, on ne peut se dissimuler que, s'ils avaient été victorieux, un soulèvement eût éclaté de toutes parts en Turquie et que les conséquences en auraient été désastreuses. Le moyen d'échapper alors au danger d'une occupation commune par la Russie et par l'Autriche? On a vu dans les provinces de l'Elbe à quoi mènent les occupations communes. Elles aboutissent à un *condominium*, à une convention de Gastein, et même, en faisant des détours, il ne faut pas beaucoup de temps pour aller de Gastein à Sadowa. Les espérances des Serbes ont été déçues, la Turquie a montré une solidité dans la résistance à laquelle on ne s'attendait pas, et les soulèvements qu'on prévoyait ne se sont pas encore produits. On recommence à parler de négociations internationales, de médiation; on annonce qu'une conférence pourrait bien se réunir à Berlin et que toutes les puissances signataires du traité de Paris y seraient convoquées. Nous aimons à penser que, si cette conférence se réunit jamais, le grand arbitre qui la présidera emploiera sa prodigieuse habileté à désarmer les amours-propres, à concilier les intérêts, et qu'il mettra sa gloire à dissiper toutes les inquiétudes. Nous souhaitons que l'Europe, sur la foi de cette décisive épreuve, puisse dire avec conviction : L'empire allemand, c'est la paix.

II

Novembre 1876.

S'il en faut croire les télégrammes de Berlin, M. de Bismarck n'a point dissimulé au marquis de Salisbury qu'il n'attendait rien de bon de la conférence qui va s'ouvrir à Constantinople, et sans contredit elle s'ouvrira sous des auspices peu rassurants. On fabrique des cartouches en Angleterre, la Russie mobilise six corps d'armée, et aux protestations pacifiques se mêlent des paroles de menace et de défi. A quoi bon conférer, si l'on est résolu à se battre? Ne se réunirait-on à Constantinople que pour se donner le plaisir d'amuser un tapis vert? — Un homme d'État disait l'autre jour que la guerre lui semblait inévitable, et il ajoutait que cette guerre serait la plus grande folie du XIXe siècle. — Cependant les gens doués de cette opiniâtreté dans l'espérance, qui est le plus beau don que le ciel puisse accorder à un homme, persistent à croire qu'un arrangement est encore possible. Les gouvernements désirent eux-mêmes qu'on n'interprète pas dans un sens trop sinistre leurs apprêts de guerre, et le *Journal de Saint-Pétersbourg* a déclaré que « les armements de l'empire, loin d'être une menace pour la paix, étaient au contraire un sacrifice bien lourd que la Russie s'impose en vue d'assurer au monde, autant que cela dépend d'elle, les bienfaits de la paix. »

Malheureusement ces préparatifs militaires, qui sont un lourd sacrifice destiné à assurer au monde les bienfaits de la paix, sont bien propres à enflammer les passions dans un moment où il importerait de les calmer. « Tous les Russes, disait l'empereur Nicolas à lord Seymour, désirent une croisade chrétienne pour délivrer la mosquée de Sainte-Sophie. » A la vérité, il y a en Russie, même à Moscou, beaucoup d'hommes raisonnables qui redoutent pour l'avenir de leur pays les conséquences d'une guerre, fût-elle aussi heureuse, aussi glorieuse que possible; mais ces hommes raisonnables ne jouissent pas aujourd'hui de la faveur publique. La Russie est une nation encore jeune, et les peuples jeunes aiment les nouveautés, les hasards, les émotions des grandes entreprises, les spectacles et les changements. Ils ressemblent à ces gens pour qui le vin de Champagne a moins de charme qu'une eau-de-vie commune, et qui pourtant ne laissent pas de donner la préférence au champagne, parce qu'il leur plaît de faire sauter un bouchon au plancher et qu'à leur avis la première des boissons est celle qui fait du bruit. Sans parler de l'enthousiasme sincère que peut leur inspirer « une cause sainte », les peuples jeunes cherchent les plaisirs bruyants, et il n'en est aucun qui fasse autant de bruit que la guerre.

Ajoutons que la Russie a entrepris depuis vingt ans un grand ouvrage, elle travaille à se réformer; l'empereur Alexandre II a opéré dans ses vastes États une révolution pacifique et bienfaisante, et les révolutions si pacifiques, si bienfaisantes qu'elles soient, ne peuvent s'accomplir sans provoquer dans un pays une sorte de fermentation ou de fièvre latente. Elles exaltent les imaginations, elles développent chez les hommes la faculté de désirer et d'espérer, elles les rendent plus sensibles aux maux dont ils souffrent. Dans tout pays en travail de révolution, vous trouvez des exagérés qui demandent plus qu'on ne peut leur donner, des déclassés qui s'en remettent au hasard du soin de leur refaire une situation, des mécontents, battus de l'oiseau, que tourmentent également le dégoût de leur passé et l'inquiétude de l'avenir. La guerre a pour eux cela de bon qu'elle remet tout en question, qu'elle suspend le règne des lois, qu'elle établit un état de choses dans lequel tout est permis et qui offre des occasions de prendre. Parmi les panslavistes qui prêchent la guerre sainte, il y a des enthousiastes sincères, des fanatiques, des démagogues, des aventuriers, de nobles cœurs, des esprits généreux, des cerveaux brûlés et beaucoup de mains prenantes.

On ne peut nier que, dans ces derniers temps, le gouvernement russe n'ait fait quelques concessions aux passions panslavistes. Pour leur complaire, il a pratiqué en plus d'une rencontre ce qu'on pourrait appeler la politique spectaculeuse. Les missions spéciales, l'envoi bruyamment annoncé du général Soumarokof à Vienne, étaient une faute au point de vue

G. VALBERT.   15

d'une sage diplomatie; mais cette faute a procuré quelque contentement aux têtes chaudes de Moscou. On a refusé l'armistice de cinq mois offert par la Turquie, et ce refus n'avait pas d'autre avantage que de flatter la fierté nationale. On a signifié un ultimatum à la Porte, après que la Porte avait tout concédé. Le prince Gortchakof a fait à sa popularité quelques sacrifices douloureux et regrettables. Il lui a sacrifié plus d'un article du droit des gens, ce qui, à vrai dire, n'est pas une affaire quand il s'agit du Turc; il lui a sacrifié aussi avec plus de regret les élégances de son style diplomatique, dont la précision lumineuse, les finesses et les fières ironies faisaient l'admiration de l'Europe. Sa dernière dépêche-circulaire n'est pas tout à fait digne de sa plume, qui pour la première fois a ramené du fond de l'écritoire un peu de bourbe démagogique et quelques hyperboles d'un goût douteux.

Cependant, quelques complaisances qu'ait eues le gouvernement russe pour les passions effervescentes qui bouillonnent autour de lui, personne ne doute qu'il ne soit encore maître de ses décisions et que le dernier mot ne demeure à la politique. Ce qui est fâcheux, c'est que sa politique vient d'opérer résolûment une évolution qui laisse peu d'espérances aux amis de la paix. La Russie s'était proposé dans le principe d'accomplir ses desseins sur l'Orient par l'entente et l'alliance étroite avec les cabinets de Berlin et de Vienne; elle comptait sur les résignations et sur les défaillances de l'Angleterre. L'Angleterre a trompé cet espoir en rejetant le mémorandum, et elle a donné clairement à entendre qu'elle existait encore et qu'elle n'était pas disposée à faire bon marché de ses intérêts. La politique russe n'a point perdu courage, elle s'est flattée de gagner le cabinet de Londres à ses projets. Elle a rêvé de devenir, avec le consentement de l'Angleterre, avec l'adhésion de la France et les applaudissements de l'Italie, la mandataire en titre de l'Europe, et de se présenter à la Turquie comme l'exécutrice des volontés de six puissances. Pendant quelque temps, elle a pu croire que ce rêve n'était point chimérique. L'Europe tout entière semblait se dire : Aidons la Russie, suivons-la, pour l'empêcher d'aller trop loin, — et il n'était aucun cabinet qui ne se mît en peine de ménager la fierté russe aux dépens des Turcs, ce qui faisait dire à un spirituel publiciste que l'Europe avait inventé depuis peu une médecine toute nouvelle, que toutes les fois que la Turquie recevait un mauvais coup, c'était à la Russie qu'on s'empressait d'appliquer un pansement.

Tout allait bien et l'entente se serait faite, si l'insurrection serbe, ouvertement patronnée par la Russie, ne s'était pas terminée par une catastrophe. Il s'est trouvé que le Turc était encore un excellent soldat, aussi solide et discipliné que brave ; il s'est trouvé que ses généraux, malgré leur mollesse, l'ont bien conduit, qu'Alexinatz et Deligrad ont été pris, et que plus de 2,000 Russes ont trouvé la mort autour des retranchements de Djunis. La Russie venait d'éprouver un échec grave, qu'a douloureusement ressenti l'amour-propre national, et le cabinet de Saint-Pétersbourg a dû changer d'attitude et de langage. Il a déclaré que, « bien qu'il fût désireux de ne pas se séparer du concert européen, l'état de choses actuel était intolérable, et que si l'Europe n'agissait pas avec une énergique fermeté, il serait obligé d'agir seul. » Philippe voudrait obtenir un mandat et des pouvoirs réguliers du conseil amphictyonique ; mais si les amphictyons ne se mettent pas d'accord avec lui, Philippe fera de son chef et en son propre nom la guerre sacrée.

Au commencement du mois dernier, l'empereur Alexandre donnait à lord Loftus l'assurance la plus solennelle qu'il ne désirait pas faire de conquête, et qu'il n'avait pas la moindre intention ni même le moindre désir de s'emparer de Constantinople. Qui peut douter de la sincérité de cette protestation ? Qui se permettrait de soupçonner la loyauté de celui qui l'a faite ? En 1853, l'empereur Nicolas était sincère, lorsqu'il disait à lord Seymour : « Je suis prêt à promettre que je ne prendrai jamais Constantinople. » Personne n'accuse sérieusement la Russie de vouloir aujourd'hui s'emparer de Constantinople ; mais l'empereur Nicolas disait à lord Seymour qu'il importait de mettre à la place de la Turquie *quelque chose de mieux*, et ce qu'il entendait par quelque chose de mieux, c'était de créer sur les bords du Danube des États slaves indépendants. Or il est presque impossible à cette heure de croire à l'indépendance des États slaves indépendants qu'on pourrait créer sur les bords du Danube. De récentes expériences nous ont éclairés à cet égard. Qui est maître aujourd'hui à Bucharest ? qui fait la loi à Belgrade ? Lord Palmerston affirmait, dès 1853, qu'il n'y avait que deux solutions possibles de la question d'Orient, qu'il s'agissait de savoir si la péninsule du Balkan appartiendrait aux Turcs ou aux Russes. Ce qui se passe en Serbie prouve que, dans les provinces où la domination du sultan est réduite à une simple suzeraineté, le vrai suzerain est le tsar, et que l'empire russe s'étend dès ce jour jusqu'aux frontières de la Bulgarie.

Depuis que lord Beaconsfield a parlé, depuis que le prince Gortchakof lui a répondu, les situations se sont dessinées, et l'antagonisme des opinions et des intérêts s'est nettement accusé. De part et d'autre, on veut le maintien de la paix et des réformes radicales dans l'administration turque ; mais lord Beaconsfield estime que le seul moyen de maintenir la paix est l'observation des traités signés par les grandes puissances européennes. A cela le prince Gortchakof répond que l'indépendance, comme l'intégrité de l'empire ottoman, doit être subordonnée aux garanties jugées nécessaires pour le bonheur des sujets slaves de la Turquie. Ce qui est le principal pour l'Angleterre n'est que l'accessoire pour la Russie, et *vice-versa*, et malheureusement les garanties que réclame le cabinet russe en faveur des populations slaves ne sont pas faciles à concilier avec l'intégrité de l'empire ottoman. Voilà le nœud de la question.

Si nous en jugeons par les propositions que le plénipotentiaire russe présentera à la conférence de Constantinople, ce n'est pas chose aisée que de rendre heureux un Bosniaque, un Herzégovinien ou un Bulgare. Le programme de leur bonheur est très-compliqué : il se compose de onze points, ni plus ni moins ; nous nous trompons, il faut en ajouter un douzième, qui est l'occupation de la Bulgarie par les troupes russes. Pour qu'un Bosniaque, pour qu'un Bulgare puisse se dire content et heureux, la première condition, paraît-il, est que tous les musulmans soient désarmés, et ce désarmement n'est pas une petite affaire dans un pays où le port des armes est un usage séculaire, une habitude consacrée par les mœurs, dans un pays où personne ne se promène sans avoir à sa ceinture des pistolets et un kandjar ; cela fait partie du costume, comme ailleurs les bottes et le chapeau. Demander à un musulman son kandjar, c'est le prier de son déshonneur. La Russie exige aussi que les troupes turques se retirent dans les forteresses et qu'elles soient remplacées, dans les villes et dans les campagnes, par une milice et une police locales. Ce serait sans doute une précieuse et rassurante institution qu'une gendarmerie orthodoxe ; Dieu veuille pourtant que les Bulgares ne soient jamais tentés de recourir aux nizams, pour qu'ils les protégent contre leurs gendarmes. Il faut encore que les Circassiens soient expulsés, que l'administration et les cours de justice renoncent à parler turc, que tout fonctionnaire ottoman soit exclu des trois provinces et qu'elles soient dotées de gouverneurs chrétiens indigènes, nommés par la Porte avec l'assentiment des puissances. Il faut enfin qu'une commission consulaire exerce un contrôle direct sur l'exécution des mesures proposées. Les onze points sont tout simplement les onze articles d'un décret d'expropriation au préjudice de la Turquie, sans qu'il soit question de lui allouer une indemnité. Elle conserve la propriété nominale des trois provinces, mais on la met à la porte de sa maison avec défense d'y rentrer jamais, fût-ce pour contraindre ses locataires à lui payer leur loyer. En un mot, on somme la Turquie victorieuse des Serbes de consentir aux clauses humiliantes d'un traité qu'un vainqueur imposerait à un vaincu et d'accepter toutes les conséquences d'une défaite qu'elle n'a pas essuyée. On dit aux Turcs : Représentez-vous que vous avez été dix fois battus, et payez de bonne grâce votre rançon. En vérité, c'est demander un trop grand effort aux imaginations ottomanes. Nous sommes persuadés que l'Angleterre est fort peu désireuse d'en venir aux extrémités et que son plénipotentiaire à la conférence, le marquis de Salisbury, a emporté de Londres les instructions les plus conciliantes ; mais, quand il le voudrait, pourrait-il obtenir l'acquiescement de la Turquie aux onze points dont on parle et au douzième dont on parle moins ? La Turquie aimera mieux courir les chances de la guerre. Il arrive parfois que tourmenté, harcelé par les *banderilleros* qui le percent de leurs dards aigus et de leurs flèches barbelées, confus de son humiliation, indigné de perdre son sang goutte à goutte, le taureau court sus au *matador* et sollicite l'honneur de périr par l'épée.

La Russie ne fera-t-elle aucune concession? est-elle résolue à pousser sa pointe jusqu'au bout ? a-t-elle déjà prononcé son *Alea jacta est?* Il faut avouer qu'elle trouve dans la situation présente de l'Europe des raisons de s'enhardir et de tout oser; tout semble favorable à la liberté de ses mouvements et de ses

entreprises. Combien les circonstances sont diffé-
rentes de celles qui rendirent possible la guerre de
Crimée et la résistance de l'Occident aux ambitions
de l'empereur Nicolas! La Turquie, ruinée par les
dilapidations d'un fou, est à bout de ressources, et
elle encourt cette défaveur qui s'attache aux débiteurs insolvables. La France est une convalescente
que ses médecins tiennent au régime ; elle recouvre
de jour en jour ses forces, mais on la condamne encore à garder la chambre. Au surplus la France n'a
point de parti-pris dans la question d'Orient et elle
ne demande qu'à être agréable à la Russie : elle dé-
sapprouve les solutions violentes, parce qu'elle en
redoute les conséquences ; elle a de la sympathie
pour les Bosniaques, elle en a plus encore pour la
paix et les pacifiques. L'Angleterre ne peut faire la
police sur le continent qu'avec l'assistance d'une
puissance continentale. L'Angleterre le sait, et la
politique résolue et entreprenante du cabinet tory a
été contrariée par un soudain revirement de l'opinion auquel tout a concouru, la peur, le calcul et la
philanthropie. Peu s'en est fallu que le cabinet
n'ait sombré dans cette tempête. Il a réussi à la conjurer, mais il a dû carguer ses voiles, et bien que le
langage de lord Beaconsfield n'ait rien perdu de sa
fière désinvolture, sa politique est obligée de lou-
voyer, de multiplier les précautions. Les alertes
prêchent la prudence, et l'émotion qu'elles laissent
après elles se trahit toujours par quelque incertitude
dans les mouvements et dans les volontés. Lord
Beaconsfield se remet vite d'une alerte et il mé-
prise les dangers ; mais s'il voulait aller trop vite,

le comte Derby le retiendrait. Quand Achille s'emporte et met la main sur la garde de son épée, la déesse des prudents conseils, le saisissant par les cheveux, lui recommande de maîtriser sa bile et de méditer les avertissements du *Times*, qui répète tous les jours qu'un ministre assez chevaleresque pour se faire le don Quichotte de la Turquie deviendrait en vingt-quatre heures le plus impopulaire des Anglais. Le cabinet tory est fermement persuadé que l'intégrité de l'empire ottoman est nécessaire à l'intégrité de l'empire britannique, et l'opinion publique est disposée à lui donner raison ; mais elle ne le pousse pas, elle le suit, et elle lui interdit de brûler aucune étape.

La situation embarrassée et périlleuse de l'Autriche n'est pas moins propre à encourager la Russie que la situation délicate du cabinet tory. On a reproché plus d'une fois au comte Andrassy les indécisions ou les ambiguïtés de sa conduite ; on en parle à son aise. Pour faire à Vienne de la politique résolue, il faudrait un homme d'État qui eût non-seulement beaucoup de génie, mais cette hardiesse, cette confiance en soi-même, cette gaîté d'esprit que donnent l'habitude du bonheur et les longues complaisances de la fortune. Depuis longtemps l'Autriche n'a guère eu à se louer de la fortune ; toutes ses entreprises ont mal tourné ; elle n'a pas le vent en poupe, elle craint la haute mer et les tempêtes, elle ne fait plus que du cabotage. Aucun empire ne se trouve aux prises avec des intérêts aussi compliqués ; la monarchie austro-hongroise, qui compte parmi ses sujets près de 17 millions de Slaves, ne peut subsister que par de conti-

nuelles transactions, et les hommes d'État qui la gou-
nent ont affaire à des races, à des opinions et à des
partis intransigeants. M. de Beust disait autrefois :
« J'ai créé en Autriche le parti libéral allemand, et
aujourd'hui il me combat. Saturne était plus heureux
que moi : il mangeait ses enfants, et je suis mangé
par les miens. »

Les Magyars comme les constitutionnels cisleithans
sont des partisans résolus du *statu quo* et de la résistance à la Russie; ils en veulent au comte Andrassy
de ne pas avoir déclaré qu'en tout état de cause il
s'opposerait à toute modification territoriale de l'empire; ils savent que la constitution dualiste et les
libertés parlementaires implantées depuis peu à Pesth
et à Vienne sont à la merci d'une annexion. Le comte
Andrassy ne peut oublier qu'il y a dans l'empire
17 millions de Slaves, et que bon nombre de ces
Slaves occupent des places importantes, des postes
considérables dans l'armée et dans l'administration.
S'il combattait ouvertement leurs intérêts, pourrait-
il compter sur leur docilité? Ne s'exposerait-il pas à
de dangereuses tracasseries? Serait-il sûr que ses
ordres fussent obéis? Le comte Andrassy ne peut oublier non plus qu'il y a à Vienne un parti de l'action
et que ce parti, favorable à la Russie, a beaucoup
d'influence à la cour. Les chefs du parti de l'action
ont des raisons plausibles ou spécieuses à faire valoir
en faveur de leur politique. — L'Autriche, disent-ils, a
eu quelquefois à se plaindre de la malveillance et des
intrigues de son voisin de l'est, cependant ce n'est
point la Russie qui l'a dépouillée de ses possessions
italiennes et qui l'a exclue de la confédération germa-

nique. Dans les temps durs où nous vivons, il ne faut pas être trop difficile en fait d'amitiés, il faut faire violence à ses penchants et savoir contracter des alliances de raison. Une occasion s'offre à nous de faire quelque chose, de relever le prestige de nos armes, de prouver que nous ne sommes pas condamnés à être éternellement malheureux. Un peuple qui refuse de s'agrandir quand la fortune l'y invite est un peuple fini. La Russie nous offre de nous faire une part dans le démembrement de la Turquie; acceptons ses propositions, lions partie avec elle; sinon elle prendra tout ou créera sur nos frontières des états autonomes, qui seront ses vassaux. La perte de l'appétit est pour un homme un pronostic de maladie, et pour un peuple c'est un signe de déchéance; tâchons de devenir nous-mêmes annexionistes; dans ce temps de convoitises universelles, il faut prendre ou se laisser prendre. Si nous laissons la Bosnie et l'Herzégovine tomber en d'autres mains que les nôtres, tôt ou tard nous perdrons la Dalmatie. Nous avons pour voisin, à l'ouest, un jeune royaume dont les insatiables ambitions nous menacent et à qui toutes les alliances seraient bonnes pour avoir encore part à nos dépouilles; les étranges prétentions qu'il élève sur le Trentin et sur l'Istrie doivent nous servir d'avertissement. Aussi bien ce qui déplaît aux Magyars et aux constitutionnels est fait pour nous plaire. Ils veulent le *statu quo* en Turquie parce qu'ils veulent le *statu quo* des deux côtés de la Leitha. Ils ne s'y trompent point, la politique d'annexion porterait un coup fatal à la constitution dualiste et au régime parlementaire que nous détestons. La guerre éclatera bientôt à nos portes, imposons silence aux parlements et à la presse, aidons la Russie à démembrer l'empire ottoman et profitons de la circonstance pour réformer à notre aise le ménage de l'État. — Ainsi raisonne le parti de l'action, et on l'accuse de vouloir profiter de la politique étrangère pour faire une révolution à l'intérieur, on le soupçonne de rêver un 4 septembre impérialiste.

Le comte Andrassy ne veut point faire un 4 septembre impérialiste, mais il ménage le parti de l'action comme il ménage les Hongrois et les constitutionnels, car il est condamné à ménager tout le monde et à ne contenter personne. Représenter les intérêts communs dans un pays où les intérêts particuliers passionnent seuls les esprits, faire de la politique austro-hongroise sans indisposer les Slaves, sans se brouiller avec la Russie, sans trop s'engager avec elle, et de plus avoir toujours le regard dirigé sur Berlin pour tâcher de pénétrer le mystère de la politique allemande, c'est un dur métier, et celui qui le fait mérite qu'on l'admire et qu'on le plaigne. En 1867, un homme d'État prussien très-connu s'exprimait ainsi dans une lettre qu'il adressait à un ami et qui, croyons-nous, n'a pas été publiée : « M. de Beust, écrivait-il, ne trouve personne en Autriche qui veuille servir ses idées avec joie, avec empressement, personne parmi ses agents ou ses collègues qui puisse pressentir délicatement ses intentions, ses combinaisons politiques, personne qui sache être modeste et s'incliner devant le talent. Il est à la fois l'acteur et le souffleur, et je sais par ma propre expérience combien ce double rôle est difficile à jouer.

On m'écrit de Vienne qu'il n'a encore ni confident, ni favori, ni amitié dévouée, ni ennemis déclarés; un homme d'État a besoin de ces deux choses pour mener à bien ses entreprises. » La situation du comte Andrassy en 1876 est-elle fort différente de celle qui était faite à M. de Beust dès 1867?

Si l'état général de l'Europe semble conspirer en faveur des projets de la Russie et l'engager à beaucoup oser, n'y a-t-il pour elle aucun danger à suivre son entreprise? N'a-t-elle rien à craindre ni aucune raison d'être prudente et d'hésiter? Les vents sont favorables, le ciel est beau; on y aperçoit pourtant un nuage, un de ces nuages mystérieux, aux contours indécis, dont la forme change à tout instant; tel était aux yeux de Polonius celui qu'Hamlet lui montrait du doigt et qui ressemblait tour à tour à un chameau, à une belette, à une baleine, *backed like a weasel or like a whale.* La politique de M. de Bismarck inspire-t-elle aux hommes d'État de Saint-Pétersbourg une confiance entière, absolue? Le chancelier de l'empire germanique a bien des cordes à son arc. Il n'est pas seulement l'homme des actions hardies et des inspirations soudaines, il est aussi l'homme des longues et utiles patiences. Il ne lui est jamais arrivé de cueillir un fruit avant qu'il fût mûr. Voilà deux ans qu'il se recueille et qu'il se tait. Quel est ce fruit auquel il veut laisser le temps de mûrir?

M. de Bismarck affirmait l'autre jour au marquis de Salisbury que si le conflit venait à éclater, il garderait une complète neutralité. Il protestait en même temps de ses sympathies pour la Russie et dé-

clarait que « la vieille amitié des deux peuples, scellée
par des liens de famille, ne permettait pas au cabinet
de Berlin de se faire l'intermédiaire de conseils à
adresser au cabinet de Saint-Pétersbourg. » On n'a
jamais poussé plus loin la délicatesse dans l'amitié.
— J'aime trop mes amis pour leur donner des conseils ou leur adresser des remontrances qu'ils ne me
demandent pas, disait quelqu'un ; en retour, je compte
qu'ils m'aimeront assez pour ne pas se fâcher si je
profite de leurs fautes. — Voilà le code de l'amitié
réduit en deux points ; c'est moins compliqué que les
onze points nécessaires pour faire le bonheur d'un
Bulgare. Que M. de Bismarck aime beaucoup les
Russes, on peut en douter ; mais il est hors de doute
qu'il est bienveillant et sympathique pour leurs projets, qu'il a vu sans déplaisir se réveiller la question
d'Orient. Les journaux qui passent pour recevoir ses
inspirations ont toujours été très-durs pour la Turquie, et ils ont prodigué les encouragements à la
politique du prince Gortchakof, tout en faisant parfois
des réserves presque menaçantes à l'endroit du panslavisme.

Il ne tenait qu'à M. de Bismarck de tout empêcher
comme il le fit au lendemain de Sadowa, dans l'hiver
de 1866 à 1867, lorsqu'il refusa obstinément d'associer
son action à celle du cabinet russe pour provoquer
des soulèvements en Turquie et amener l'Autriche et
la France à reviser le traité de Paris. La Russie dut
renoncer à son projet, qui en 1875 a obtenu un meilleur accueil sur les bords de la Sprée. Depuis deux
ans, la presse officieuse de Berlin n'a cessé d'arborer
le disque blanc pour annoncer que les ambitions

russes trouveraient la voie libre, qu'on pouvait aller de Saint-Pétersbourg à Constantinople en train direct sans s'exposer à de fâcheuses rencontres. On assure que M. de Bismarck disait un jour au comte Andrassy : « Ne nous mettez jamais dans la nécessité d'opter entre vous et la Russie. » On rapporte aussi que le ministre des affaires étrangères de la monarchie austro-hongroise ayant exprimé ses inquiétudes pour l'avenir, ses appréhensions au sujet des embarras que lui préparait la question d'Orient, M. de Bismarck lui répondit : « Calmez-vous, *beruhigen sie sich, mein lieber Graf*, il ne faut pas toujours prévoir le pire, les choses n'iront pas si mal que vous le pensez, *es wird nicht so arg werden.* » Un journal anglais disait tout récemment que « l'empire germanique ne pouvait voir que d'un œil satisfait la Russie épuiser ses forces et ses ressources dans une guerre difficile, pendant que lui-même ménagerait les siennes; que la Russie ne remporterait des avantages importants qu'au prix d'efforts immenses, en sacrifiant beaucoup d'hommes et d'argent; que, si elle succombait, elle serait paralysée pendant un demi-siècle; que, victorieuse, elle ne serait pas de longtemps en état de recommencer une nouvelle lutte, et que cette alternative n'était pas de nature à déplaire au cabinet de Berlin. » Il est possible aussi que, dans le cas d'une victoire éclatante des armes russes, le chancelier de l'empire germanique se fît payer le prix de sa complaisance, et que, si la Russie se trouvait aux prises avec de graves embarras, il se permît de les exploiter à son profit. Tout est possible; ce qui est certain, c'est qu'on ferait injure à l'habileté de M. de Bismarck en le croyant capable de sacrifier ses intérêts à ses amitiés, et qu'on ne ferait pas une moindre injure à la clairvoyance du prince Gortchakof, si on le soupçonnait de fonder sa politique sur le désintéressement de M. de Bismarck.

Le cabinet de Berlin serait d'autant mieux placé pour réclamer, le cas échéant, une compensation, qu'en Allemagne l'opinion publique est peu favorable aux ambitions et aux agrandissements de la Russie. Si l'événement qu'elle redoute venait à s'accomplir, elle demanderait une fiche de consolation, qu'on ne pourrait lui refuser. L'Allemagne est aujourd'hui très-pacifique, elle l'est presque autant que la France, elle a vu avec chagrin la question d'Orient menacer l'Europe de nouvelles perturbations. L'Allemagne serait désolée de voir la Russie s'établir sur le Danube, qu'elle considère comme un fleuve allemand et comme un grand chemin nécessaire à la liberté de son commerce. L'Allemagne a une antipathie naturelle pour les Slaves, et elle a ressenti un pénible tressaillement quand le tsar a prononcé au Kremlin certaines paroles qui ont réjoui les panslavistes. Une notable partie de la presse allemande a témoigné hautement le désir que le chancelier de l'empire arrêtât la Russie dès les premiers pas, ou qu'il se liguât contre elle avec l'Angleterre et l'Autriche. Elle plaide la cause de la Turquie, elle se plaît à comparer la tolérance religieuse des Osmanlis avec l'intolérance moscovite, elle répète volontiers que les Polonais sont pour le moins aussi intéressants que les Bosniaques et les Bulgares, que parmi les onze points il en est deux ou trois qu'il serait convenable de leur appli-

quer ; elle insinue qu'il serait juste de leur donner des
juges parlant leur langue et de les doter de gouverneurs indigènes. La pauvre humanité, depuis le men-
diant jusqu'aux empereurs, est condamnée aux contradictions ; mais il faut tâcher d'éviter le flagrant
délit, sinon la logique se venge.

Le prince Gortchakof parle souvent de l'opinion
russe et des sacrifices qu'il est obligé de lui faire ; le
jour n'est pas éloigné peut-être où M. de Bismarck
parlera de l'opinion allemande et de la consolation
qu'il se voit contraint de lui donner. A la vérité, il a
passé sa vie à contrarier ou même à braver l'opinion
publique, mais il a toujours fini par la satisfaire. Il
lui dit avec hauteur ce qu'il disait au Reichstag dans
le mois de novembre 1871 : Ne dérangez pas mes
combinaisons! Et citant le mot d'Archimède, il ajoutait : *Noli turbare circulos meos.* En définitive, il se
trouve que ses combinaisons procurent à l'Allemagne
des plaisirs et des jouissances d'amour-propre qu'elle
n'aurait pas osé rêver. M. de Bismarck en use comme
tel père de famille qui refuse de donner à ses enfants
ce qu'ils lui demandaient pour leurs étrennes ; il les
laisse bouder et leur ménage de si délicieuses surprises qu'ils sont bien forcés de convenir que leur
père entend leur bonheur mieux qu'eux-mêmes. .
M. de Bismarck n'a pas fait aux Allemands le plaisir
d'arrêter la Russie par un impérieux veto, il se prête
à ses projets ; mais on peut s'en remettre à lui, il
saura les faire tourner à l'avantage de l'Allemagne.
Certains esprits hardis et sagaces, qui se plaisent aux
conjectures, ont remarqué que depuis quelque temps
on s'occupe de la Pologne à Berlin, qu'on y témoigne

une tendre sollicitude pour son repos, et ils se croient autorisés à prétendre que, si la Russie rencontrait sur les bords du Danube une résistance et des difficultés qu'elle ne prévoit point, le cabinet de Berlin lui rendrait sûrement le service de faire occuper Varsovie par ses troupes, qui pourraient bien y rester. Nous ne voulons point faire de conjectures; nous doutons que les plans de M. de Bismarck soient définitivement arrêtés. Il prend toujours conseil des circonstances, il ne se décide jamais avant l'heure; depuis deux ans, il vit au jour le jour, comme tout le monde, avec cette différence que seul il connait le jeu des autres aussi bien que le sien. Est-ce à l'est ou à l'ouest que le faucon promène ses regards? Personne n'en sait rien, mais on peut être sûr que les événements ne le prendront pas au dépourvu. Les hommes d'État de Saint-Pétersbourg sont-ils certains de gagner au jeu qu'ils jouent plus qu'ils ne risquent de perdre? Puisqu'ils s'interdisent à eux-mêmes d'aller à Constantinople, sachant bien que l'Angleterre ne leur permettra jamais de s'y établir, quelle conquête, quel agrandissement de territoire peut compenser à leurs yeux l'affaiblissement que leur causerait une nouvelle atteinte portée par l'Allemagne à ce qui reste de l'équilibre européen et à l'influence que la Russie est appelée à exercer sur les destinées de l'Occident?

Ceux qui en dépit de tout persistent à croire au maintien de la paix invoquent pour justifier leur confiance la sagacité bien connue du prince Gortchakof, qui ne voudra pas pousser son pays dans les hasards d'une guerre où la victoire même aurait ses dangers.

Ils fondent aussi leurs espérances sur le caractère de l'empereur Alexandre II, dont le règne a fait époque dans l'histoire de la Russie. Elle lui doit l'émancipation des serfs, ses chemins de fer, un commencement d'organisation provinciale, la réforme de la justice et de l'enseignement public; mais de longues années de paix sont nécessaires pour que ces bienfaisantes réformes portent tous leurs fruits, et tout serait compromis par une aventure, fût-elle heureuse, qui jetterait le désarroi dans les finances de l'empire. L'Europe s'est plu à rendre hommage en toute rencontre à la modération, aux sentiments humains et pacifiques, à la sagesse d'Alexandre II. Au printemps de l'an dernier, quand il se présenta à Berlin une branche d'olivier à la main et qu'il rendit à la France un service qu'elle n'a point oublié, l'Europe demeura convaincue qu'avec l'aide de l'Angleterre il venait de lui épargner de nouveaux malheurs. On vit en lui un juge équitable, un arbitre souverain; on lui appliquait le verset de l'Évangile : « Ils sont beaux sur la montagne les pieds de celui qui apporte la paix. » Aujourd'hui on nourrit à son égard des soupçons téméraires; on l'accuse de troubler la paix après l'avoir sauvée. Admettrons-nous qu'il n'est plus maître de ses résolutions, que la Néva et la Moskova débordées lui font la loi, qu'il s'abandonne au courant qui l'emporte? Joseph de Maistre a dit : « Il est bon de savoir borner le désir russe, qui de sa nature n'a point de bornes. » Les désirs infinis sont aussi dangereux pour un peuple que pour les particuliers. S'il est vrai que l'art de gouverner est l'art de céder et de résister à propos, souhaitons que l'empereur Alexandre mette sa gloire à résister à ses sujets, qui eux-mêmes lui en sauront gré.

Selon toute apparence, les plénipotentiaires de l'Europe apporteront à la conférence de Constantinople les dispositions les plus conciliantes, un sincère désir de ménager la dignité de la Russie, de lui accorder tout ce qui peut être accordé et de peser sur la Turquie pour qu'elle fasse à la paix générale les sacrifices conciliables avec son existence et son honneur; mais si la Russie n'est pas elle-même conciliante, si elle ne se relâche pas de ses prétentions, la guerre éclatera à bref délai, et l'Europe sera précipitée dans l'inconnu, dans un avenir plein de menaces et d'embûches. Gœthe a raconté dans les plus beaux vers du monde la triste destinée de ce pêcheur que les alléchantes et décevantes promesses d'une ondine décident à se jeter dans les flots, se flattant de trouver au fond du gouffre qui l'attire la fortune et l'éternel bonheur. « Un mystérieux désir se glissa dans son cœur, et moitié cédant à la force, moitié s'abandonnant, il disparut dans l'abîme. » Faut-il croire qu'il y a quelque part en Europe une ondine ou une sirène dont les incantations sont irrésistibles, dont l'éloquence nerveuse, prime-sautière et saccadée possède un charme magique? Faut-il croire qu'elle attire les téméraires dans le gouffre, qu'elle endort les défiances, qu'elle engourdit les cœurs, qu'elle dissipe les inquiétudes des craintifs, qu'elle leur dit : Ne craignez rien, *beruhigen sie sich!* — et qu'elle parle aussi quelquefois latin pour dire aux députés et aux journalistes allemands : Ne dérangez pas mes combinaisons, *noli tangere circulos meos?*

X

UNE

GRANDEUR DÉCHUE

LE DOCTEUR STROUSBERG

Octobre 1876.

Moscou est une ville intéressante qui fait beaucoup parler d'elle depuis quelque temps ; tout ce qui s'y passe attire l'attention de l'Europe. C'est des bords de la Moskova que le général Tchernaïef reçoit l'argent, les armes et les soldats travestis en ambulanciers dont il a besoin pour réparer ses défaites ; c'est à l'ombre du Kremlin que le fanatisme orthodoxe prépare la grande croisade contre l'islamisme, et se dispose à déchaîner sur la péninsule du Balkan toutes les saintes fureurs d'une guerre de religion. Le panslavisme a établi son quartier-général et sa capitale à Moscou ; c'est là qu'il fabrique ses mots d'ordre pour l'exportation et pour l'importation ; c'est là qu'il élabore avec des herbes magiques ce puissant élixir dans lequel on ne peut tremper ses lèvres sans éprouver un irrésistible désir de marcher à la conquête de Byzance. La ville aux coupoles dorées est devenue le grand bureau de l'opinion publique en Russie, et le gouvernement russe en est réduit à déclarer devant l'Europe qu'il est obligé de céder à la pression qu'exerce sur lui l'enthousiasme moscovite. « L'opinion publique, disait un jour un homme d'État, je m'en occupe beaucoup, car c'est moi qui la fais. » Croirons-nous que le gouvernement russe ne s'appartient plus, qu'il est à la merci des entraînements? Le mot du démagogue : « Je suis leur chef, il faut bien que je les suive, » sied mal à des lèvres impériales. Nous ne consentirons jamais à admettre que le pacifique et généreux souverain qui a émancipé les serfs soit aujourd'hui le prisonnier du panslavisme.

Pendant que de grands événements se préparent dans la ville sainte, il s'y juge devant la cour d'assises un procès moins important pour l'histoire du monde que la question d'Orient, mais qui ne laisse pas d'exciter l'intérêt et la curiosité. Moscou possède une banque commerciale de prêts, dont le conseil d'administration se recrutait parmi la riche bourgeoisie marchande. Cette banque a fait une banqueroute de 8 millions de roubles, et les deux directeurs sont accusés de s'être laissé corrompre et acheter par un homme considérable, par un Allemand, le docteur Strousberg, lequel a été l'un des grands princes de la finance et de l'industrie et qu'on avait surnommé à Berlin « le roi des chemins de fer ». Les deux directeurs firent à M. Strousberg des avances successives jusqu'à concurrence de 7 millions de roubles; ils reçurent comme garantie d'abord 2,000 wagons, et plus tard, paraît-il, des papiers sans valeur. Le conseil d'administration finit par ouvrir les yeux, et le ministère public affirme que, pour endormir les défiances, on fabriqua un faux bilan, après quoi les membres du conseil qui avaient des capitaux dans la banque s'empressèrent de les retirer et vendirent leurs actions. Quelques jours plus tard, la banqueroute éclatait, et les réclamations des actionnaires ruinés remplissent, dit-on, neuf volumes.

Ce qui nous intéresse le plus dans cette triste affaire, ce ne sont pas les directeurs achetés, c'est l'acheteur, qui s'est trouvé lui-même impliqué dans le procès. Quoi qu'on puisse penser du roi des chemins de fer, il faut reconnaître que c'est un personnage important, presque historique, et l'un des hommes de notre temps qui ont le plus osé, le plus agi, le plus entrepris. Fils de ses œuvres, il s'était créé une situation presque sans pareille. C'était un véritable Napoléon des affaires et de l'industrie; il a eu son Marengo, son Austerlitz, et, entraîné par l'esprit d'aventure, il a fini par trouver son Moscou et la cour d'assises. Jadis à Berlin quelqu'un nous disait :
— Il y a ici deux hommes, M. de Bismarck et le docteur Strousberg. — Quand on pense au rôle qu'a joué le docteur dans son pays, à tout ce qu'il a fait, aux prodigieuses aptitudes qu'il a déployées, on ne peut se défendre d'une mélancolique sympathie pour cette grandeur déchue, à qui la destinée a été vraiment cruelle. Arrêté à Saint-Pétersbourg, écroué à Moscou, M. Strousberg n'a pu obtenir d'être mis en liberté sous caution. Pouvait-on craindre qu'il disparût? Un roi peut-il disparaître? Sa longue détention a eu pour lui les plus funestes conséquences. En Prusse comme en Autriche, il a été déclaré failli. Si nous admettons

son témoignage, sa fortune profondément atteinte par une suite d'accidents malheureux, et surtout par sa colossale mésaventure en Roumanie, ne laissait pas de monter encore à près de 38 millions de francs. Il a tant de ressources dans l'esprit que, s'il eût été là, il pouvait rétablir ses affaires; tout s'est perdu dans le gouffre de la faillite. Les créanciers hypothécaires ont fait main basse sur ses biens, ses amis eux-mêmes se sont fait leur part dans ses dépouilles : celui-ci a pris un château, celui-là une usine, tel autre une houillère. On l'a traité comme un mort dont on pouvait impunément envahir la succession; on ne le croyait pas capable de revenir de Moscou : Berlin ne croit pas aux revenants.

Le docteur Strousberg a employé ses tristes loisirs de prisonnier à écrire ses mémoires [1]. Il s'est peint tel qu'il se voit lui-même, il a raconté toutes les vicissitudes de sa vie, toutes les expériences qu'il a pu faire à ses dépens et aux dépens des autres. En lisant cette intéressante autobiographie, on apprend à connaître un homme qui ne ressemble pas à tous les hommes, supérieur à la mauvaise fortune, philosophe à sa façon, possédant « certaine gaîté d'esprit confite en mépris des choses fortuites. » Il déclare à ceux qu'il appelle ses persécuteurs qu'il n'est point un homme fini, qu'il est prêt à recommencer, qu'à cinquante-quatre ans, sans ressources, sans abri, ne sachant comment pourvoir aux besoins de sa nombreuse famille, il n'éprouve aucune crainte, aucune

---

1. *Dr Strousberg und sein Wirken, von ihm selbst geschildert.* Berlin, 1876. Verlag von J. Guttentag.

inquiétude, et qu'il est insensible à la perte de ses biens. « Je ne suis point hors de combat, nous dit-il, et je démontrerai par mes actes tout ce que je puis encore. J'ai beaucoup souffert, beaucoup pâti ; mais j'ai été taillé dans une forte étoffe, et j'espère vivre assez pour confondre mes calomniateurs. »

C'est une curieuse histoire que celle du docteur Strousberg. Né d'une honorable famille juive de la Prusse orientale, bien qu'il ait abjuré la foi de ses aïeux, il est demeuré fidèle au génie de sa race ; il en a toutes les qualités, bonnes et mauvaises. Quand son père mourut, il faisait ses études à Kœnigsberg. La succession était maigre, il ne voulut pas diminuer la part de ses frères et de ses sœurs et il jura qu'il ne devrait rien qu'à lui-même. Il quitta l'école et partit pour Londres, où il entra dans une maison de commission. Il employait ses heures de liberté à s'instruire, à cultiver son esprit. Le goût d'écrire lui vint, il se fit journaliste. De rédacteur il devint directeur ; il se sentait né pour diriger, il était convaincu qu'il avait une mission sociale à remplir, il ne savait encore laquelle. Il acheta un journal, il en fonda un autre et se fit un revenu de près de 40,000 francs. Il n'était pas homme à s'en contenter. « Mes besoins personnels, nous dit-il, ont toujours été modestes. J'étais simple, quoique un peu particulier dans ma toilette, et, si opulente que fût ma table, je me bornais toujours au plat de la ménagère ; je ne buvais ni bière ni vin, et je n'eus jamais aucune passion coûteuse ou du moins condamnable ; mais je tenais à avoir une grande maison, où régnassent l'hospitalité, le confort et les arts. »

Rousseau prétendait qu'il faut se défier des hommes qui ne boivent pas de vin et qui se refusent tous les plaisirs ; leur ambition est un dieu caché et austère, auquel ils sacrifient tout le reste. La direction de deux revues ne pouvait suffire longtemps à la dévorante activité du docteur Strousberg. L'occasion lui venant en aide, il se jeta à corps perdu dans les entreprises de chemins de fer. Aujourd'hui la Prusse n'a plus d'estime que pour les chemins de fer d'État ; mais elle n'aurait jamais créé son réseau sans le concours de l'industrie privée. Elle doit au docteur Strousberg quelques-unes de ces lignes les plus importantes ; il a construit, sans garantie de l'État, des voies ferrées d'une étendue de 1,800 kilomètres, non à titre de concessionnaire, mais comme entrepreneur général, chargé de procurer à la compagnie qu'il représentait les capitaux nécessaires, et chargé aussi de tous les contrats relatifs à la construction.

Bientôt il rêva de s'affranchir de la dépendance des fabricants. Il conçut le dessein de devenir son propre fournisseur, de brûler sa propre houille, de fabriquer lui-même ses rails, ses coussinets, ses traverses et ses locomotives. Il acheta des mines, il acheta des forêts, il acheta des houillères, il créa des villes noires. Il acquit en Bohême, au prix de 30 millions, le splendide domaine de Zbirow, d'une superficie de 25,000 hectares, riche en bois et en minerai et renfermant 400 groupes d'habitations. Il avait toujours eu un goût passionné pour la propriété foncière ; chacun de ses sept enfants fut doté par lui d'un domaine princier, qu'il se chargea de mettre en valeur. Cet homme universel s'entendait à l'agriculture comme

aux usines, à tous les genres d'industrie comme à
l'art de gagner de l'argent. Aussi rapide , aussi
essoufflé qu'une de ses locomotives, ses bottes de
sept lieues le transportaient d'un bout à l'autre de
l'Europe; il était partout à la fois, sollicitant une
concession à Saint-Pétersbourg, posant des rails en
Roumanie, projetant des docks à Anvers. Il possédait à Berlin un fort beau palais et une galerie de
tableaux que dans le temps de ses premières détresses il a revendue pour près de 3 millions. Il
était roi, vraiment roi. Que sont devenues les neiges
d'antan? Cette royauté a essuyé de grandes humiliations, elle a dû s'asseoir sur la sellette devant un
jury moscovite, et le beau palais de Berlin est devenu
comme le reste la proie d'impitoyables créanciers :
l'ambassadeur de la Grande-Bretagne en est aujour-
d'hui le locataire.

Longtemps le docteur Strousberg passa à Berlin
pour une sorte de personnage miraculeux, à demi
fantastique, sur lequel couraient les bruits les plus
étranges. On le croyait possesseur de la lampe
d'Aladin, on le tenait pour capable de tout, on lui
attribuait l'omnipotence aussi bien que le don d'ubi-
quité. Vous auriez affirmé à Schultze et à Müller,
ces deux représentants légendaires de la bourgeoisie
berlinoise, que vous aviez vu le docteur sortir à la
fois par la porte de Brandebourg et par la porte de
Francfort, Schultze et Müller vous auraient répondu :
C'est possible. Il ne se faisait aucune entreprise
nouvelle sans qu'on le soupçonnât d'y être pour
quelque chose. On ne disait pas : Où est la femme ?
on disait : « Le docteur est là. » Se présentait-il

quelque conjoncture délicate, une affaire offrait-elle
d'inextricables difficultés, on s'écriait : Allons trouver
le docteur. On l'appelait l'homme qui achète tout,
et on en vint à prétendre qu'il achetait aussi les
consciences des fonctionnaires prussiens.

Au mois de janvier 1873, l'éloquent tribun du parti
national-libéral, M. Lasker, porta ses griefs et ses
soupçons à la chambre des députés. Il accusa hautement le roi des chemins de fer d'avoir tout le monde
à sa discrétion et de faire tout ce qu'il voulait au
ministère du commerce. Ce réquisitoire eut un immense retentissement. Plus tard, M. Glagau en ful-
mina un autre, qui ne fut pas moins remarqué. « Le
docteur Strousberg, écrivait-il dans la *Gartenlaube*, a
pour principe de construire aussi mal et aussi cher
que possible, et c'est ainsi que les millions sont
tombés dans sa poche et dans celle de ses complices.
Il se débarrassait à tout prix des actions et des obligations créées par lui et il en fabriquait toujours de
nouvelles. Il avait des gens de lettres à sa solde, il
distribuait des pots-de-vin aux journalistes et leur
payait des pensions ; c'est ainsi qu'il s'empara de la
presse... Une clé d'or ouvre toutes les portes. Dans
chaque bureau, Strousberg était connu ; dans chaque
département, en remontant jusqu'aux ministres, il
avait ses amis et ses protecteurs, qui lui donnaient
des renseignements et des conseils et défendaient ses
intérêts avec enthousiasme. Son bon plaisir a décidé
de la retraite de plus d'un haut fonctionnaire. Dans
le fait, Strousberg achetait tout, c'était un secret public, enfin il acheta les grands seigneurs. Il corrompit
les journaux, il corrompit le monde des fonction-

naires et la noblesse, il tournait ou bravait les lois et souffletait publiquement la morale. » Si nous devions ajouter foi à ces véhémentes sorties, ne faudrait-il pas dire de Berlin ce que Jugurtha disait de Rome : Ville à vendre, pourvu qu'elle trouve un acheteur? Le docteur Strousberg proteste vivement dans ses mémoires contre toutes les fables, contre tous les récits mensongers et calomnieux qui ont circulé à son sujet. Il affirme que, loin d'avoir trouvé des intelligences et des complicités secrètes dans la bureaucratie prussienne, elle lui a toujours témoigné de la défiance, du mauvais vouloir, qu'elle s'est appliquée en toute rencontre à le traverser dans ses desseins, qu'elle a mis beaucoup de bâtons dans les roues de ses locomotives. Il assure qu'il n'a jamais acheté un employé prussien, et il en donne pour raison que l'employé prussien est désagréable, raide, pointu, gourmé, rogue, pédant, qu'il a l'esprit étroit et routinier, mais qu'il n'est pas à vendre. Nous l'en croyons sans peine. Cependant il ne suffit pas de réduire à néant les légendes, il faut expliquer comment elles se forment. Pourquoi tout Berlin a-t-il cru à la clé d'or du docteur Strousberg? Niebuhr, qui ne croyait pas à Romulus, a tâché de nous expliquer comment il s'était fait qu'on y avait cru.

Le docteur Strousberg convient qu'il a toujours été un grand acheteur; mais il n'achetait pas pour revendre, nous dit-il, il aimait à garder tout ce qu'il achetait, et il est certain qu'on n'achète pas un employé prussien pour le garder ni pour le faire servir à l'embellissement de sa vie. Le roi des chemins de fer va jusqu'à prétendre qu'il n'est point né spéculateur. Son rêve de jeunesse était d'amasser assez d'argent pour pouvoir acquérir un vaste domaine, se retirer des affaires, entrer à la chambre des députés et se consacrer tout entier à la vie parlementaire. Voilà bien les rêves des hommes! On se promet de se reposer, de s'asseoir un jour, et on ne marche, on ne s'agite que pour mieux assurer son repos futur; mais on marche tant qu'on finit par tomber dans quelque fatale fondrière, et c'est là que pour la première fois on se repose. Les gouvernantes se donnent beaucoup de peine pour apprendre aux petits enfants à se tenir assis tranquillement; cette science est bien utile, mais elle se désapprend bien vite. « Quelle sera la fin de tant de travaux et de traverses? demandait le vieux gentilhomme Echephron à l'ambitieux Picrochole, qui rêvait la conquête du monde. — Ce sera, répondait Picrochole, que nous nous reposerons à nos aises. — N'est-ce pas mieux, reprenait Echephron, que nous nous reposions dès maintenant sans nous mettre en ces hasards? » L'homme a la passion des hasards, et le docteur déclare que cette passion est le principe de toutes les grandes choses qui pourront se faire dans le monde, aussi longtemps que le millénium n'aura pas accompli son avénement. Il reconnaît toutefois qu'il a trop sacrifié à ce goût, que son audace n'a pas assez compté avec les accidents, qu'il a trop étendu le cercle de ses opérations et qu'il s'est mêlé de trop de choses. Il confesse que le parti le plus sûr est de s'en tenir à son métier et que tel cordonnier diligent et honnête, qui s'occupe uniquement de contenter ses pratiques, a plus de chances de devenir un jour conseiller municipal qu'un homme universel de devenir ministre.

C'est un malheur d'avoir trop d'aptitudes, trop de talents divers et une imagination dévorante. Le docteur Strousberg est un virtuose qui s'est abandonné à ses fantaisies. À la longue, son génie n'a pu suffire à l'effrayante complication de ses affaires, lesquelles l'appelaient à la fois à Londres, à Berlin, à Anvers, à Bucharest. Où il n'était pas, il confiait ses intérêts à quelque subalterne, et le subalterne gâtait tout par ses maladresses. Pendant que Napoléon triomphait à Wagram, ses lieutenants se faisaient battre à Talavera. Si grandes que fussent les ressources financières du docteur, elles ne l'étaient pas encore assez pour l'immensité des entreprises où le jetait sa fiévreuse activité. À peine avait-il entamé une affaire, il en commençait une autre, se flattant de payer la première avec la seconde. Il n'a jamais eu un capital d'exploitation suffisant, il n'a jamais été son propre bailleur de fonds; il s'était rendu indépendant des fabricants de locomotives et des extracteurs de houille, il a toujours été à la merci des marchands d'argent, qui ont fini par l'étrangler. C'est en Roumanie qu'il vit pâlir son étoile et la catastrophe se préparer. La construction d'un chemin de fer de 970 kilomètres de long, qui, partant de la frontière hongroise, devait traverser la petite et la grande Valachie, et se rejoindre par la Moldavie à la ligne de Lemberg à Czernowitz, réclamait un capital de 260 millions. Ce capital fut emprunté au 7 1/2 avec garantie éventuelle du gouvernement roumain. Le jour vint où l'aventureux concessionnaire ne put payer le coupon de l'intérêt échu. Son crédit était épuisé; en vain il hypothéqua tous ses biens. Sa dernière heure avait sonné, et sa couronne d'or se changea en une couronne d'épines très-aiguës. Tout manqua dans sa main, le désarroi se mit partout dans ses affaires, et s'il est vrai qu'il ait acheté deux directeurs moscovites, cette emplète ne lui a guère profité. Les malheurs, dit le proverbe, voyagent toujours en troupe.

Comme nous l'avons dit, le docteur Strousberg s'est piqué d'écrire ses mémoires en philosophe. Il parle de ses aventures comme si elles étaient arrivées à un autre ; il se juge lui-même avec une certaine impartialité, et quand il le faut, il passe condamnation. Il raconte ses expériences de tout genre sur un ton de sérénité et de détachement ; il est probable que ses actionnaires s'en expriment avec moins de tranquillité ; mais quoi ! si les hommes étaient moins cupides et moins crédules, il y aurait dans ce monde moins d'actionnaires mécontents. Bien qu'il ait de la mansuétude dans l'humeur, M. Strousberg a ses amertumes et ses rancunes. Il en veut beaucoup aux Roumains, cause première de ses désastres : il dénonce à l'Occident leur astuce, leur duplicité, et on ne peut nier que la politique roumaine ne soit quelquefois un peu louche. Il en veut également aux Hongrois, avec qui il n'a jamais réussi à s'entendre : il prétend que tout Magyar se croit un génie ; cela prouve simplement que les Magyars ont refusé de croire au génie du docteur Strousberg. En revanche, il traite sans aigreur ses amis qui ont trempé dans son infortune et pris part à ses dépouilles ; dans les reproches qu'il leur adresse, il y a plus de mélancolie que de colère. « Certaines personnes, dit-il, se sont enrichies par des achats provenant de ma faillite, elles ont profité de mon absence pour abuser de leur situation de créanciers hypothécaires, elles ont acquis beaucoup de choses que, dans les rapports où nous étions ensemble, je me serais fait un scrupule d'acheter. Quand la fortune jalouse devrait m'interdire de me relever et de pourvoir au bien-être de mes vieux jours et de ma famille, je ne laisserais pas de me sentir plus heureux que ceux de mes amis qui, pour me servir de leur mot, ont envahi mon héritage. »

— Le monde ne connaît pas ceux qu'il lapide ! — s'écrie ailleurs M. Strousberg, et il a rédigé ses mémoires pour se faire mieux connaître. Au demeurant il pardonne à l'opinion publique ses péchés d'ignorance, et il est indulgent pour les juges et les magistrats qui plus d'une fois lui ont donné tort. Il se plaint seulement que la magistrature a beaucoup de préjugés, qu'elle a de la raideur dans l'esprit, qu'elle ne comprend pas les choses, qu'elle n'est pas de son temps, qu'elle voit des crimes et des délits où il n'y en a pas. Ce n'est pas une petite affaire pour un juge que d'avoir à juger un spéculateur. Il doit apprendre non-seulement une langue qui lui est nouvelle, mais une morale particulière, laquelle approuve et autorise des procédés et des expédients un peu subtils, réputés illicites dans l'habitude de la vie. Les hommes d'argent ont leur code spécial, et les politiques aussi, car au temps où nous vivons, les combinaisons des politiques ressemblent beaucoup aux spéculations de bourse et à certaines opérations commerciales. On y parle de créer des États nouveaux comme on parlerait de fonder une société par actions ; on commandite des insurrections et on se promet de les confisquer à son profit; on signe des actes où le principal contractant ne paraît pas, on abuse des prête-noms, des hommes de paille. L'Orient est aujourd'hui la proie des courtiers marrons, et bien embarrassé serait un tribunal chargé de qualifier ce qui s'y passe. Un Allemand qui ne ménageait pas ses termes écrivait jadis : « Où il y a un grand butin à partager, la cupidité l'emporte toujours sur les principes. Cela arrivera lors de la chute de l'empire ottoman, dont la lente agonie est la chose la plus effrayante. Les vautours couronnés voltigent autour du mourant pour se disputer plus tard les lambeaux du cadavre. A qui appartiendra le plus précieux lopin ? A la Russie, à l'Angleterre ou à l'Autriche ? La France n'aura pour sa part que le dégoût de ce spectacle. On appelle cela la question d'Orient. »

L'objet des plus vifs ressentiments du docteur Strousberg est le chef habile et considéré du parti national-libéral, M. Lasker, dont l'éloquente philippique a porté, dit-il, une atteinte irréparable à son crédit et à ses entreprises; il a pour lui la même antipathie que pour le scarabée disséqueur qui se permit d'exercer de terribles ravages dans ses magnifiques forêts de Zbirow. Le docteur ne goûte guère les libéraux prussiens; il les traite de doctrinaires chimériques, à l'étroit cerveau. Il leur reproche de vouloir établir en Prusse la responsabilité ministérielle, quand il importerait davantage d'y établir la responsabilité du garde de nuit et du conseiller intime. Il leur reproche aussi d'avoir un culte pour le parlementarisme, « cette idole de notre temps. » Ce chapitre de ses mémoires a dû plaire à M. de Bismarck s'il a eu le temps de le lire. Le docteur éprouve une insurmontable aversion pour les libéraux, mais c'est à leur chef surtout qu'il en veut. Il reconnaît que M. Lasker est un savant tacticien d'assemblées, un habile juriste, un orateur subtil et disert, d'une intarissable faconde, fidèle à ses convictions, capable d'un enthousiasme sincère pour des idées abstraites ; mais il l'accuse d'intolérance et de n'avoir pas le sens des réalités. « M. Lasker, nous dit-il, est devenu la trompette de son parti... Il a eu le bonheur de vivre dans un pays où l'envie et la malveillance ont élu domicile et dans lequel une classe moyenne relativement pauvre regarde d'un œil jaloux quiconque a été favorisé des dons de la fortune. A Berlin, le gain d'autrui est considéré comme du bien volé, le confort est taxé de dissipation, et représenter de grands intérêts est une disgrâce qui vous rend indigne de représenter la nation. » Le docteur rend justice à l'incorruptible intégrité de M. Lasker, à la simplicité de ses goûts et de sa vie, mais il insinue que le manque de besoins n'est pas toujours une vertu : « L'homme qui n'éprouve le besoin de changer de linge qu'une fois par semaine est plutôt à plaindre qu'à louer ; mieux vaut, quand on en a le moyen, en changer deux fois par jour. »

Ce qui ajoute à son amertume, c'est que M. Lasker, israélite comme lui, n'a point usé à son égard de cette courtoisie et de ces ménagements qu'on se doit entre enfants de la même race. S'il en faut croire une légende slave, quand le bouleau est abattu par le tranchant affilé d'une hache, il se résigne et subit sa destinée en silence ; mais sent-il pénétrer dans ses fibres un coin fabriqué avec son propre bois, il lui échappe un douloureux et tragique gémissement. « Lasker mérite, sinon par sa figure, du moins par ses tendances morales, d'être rangé parmi les tribuns classiques ; il est notre moderne Caton, et on voit combien de formes diverses le judaïsme sait revêtir. Dans Jacoby, Lasker, Bamberger, Lassalle, la Prusse a eu son Robespierre, son Caton, son Marat et son Saint-Simon. » Il nous semble que le docteur va bien loin ; il est possible que M. Lasker soit un Caton, mais il nous est plus difficile d'admettre que M. Bamberger soit un Marat. Nous ne savions pas que cet honorable député aimât à se cacher dans les caves ni qu'il eût jamais demandé 200,000 têtes. Nous nous souvenons qu'il fit un jour la proposition de frapper un impôt formidable sur les pianos et que tous les pianistes d'Allemagne poussèrent un cri d'alarme ; mais il n'avait point proposé de leur couper le cou.

« J'aurais dû chercher une autre patrie ! » s'écrie mélancoliquement le docteur Strousberg. Il est certain que de tous les pays où il aurait pu naître, la Prusse est celui qui cadrait le moins à son humeur libre, aventureuse et volontaire. Berlin est un mauvais séjour pour qui déteste la gêne et la contrainte, pour qui veut avoir ses coudées franches. À la vérité, les Berlinois sourirent d'abord avec quelque complaisance à cette fortune étonnante qu'ils avaient vu pousser subitement dans leur sablonnière comme un colossal champignon. Ils n'étaient pas fâchés d'avoir, eux aussi, un grand spéculateur, comparable aux plus beaux spécimens du genre possédés par Vienne, Londres ou Paris. Ils se faisaient gloire du docteur comme un fils de famille très-sage dont on a raillé la continence et qui s'émancipe tout à coup, fait gloire de sa première maîtresse et de sa première aventure ; ils en étaient fiers aussi comme on peut l'être d'une maladie qui met en émoi le monde médical et vous fait passer à l'état de cas curieux. Hélas ! à l'admiration succéda l'envie. Le Berlinois a des rires noirs, il est emporte-pièce, frondeur, *schadenfroh*, ce qui veut dire qu'il est sujet à se réjouir du mal d'autrui. Berlin n'a jamais entièrement adopté le docteur, il n'a jamais dit notre Strousberg, comme il dit notre Bismarck ; il l'a toujours traité comme un étranger qui servait de décoration à la ville, et bientôt, las de son éblouissement, il a vu sans déplaisir le géant succomber sous les coups du sort. Quand le docteur fut écroué à Moscou, il aurait suffi d'un mot du gouvernement prussien pour le faire mettre en liberté sous caution, et peut-être la faillite eût-elle été conjurée ; ce mot n'a pas été prononcé, on a laissé les destins s'accomplir. « Il m'est arrivé, dit M. Strousberg, ce qui arriva à Gulliver chez les Lilliputiens : sa grande taille épouvanta les habitants du pays, et avant d'en savoir plus long ils le jugèrent dangereux ; c'est pour cela qu'ils le garottèrent pendant son sommeil par un nombre infini de petits liens, de façon à le mettre hors d'état de leur nuire. Toutefois ces petites gens firent preuve de quelque sagesse ; ils n'eurent garde de tuer Gulliver, mais ils le nourrirent et prirent soin de lui, et par là ils se procurèrent cet avantage que, lorsqu'ils apprirent à le mieux connaître, il put leur rendre un important service. »

Américain de cœur et d'instincts, M. Strousberg déteste la bureaucratie, ses mœurs et ses routines ; il n'aime pas les peuples qui, « accoutumés à vivre sous tutelle, se soucient peu de devenir majeurs et n'aspirent pas à la liberté d'action. » Il prétend qu'ayant occupé en Prusse des milliers d'employés, il a trouvé chez eux beaucoup d'application, de zèle, d'intelligence et toutes les bonnes qualités du monde dans une plus grande mesure que partout ailleurs, mais qu'il en connaît peu qui possèdent une véritable indépendance d'esprit, qui, livrés à eux-mêmes dans un cas critique, soient capables de se tirer d'affaire. Il leur reprochait surtout de craindre les responsabilités, et on sait que, quant à lui, il les aime, il les recherche, qu'il refuse de les partager avec personne. La prétention du chancelier de l'empire germanique est de concentrer dans sa personne toute la responsabilité du gouvernement et de s'entourer de sous-secrétaires d'État qui ne soient responsables qu'envers lui-même ; c'est là précisément le point où il est en désaccord avec ces parlementaires dont M. Lasker est le chef. Comme M. de Bismarck, le docteur Strousberg a l'humeur césarienne ; il prétendait prendre tout sur lui et mener ses commis à la baguette. Ce qu'on passe à M. de Bismarck, on ne l'a point passé à M. Strousberg ; l'un travaille pour le compte de l'Allemagne, l'autre travaillait surtout pour le docteur Strousberg, et sa liberté d'allures, l'audace de ses entreprises, ne pouvaient manquer de scandaliser à la longue une société fondée sur le rigoureux maintien de l'ordre hiérarchique, sur l'autorité, sur la discipline, sur le respect, une société dans laquelle la vertu la plus estimée, la plus indispensable, consiste à savoir se tenir à sa place et à n'en sortir que par ordre supérieur, en deux temps et trois mouvements.

Le roi des chemins de fer aura passé dans le ciel brumeux de Berlin comme un bolide, comme une étoile filante, comme un météore étincelant. Les badauds et les gobe-mouches croyaient à la perpétuité de sa fortune ; les gens clairvoyants se disaient : — Cet homme ne connaît pas son monde, un jour ou l'autre on lui fera payer cher le bruit qu'il fait et l'insolence de son bonheur. — Ce n'est pas seulement par ses façons souveraines de parler et d'agir que le docteur indisposait son public, c'est aussi par ses habitudes libérales et dépensières, par sa magnificence, par son faste. Toute proportion gardée et bien qu'il n'ait jamais été surintendant des finances, il y avait en lui du Nicolas Fouquet. Il était de ceux « qui, par tous les vents, vont à toutes voiles, et tôt ou tard, échouent par imprudence. » Comme le seigneur de Vaux, il présumait trop de lui-même, il croyait trop à son étoile, il avait la manie d'embrasser trop de choses, le goût de briller, qui nuit à la politique, et à la fois la fureur et le mépris de l'argent. A vrai dire, il n'a jamais courtisé La Vallière, et il n'a point été défendu par Pellisson ni par La Fontaine ; il n'y a point de La Vallière à Berlin, et les Pellisson comme les Lafontaine y sont rares. Il ne s'est trouvé personne pour répondre aux accusateurs d'Oronte ni pour mettre en beaux vers ses infortunes. Personne n'a dit :

> Voilà le précipice où l'ont enfin jeté
> Les attraits enchanteurs de la prospérité...
> Mais c'est être innocent que d'être malheureux.

Dans le temps même de ses prospérités et de ses grandeurs, il se sentait couché en joue par la malveillance ; il ne pouvait se dissimuler qu'on avait peine à lui pardonner ses triomphants succès, son palais et ses châteaux. Pour désarmer les jaloux, ce prince de la finance avait parfois dans sa conduite des humilités singulières. On nous a raconté que lorsqu'il inaugura la ligne de Cottbus, il donna, dans la gare qu'il venait de construire à Berlin, un déjeuner où furent conviés les plus importants personnages de la cour et de l'armée. Le repas fut somptueux et magnifique, et tout le monde avait accepté l'invitation. Cependant il manquait à cette fête donnée par M. Strousberg un personnage de quelque importance, c'était le docteur Strousberg lui-même, — il n'avait pas osé s'inviter. Voilà qui ne ressemble plus à l'histoire de Fouquet.

Les mémoires que nous venons d'étudier sont un livre instructif ; on y apprend quelle est la puissance fatale des entraînements. Il faudrait en recommander la lecture non - seulement aux aventuriers de la Bourse, mais encore aux spéculateurs politiques qui s'occupent de remanier de fond en comble la carte de l'Europe par une solution radicale et prématurée de la question d'Orient. Avant de se mettre en mer, les Lapons, paraît-il, achètent à quelque sorcier le vent nécessaire à leur navigation ; il le leur remet dans un mouchoir soigneusement noué. S'il leur en donne juste ce qu'il faut, tout va bien ; s'il en donne trop, la tempête éclate, et le malheureux Lapon ne revoit pas la Laponie. Le docteur Strousberg avait acheté trop de vent, et il a mal fini. Il faut souhaiter que l'Europe soit plus heureuse et plus sage que lui. Dans le nord de l'Allemagne, au milieu d'une vaste sapinière, vit un illustre et redoutable magicien, qu'on appelle l'ermite de Varzin, et qui, lui aussi, fait son métier de vendre du vent à qui en désire. Naguère il en a envoyé à Varsovie par l'entremise du général de Manteuffel ; il en a expédié également une grosse provision en Grèce, à Bucharest, à Vienne aussi, où le parti de l'action en demandait. On assure que cet envoi a remis à flot le parti de l'action et que désormais, quoi qu'en puissent penser les Magyars et les constitutionnels cisleithans, la politique autrichienne, sentant ses voiles se gonfler, se dispose à voguer de conserve avec la politique russe, en mettant cap sur Constantinople. Puisse l'Europe échapper aux tempêtes, et puissent les acheteurs de vent se souvenir que l'ermite de Varzin ne fait jamais de donation à titre gratuit, qu'au contraire il a coutume de vendre très-cher ses bons offices, et qu'il est difficile de conclure avec lui un marché dont il ne soit pas le bon marchand !

XI

LA

CONFÉRENCE DE CONSTANTINOPLE

Les dégoûtés prétendent qu'il n'y a rien de nouveau sous le soleil, rien d'inédit; c'est une erreur. Il vient de se passer à Constantinople quelque chose de nouveau : on y a représenté une pièce qui n'avait pas encore été jouée. Est-ce une comédie? est-ce un drame? Cette pièce tient de l'un et de l'autre. Les genres tranchés ne sont plus de mode; les drames aujourd'hui sont toujours mélangés d'incidents comiques, et les comédies tournent souvent au drame: Les délégués des six grandes puissances se sont réunis en conférence pour régler de gré à gré la question d'Orient et pour dicter à la Turquie des conditions délibérées en commun. Tout le monde s'attendait qu'ils se disputeraient; ils ne se sont point disputés: Les gens qui écoutaient aux portes assurent que ces plénipotentiaires, venus du nord et du midi, de l'est et de l'ouest, n'ont pas dit un mot plus haut que l'autre, que tout s'est passé en douceur, et ceux qui ont regardé par le trou de la serrure affirment qu'ils ont vu le marquis de Salisbury et le général Ignatief la main dans la main et sur le point de s'embrasser. C'est là un premier sujet d'étonnement.

Après s'être entendus, les délégués se sont tournés vers la Sublime-Porte, et lui ont dit : — Nous sommes tombés d'accord, nous avons réussi à mettre nos six têtes dans un chapeau ; voici ce que nous voulons, nous parlons au nom de l'Europe. — On ne doutait pas que cette unanimité de l'Europe ne produisît sur la Porte un effet irrésistible ; on supposait qu'elle ferait quelques objections pour la forme, mais qu'elle finirait par céder. Autre sujet d'étonnement, la Porte n'a point cédé. Elle a répondu : Je ne peux pas, ou : Je ne veux pas. — En Orient, ces deux expressions s'emploient couramment l'une pour l'autre ; qui peut dire où finit l'inertie de l'Oriental, où commence sa mauvaise volonté ? Ce qui a augmenté encore la surprise, c'est le ton ferme, résolu, catégorique, sur lequel cette déclaration a été faite. Jusque dans ces dernières années, lorsque la Porte résistait, elle rusait, elle biaisait, elle se donnait l'air de céder, se réservant de retirer sous main ses concessions ou d'annuler l'effet de ses promesses. Un consul français ayant été assassiné par un des sujets les moins recommandables du sultan Abdul-Medjid, l'ambassade de France à Constantinople exigea le rigoureux châtiment du coupable, qui fut appréhendé, mis en jugement. Pour s'assurer que le tribunal ferait justice, un secrétaire de l'ambassade assista à l'audience, presque en qualité d'assesseur. Le meurtrier fut condamné tout d'une voix aux travaux forcés à perpétuité. A quelques jours de là, le secrétaire-assesseur, faisant une excursion à Brousse, eut le plaisir inattendu de rencontrer au coin d'une rue un visage qu'il connaissait; c'était celui de son homme, dont la peine avait été commuée et dont les travaux forcés consistaient à se promener librement où bon lui semblait.

Faut-il croire que la Turquie a modifié sa méthode? Elle n'a point cherché à tromper la conférence, elle lui a courageusement et résolûment tenu tête. Safvet-Pacha a échangé, paraît-il, des propos très-vifs avec le général Ignatief, et il a interpellé avec quelque hauteur le comte de Chaudordy. On raconte aussi qu'ayant un jour annoncé des contre-propositions turques, il fut prié d'en fournir le texte et qu'il partit incontinent en caïque pour l'aller chercher. Les délégués attendirent une heure, deux heures, tournant leurs pouces; le caïque ne revint pas, la séance fut levée. Ce ne fut que dans la soirée qu'ils reçurent chacun séparément le texte promis. Jadis l'insolence turque, assaisonnée d'ironie, était célèbre. Nous avons lu dans Chardin que l'ambassadeur du grand roi à Constantinople, M. de Nointel, s'étant avisé de demander que le divan assurât au commerce français le passage en franchise dans la mer Rouge et qu'il ôtât les saints lieux à l'église grecque pour les donner aux cordeliers, « lesquels, non contents d'y entrer à toute heure, voulaient en avoir les clés pendues à leurs cordons, » le grand-vizir Cuperly-Mohamed-Pacha éconduisit ses réclamations avec superbe. M. de Nointel s'étendit un peu trop sur la grandeur du grand roi. — Se peut-il bien faire, s'écria le grand-vizir, qu'un empereur aussi grand que vous dites ait si fort à cœur une affaire de marchands? — Et, l'ambassadeur lui ayant représenté que les Français étaient les vrais amis des Turcs, il lui répliqua en souriant : « Certes les Français sont nos amis, mais nous avons la surprise de les trouver partout avec nos ennemis. » Assurément Safvet-Pacha n'a rien dit de pareil à M. de Chaudordy. La France n'a plus d'empereur, la France ne parle plus de sa grandeur; son représentant à la conférence n'a élevé aucune prétention sur les saints lieux et n'a eu garde de rien réclamer pour les cordeliers, qui sont quelquefois des protégés embarrassants et compromettants; mais, comme le portaient ses instructions, il a joué un rôle de conciliateur, il s'est appliqué à faciliter l'entente entre l'Angleterre et la Russie. Les Turcs lui reprochent de s'être chargé en plus d'une rencontre d'attacher le grelot; c'est lui, assure-t-on, qui a mis sur le tapis le projet d'une gendarmerie internationale à installer en Bulgarie. Safvet-Pacha a peu de goût pour les gendarmes internationaux, et il en a dit son avis sans ménagement.

Les rôles ont été intervertis; devant la résistance de la Porte, ce sont les délégués qui ont transigé. Ils avaient dit, en signifiant leurs résolutions : C'est à prendre ou à laisser; ils ont rabattu de leurs exigences. Il s'est trouvé que leur dernier mot n'était pas le dernier, ni même l'avant-dernier. Il n'a plus été question de gendarmes. Les délégués en sont venus à demander simplement qu'une commission mixte fût chargée de contrôler la mise à exécution des réformes en Bulgarie et que pendant cinq ans la

Porte ne pût nommer de gouverneurs généraux sans faire agréer ses choix par l'Europe. La Porte a jugé que cette double demande portait atteinte à son intégrité, à son honneur politique, à ses droits de souveraineté. Elle a répondu jusqu'au bout : Je ne peux pas, ou : Je ne veux pas. Les plénipotentiaires n'avaient plus qu'à faire leur malle et à partir; ils sont partis. Les Turcs ont réussi au-delà de tout espoir. La conférence leur plaisait peu; ils aimaient mieux négocier avec chacune des puissances séparément qu'avoir affaire à leurs représentants réunis en comité, engagés d'honneur à s'entendre et qui se faisaient forts d'exercer sur eux une pression. Bref, la conférence les inquiétait, il leur tardait d'en être débarrassés. On célèbre aujourd'hui à Constantinople la victoire qu'a remportée le tarbouch sur six chapeaux qui n'en faisaient qu'un. Les softas se permettent de faire des chansons et des mots; ils ont surnommé le général Ignatief « le général ex-ultimatum ». Nous ne serions pas étonnés qu'on vît prochainement figurer sur les tréteaux de Karaghcuz, le Guignol oriental, un personnage de haute taille ressemblant beaucoup au marquis de Salisbury. Il y a des gamins politiques à Stamboul comme à Paris ou à Berlin. Cependant les Turcs sérieux et perspicaces, les Turcs qui ne sont pas des gamins, ne pensent pas à rire. Ils n'exagèrent pas la portée de leur victoire; s'ils se félicitent d'avoir traversé heureusement un défilé, ils savent que la campagne n'est pas finie, que la situation est grave, que l'Europe ne s'est point désistée, qu'ils sont tenus de faire quelque chose, et que c'est là que les attendent leurs amis comme leurs ennemis. Ils ont refusé de payer, mais on ne leur a pas donné quittance.

La psychologie est une science utile, dont l'importance a été démontrée par la guerre franco-allemande; il a été prouvé en 1870 qu'elle influe sur la bonne conduite des opérations militaires et du siége des places fortes. Si cette science est nécessaire aux chefs d'armées en campagne, elle l'est encore davantage aux diplomates. Or il faut convenir que les plénipotentiaires réunis à Constantinople se sont montrés de médiocres psychologues. Ils n'avaient pas assez étudié l'homme, ou, pour mieux dire, ils sont arrivés sur les rives du Bosphore, comme on l'a remarqué, avec l'idée préconçue que les Turcs ne sont pas des hommes, que les Turcs sont des êtres à part, nés dans une de ces planètes qui tournent autour de l'étoile nommée Sirius. Les délégués des six puissances ont paru croire que ces hommes qui n'étaient pas des hommes n'avaient pas d'yeux et qu'on pouvait leur faire croire tout ce qu'on voulait, qu'ils n'avaient pas d'oreilles et qu'on pouvait parler devant eux de leurs affaires sans qu'ils entendissent rien, qu'ils n'avaient ni fierté, ni dignité, ni orgueil, et qu'on pouvait tout leur demander sans s'exposer à un refus, qu'enfin ils n'étaient pas conformés comme tout le monde et qu'on pouvait leur marcher sur les pieds sans leur faire mal et sans les faire crier. Il s'est trouvé que les Turcs avaient des yeux, des oreilles, de l'orgueil, de la dignité et des pieds sensibles. Ils ont tout vu, tout entendu, apprécié avec justesse les procédés dont on usait à leur égard. A la vérité, ils n'ont pas crié, l'Oriental ne crie guère;

mais ils se sont indignés, et ils ont dit *yoc*, ce qui en turc signifie non, et ils l'ont dit si haut que toute l'Europe les a entendus.

En tout cas, les délégués n'avaient pas appris des généraux prussiens à choisir le moment psychologique où, les munitions et les vivres manquant, les cœurs défaillent, le moment où un bombardement produit tout son effet, où les garnisons se rendent. Les délégués n'ont pas eu le génie de l'à-propos. Les Turcs avaient étouffé dans le sang la révolte bulgare, ils avaient battu les Serbes et pris Alexinatz, et on est venu faire à ces vainqueurs des sommations qu'on fait à des vaincus. On leur a dit : Supposez avec nous que la fortune des armes vous a été contraire, admettez que vous avez été battus, et donnez aux Monténégrins ce port sur l'Adriatique qu'ils convoitent, donnez aux Serbes le Petit-Zvornik, accordez aux Bulgares le droit plus ou moins déguisé de ne plus vous appartenir et de se gouverner eux-mêmes.— C'était demander à la Turquie de décerner une prime d'encouragement à l'insurrection, de dire aux provinces qui n'avaient pas profité de ses embarras pour se soulever : Voyez ce qu'on gagne à nous être fidèles ; nous allons octroyer aux insurgés que nous avons vaincus des avantages que nous refuserons à ceux de nos sujets qui sont demeurés dans le devoir. Voulez-vous y avoir part? Insurgez-vous, nous vous battrons, après quoi nous vous consolerons de votre défaite, nous vous récompenserons de votre révolte, en vous accordant tout ce qu'il vous plaira, la liberté, des garanties, des priviléges ; chacun de vous aura son Petit-Zvornik et un port sur l'Adriatique ou ailleurs.

— Si le sultan Abdul-Hamid et son grand-vizir avaient obtempéré aux injonctions de la conférence, c'était le démembrement de l'empire. M. Gladstone s'est trompé : les Turcs sont des hommes, bien qu'ils ne portent pas de chapeaux ronds et qu'ils méprisent les fourchettes, et quand un homme n'y est pas absolument contraint, on lui persuade difficilement d'offrir à son ennemi sa barbe et sa tête sur un plat d'argent.

S'il en faut croire les apparences, le marquis de Salisbury ne s'est occupé à Constantinople que de l'ambassadeur de Russie. Il pensait peut-être qu'une fois d'accord avec lui il aurait ville gagnée, que le reste irait de soi. Il avait dit en traversant Paris : Mon plus vif désir est de m'entendre avec la Russie, et je suis certain d'y réussir. Nous lui ferons un pont d'or, elle retournera chez elle avec une auréole au front. — Le marquis de Salisbury est arrivé à Constantinople une auréole à la main, il l'a offerte au général Ignatief, qui l'a gracieusement acceptée; mais cette auréole, c'est la Turquie qui devait en faire les frais. Quand on lui a présenté la carte à payer, elle l'a trouvée trop forte, et elle a déclaré qu'elle n'était pas en fonds. Si les plénipotentiaires se sont occupés beaucoup du général Ignatief et pas assez du grand-vizir, c'est que le général est un habile homme et qu'il n'avait rien négligé pour persuader à l'Europe qu'elle devait mettre toute son étude à le satisfaire, que lorsqu'il serait content, tout le monde le serait.

Les Russes diffèrent beaucoup d'opinion touchant le mérite et les talents du général Ignatief. Les uns affirment qu'il y a en lui l'étoffe d'un homme d'État, qu'il est le successeur désigné du prince Gortschakof, et que cet héritier impatient compte avec raison sur un avancement d'hoirie. D'autres prétendent que le général est avant tout un homme heureux, un enfant gâté de la fortune, *ein Sonntagskind*. Appartenant par sa naissance à la petite noblesse, il semblait condamné à faire lentement et péniblement son chemin, et pourtant, comme l'a remarqué l'auteur d'un livre riche en renseignements curieux [1], il est parvenu bien jeune à une situation si élevée qu'il n'avait plus qu'une marche à gravir pour atteindre au faîte. « Sera-t-il un jour chancelier de l'empire de Russie ? On l'a cru longtemps; depuis on s'est pris à en douter; mais quand même il ne serait pas donné au général de succéder au prince Gortchakof, il pourra se vanter d'avoir fourni une de ces carrières exceptionnelles que la fortune réserve au très-petit nombre de ses élus. » Il fut mis en lumière par la mission qu'il remplit en Chine, par le traité qu'il négocia à Péking et qui procura à son pays la possession d'un territoire considérable au sud de l'Amur. Ses ennemis assurent que les circonstances favorisèrent singulièrement son habileté, et que la Russie se trompa en attribuant le succès du jeune négociateur à son génie. De ce moment, il fut considéré comme une étoile de la diplomatie russe; on attendait qu'il eût quelques années de plus pour lui confier un poste de première classe. Son brillant mariage lui vint en aide, et il fut épaulé aussi par le parti national vieux-russe, dont il avait su se concilier la bienveillance et qui était

1. *Aus der Petersburger Gesellschaft*, p. 280 et suivantes.

alors en faveur. A peine âgé de quarante ans, il devenait en 1865 ambassadeur à Constantinople. — « Le jeune ambassadeur était-il doué de tous les talents que réclamait la situation? On ne le savait pas encore, mais on reconnut sur-le-champ qu'il possédait dans une large mesure une qualité fort importante. C'est une des parties les plus difficiles de la politique que de savoir cacher sous un air de confiance des doutes poignants et de pénibles embarras, sans jamais trahir ses incertitudes par un geste ou par un faux mouvement. Pour le général Ignatief, c'était la chose la plus simple du monde. Dès son entrée en scène, il plongea le corps diplomatique dans l'étonnement par cette confiance illimitée en lui-même qui le distingue, et qui est aussi funeste aux demi-talents qu'elle est utile au déploiement du génie. On le voyait, le regard invariablement serein, un sourire de triomphe aux lèvres, témoigner aux Turcs comme aux chrétiens une familiarité affable, mêlée d'un peu d'insolence, les exciter les uns contre les autres par des rapports de fantaisie et essuyer ensuite leurs reproches avec une tranquillité enjouée, comme si leur mécontentement ne pouvait l'atteindre dans l'inaccessible hauteur de sa situation politique et sociale. » L'auteur que nous citons ajoute que « le général est de ces hommes qui considèrent les grandes choses comme le produit de petits facteurs infiniment nombreux. Quand il doit renoncer à faire une grande action, il multiplie les petites et il s'en promet le même effet. » Ainsi en usent les directeurs de théâtres, lorsqu'ils remplacent la pièce en cinq actes qui leur manque par un spectacle coupé, lequel fait quelquefois recette.

Ce dont conviennent amis et ennemis, c'est que le général Ignatief est un habile et remarquable metteur en scène. Il entend à merveille la partie décorative de la diplomatie; il monte dans l'occasion des tragédies à machines, des pièces à trucs, des féeries; il sait parler aux yeux et varier ses effets. Convient-il de sourire, il sourit; faut-il se fâcher, il se fâche, et lorsqu'il faut faire du bruit, personne n'est plus bruyant que lui. Il l'a bien prouvé dans les semaines qui ont précédé la réunion de la conférence. Il avait tout mis en œuvre pour préparer les esprits, pour les amener à son point. Il prodiguait le gros sel en causant avec les journalistes, qui répandaient à tous les vents ses épigrammes, ses boutades et ses sarcasmes. Il se mettait à l'aise, il en usait familièrement avec tout le monde; ses attitudes comme ses propos, tout servait à ses calculs. Il avait l'air de dire : Je suis le maître céans; si mes poches étaient transparentes, vous y verriez les clefs de Sainte-Sophie, tenez que la maison est à moi, je ne compte plus avec le propriétaire.

Dans ses discours, dans ses éloquentes et spirituelles improvisations, le général Ignatief affectait de déclarer bien haut que la Russie avait fait sa dernière concession, qu'elle n'effacerait pas une ligne de son programme. Il se donnait lui-même pour un homme de bronze qu'on chercherait vainement à persuader ou à fléchir. On aurait pu cependant se rappeler qu'en 1868, lors de l'insurrection de Crète, l'homme de bronze s'était laissé fléchir ou qu'il avait été désavoué par son gouvernement. De Constantinople, il avait encouragé, excité la Grèce; il s'était fait le défenseur, le patron « de la grande idée représentée par le petit royaume ». Il avait réussi à persuader aux hommes d'État du petit royaume qu'il était derrière eux et que la Russie était derrière lui ; il s'était fait fort de leur donner la Crète. La Turquie envoya un ultimatum, une flotte et Hobbart-Pacha, et la Grèce recula, s'apercevant trop tard que le général lui avait promis ce qu'il ne pouvait lui donner. Le fond de la diplomatie est l'art de se rappeler exactement ce qu'ont dit les autres et d'oublier à propos ce qu'on a dit soi-même. Le général Ignatief possède au suprême degré la faculté de l'oubli diplomatique. Dans la conférence, il ne s'est point souvenu des incartades auxquelles il s'était livré peu de semaines auparavant. Il a oublié qu'en novembre et en décembre 1876 il avait traité les Turcs de haut en bas, qu'il leur avait témoigné le dernier mépris. « Ils parlent rarement, a dit le poète,

> . . . . Ils sont assis par terre,
> N'ayant ni sou ni poche, et ne pensant à rien.
> Ne les écrase pas, ils te laisseraient faire. »

Le général écrasait les Turcs, ils le laissaient faire. Il affirmait aux correspondants des journaux de Vienne et de Cologne que les Osmanlis sont une race déchue, et les Osmanlis le laissaient dire. Il ajoutait qu'ils sont un peuple fini, et les Osmanlis ne soufflaient mot. Les diplomates ont pu croire qu'il n'y avait à Constantinople qu'un homme, celui qui avait le verbe si haut, qu'il s'agissait de s'entendre avec lui, que les Turcs obéiraient en silence. Les arbitres, chargés de concilier un homme qui parle haut et un homme qui ne dit rien, s'imaginent quelquefois que, dans l'intérêt de leur arbitrage, ils doivent réserver toutes leurs bonnes grâces pour le premier, qu'ils auront facilement raison de l'autre, et souvent ils s'y trompent. Il faut se défier des gens qui ne disent rien.

Ce n'est pas le général Ignatief seulement qui affecte de déclarer que les Turcs sont un peuple fini comme sa religion. Une religion qui s'en va, un peuple qui se meurt, a-t-on souvent dit et répété, mais les vieux peuples ont la vie plus dure qu'on ne pense. On rencontre au bord des ruisseaux de vieux saules décrépits, crevassés, à qui il ne reste plus que l'écorce; ils ne laissent pas de se couronner chaque année de nouvelles pousses, et ce sont de vraies pousses, lesquelles se couvrent de feuilles, et ce sont de vraies feuilles. Les vieux saules ont de subites remontées de sève et des printemps inattendus, miraculeux. Le mahométisme prouve sa vitalité non-seulement par l'insurmontable résistance qu'il oppose à tous les efforts des missionnaires chrétiens pour l'entamer, mais encore par les nouvelles conquêtes qu'il a faites et qu'il fait tous les jours. Il a poussé plus avant dans l'Asie centrale, détaché de la Chine cette vaste province qu'on appelle la Tartarie chinoise ou le Turkestan oriental, et ajouté un nom nouveau à la liste des royaumes musulmans. Il a fait des progrès bien plus considérables encore dans l'intérieur de l'Afrique, où il se répand d'année en année, progrès utiles à l'humanité, car il détruit partout le fétichisme, la sorcellerie, les sacrifices humains. Les voyageurs reconnaissent qu'il a prise sur des populations réfractaires au christianisme et qu'il leur fait

subir une heureuse transformation ; ils avouent que
le nègre mahométan est le plus souvent supérieur en
moralité au nègre chrétien, parce que Mahomet seul
a trouvé le secret d'empêcher le nègre de boire.
L'islamisme, a-t-on dit, a institué en Afrique une
vaste société de tempérance ou plutôt de totale abs-
tinence, qui s'étend aujourd'hui des bords du Nil
jusqu'à la Sierra-Leone [1].

La religion de Mahomet n'est pas morte, et l'empire du croissant vit encore. On a déjà conduit plus
d'une fois son enterrement, mais le cercueil était
vide, et le malade a regardé passer le convoi en
fumant son chibouck, en buvant son café ou en man-
geant des confitures à la rose. Après M. Gladstone
et tant d'autres publicistes, M. Emilio Castelar vient
de s'écrier à son tour dans son langage harmonieux
et sonore : « Une religion qui se meurt, une race
qui se consume, un empire qui s'éteint dans une
vieillesse prématurée, voilà le bilan de la Turquie [2]. »
Après avoir dressé l'acte de décès, il a fait, lui aussi,
le partage de la succession. Il veut faire de Constantinople, « avec ses jardins, avec ses cent temples,
avec ses bazars et ses marchés, avec sa population
babylonique où se confondent toutes les races, où se
parlent toutes les langues, la capitale du monde, et
comme capitale du monde, une cité anséatique, mu-
nicipale, libre, sans douanes et sans rois, garantie
par toutes les puissances, administrée par toutes les

1. *Mohammed and Mohammedanism,* by R. Bosworth Smith.
London, 1876, p. 36-57.

2. *La Cuestion de Oriente,* por D. Emilio Castelar. Madrid,
1876.

races, île de paix, *isla de paz*, sereine au milieu des rivalités guerrières, qui servira de point d'intersection aux continents, de foyer lumineux à l'esprit humain. » Pour créer ce foyer lumineux, l'éloquent orateur, chevalier courtois et sans reproche de la démocratie, supprime d'un trait de plume non-seulement l'empire turc, mais la monarchie austro-hongroise, et de tous les Slaves du midi émancipés et reliés en faisceau, des Roumains et des Hellènes, il forme une confédération paisible, prospère, heureuse, républicaine comme la Suisse. O poète ! ô bouche d'or ! Quelqu'un remarquait à ce propos que réunir trois araignées dans une boite, en leur recommandant de se tenir tranquilles et de ne pas se manger, n'a jamais été une solution, qu'il faut trouver autre chose. Jusqu'à ce qu'on ait trouvé autre chose, le Turc est là, indifférent aux brocards et aux mépris des journalistes de Moscou, aux hyperboles de M. Gladstone, aux métaphores castillanes, se regardant depuis quatre siècles comme la meilleure des solutions, étonné qu'on cherche autre chose et persuadé qu'on ne trouvera rien, exploitant à son profit les zizanies de ses ennemis, traversant des révolutions et demeurant fidèle à ses traditions séculaires de gouvernement, régnant sur des races profondément divisées qui se jalousent les unes les autres plus qu'elles ne détestent leur maître, conciliant le bon sens, la sagesse, la tolérance avec d'odieux ou de ridicules abus, commettant des fautes par inertie et industrieux à les réparer, condamné par ses médecins et se piquant de leur survivre, toujours sur le point de périr et durant toujours, capable de donner à plus d'un empire des leçons dans l'art si difficile de se conserver soi-même. Un publiciste russe écrivait naguère que le gouvernement turc était l'un des plus solides de l'Europe ; il posait en principe et presque en axiome que la Turquie n'a rien à craindre de ses ennemis du dedans, aussi longtemps qu'elle n'est pas menacée par ses ennemis du dehors, aussi longtemps que ses voisins ne s'ingèrent pas dans ses querelles avec ses sujets ou avec ses vassaux.

En bonne foi, ce ne fut pas un spectacle sans grandeur que la séance du grand conseil, convoqué le 18 janvier de cette année pour examiner et discuter les propositions des plénipotentiaires. Il se composait de deux cents dignitaires de l'empire, parmi lesquels on comptait plus de soixante chrétiens de toutes les confessions, grecs orthodoxes, catholiques romains, arméniens, délégués de l'exarchat bulgare. Les juifs eux-mêmes y figuraient, représentés par leur grand rabbin. Midhat-Pacha exposa sans détours à l'assemblée les conséquences d'un refus, la guerre et ses horreurs, l'invasion, la famine, le trésor vide, point d'argent et point d'alliés, et à l'unanimité l'assemblée repoussa les propositions de la conférence, en s'écriant : « Plutôt la mort que le déshonneur ! » Cette tragédie oratoire ne manquait ni d'éclat ni de nouveauté, et le rôle que les chrétiens y ont joué a produit en Europe une vive sensation. C'était une réplique victorieuse, un vrai coup de théâtre. Le général Ignatief a trouvé son maître dans la science de la mise en scène, Midhat-Pacha en pourrait tenir école.

Un publiciste de grand mérite, M. de Mazade, remarquait fort justement qu'un peuple n'est pas

mort quand il a une armée et une diplomatie. Les
Turcs ont des soldats, ils ont aussi des diplomates, et
les diplomates turcs se sont acquis une réputation
méritée de finesse. Dans ces derniers temps, ils ont
été audacieux parce qu'ils étaient perspicaces. Ils
ont vu clair dans le jeu des délégués, et ce qui les a
déterminés à la résistance, c'est qu'ils n'étaient pas
dupes de la prétendue unanimité sous laquelle on
voulait les écraser. Ils savaient que parmi les plénipotentiaires plusieurs souhaitaient peut-être en secret
l'échec de la conférence, jugeant, les uns qu'on demandait trop, les autres qu'on ne demandait pas
assez. L'Autriche, les hommes d'État de Constantinople n'en doutent point, désire le maintien du *statu
quo* autant qu'eux-mêmes. Sa politique consiste à
examiner de bonne grâce tout ce qu'on lui propose
et à trouver partout des difficultés : c'est une politique de résistance cordiale et empressée. La France,
on le sait aussi à Stamboul, est résolue à ne prendre
aucun parti, aucun engagement dans la question
d'Orient ; elle ne peut avoir à cœur que le maintien
de la paix. Son gouvernement fût-il tenté de renoncer
à sa politique prudente et réservée, elle l'obligerait
de se conformer à la déclaration faite par le duc
Decazes. C'est à peine si elle l'autorise à avoir un
sentiment sur les points qui peuvent diviser l'Europe ; en fait d'opinions, elle s'en tient au nécessaire ; elle estime que dans la situation que lui ont
imposée les événements les opinions superflues sont
des opinions dangereuses. M. Thiers exprimait
vraiment les vœux et la pensée de son pays quand
il disait dernièrement : « Nous avons besoin de

paix ; nous la désirons, afin de pouvoir nous accoutumer au calme et à la réflexion. L'époque présente ne se prête ni à de grandes fautes, ni à de grandes actions. Les grandes fautes, si on en commettait, ne sauraient être commises que volontairement ; quant aux grandes actions, il serait imprudent d'y songer. »

Midhat-Pachat connaît également les véritables dispositions du cabinet anglais. Lorsque la Grande-Bretagne gourmande la Turquie, lui témoigne de l'humeur, il sait ce qu'il en faut penser et qu'elle ressemble à cette mère qui tance son enfant et le menace de le donner au loup, s'il n'est pas sage :

> . . . . L'animal se tient prêt,
> Remerciant les dieux d'une telle aventure,
> Quand la mère, apaisant sa chère géniture,
> Lui dit : Ne criez point ; s'il vient, nous le tuerons.

Midhat-Pacha est instruit des difficultés intérieures avec lesquelles lord Derby doit compter ; il n'ignore pas que lord Salisbury était chargé de préparer à Constantinople des arguments oratoires pour le ministère, qu'il pensait beaucoup à la chambre des communes, qu'on l'avait prié de ne rien dire, de ne rien faire qui pût fournir une hyperbole de plus à M. Gladstone et une recrue nouvelle au parti whig, et qu'au surplus embrasser son ennemi est quelquefois une manière de lui lier les bras. Midhat-Pachat n'ignore pas non plus que l'Allemagne elle-même a ses embarras, qui la gênent dans ses calculs. N'ayant pu déterminer l'Autriche et la Russie à une action commune, elle se verrait forcée, si la guerre éclatait, de sacrifier l'une à l'autre, et son choix, quel qu'il fût, pourrait avoir de fâcheuses conséquences. Elle est désireuse aussi de ne point se brouiller avec le Royaume-Uni ; elle n'est point indifférente à l'opinion anglaise, qu'elle a toujours ménagée. Jadis l'Anglais considérait l'Allemand comme un parent pauvre. Depuis, ce parent pauvre a fait son chemin, et quel chemin ! Il est devenu un de ces cousins millionnaires qu'on avoue, qu'on fréquente et qu'on courtise. L'Angleterre n'a point été fâchée de la prodigieuse fortune de l'Allemagne. Elle se flatte que l'empire germanique est en Europe un élément de stabilité politique, et qu'après avoir affaibli la France, il tiendra en bride les ambitions de son voisin de l'Est. Il importe à l'Allemagne que les Anglais conservent ce préjugé favorable. Au surplus Berlin a des liens étroits de famille avec la cour de Windsor comme avec Saint-Pétersbourg. C'est une princesse anglaise et très-anglaise qui sera un jour impératrice d'Allemagne, et, dans ses loisirs, M. de Bismarck s'occupe du futur règne. L'automne dernier, pour échapper aux questions et aux questionneurs, il a prolongé son séjour à Varzin ; quand il en est revenu, il a déclaré au Reichstag qu'il ne sacrifierait pas aux intérêts qui se débattent en Orient « la solide charpente d'un fusilier poméranien ». Ce mot a été médité à Constantinople, et il a paru clair qu'on pouvait beaucoup oser sans risquer de se brouiller avec la première puissance militaire du monde.

Il ne faut pas dire trop de mal de la conférence ; elle a échoué, les plénipotentiaires sont retournés chez eux les mains vides, et cependant cette conférence, qui n'a pas abouti, n'a point été inutile. Avant qu'elle se réunît, la Russie et la Turquie se trouvaient face à face dans un dangereux tête-à-tête. Le dialogue allait s'aigrissant, l'Europe tout entière s'est mêlée à la conversation, qui est devenue générale. L'Europe a épousé les griefs du cabinet de Saint-Pétersbourg ; elle n'a rien obtenu, mais elle a dégagé l'honneur de la Russie. Il n'y a point eu d'offense ; on parle d'un soufflet ; s'il a été donné, il a été partagé à l'amiable entre six, et on ne fait pas la guerre pour un sixième de soufflet. Toutes les puissances se sont prêtées à ce partage de bonne grâce, à la réserve de l'Allemagne, qui a la joue chatouilleuse et qui a montré de l'humeur. Si son plénipotentiaire est devenu d'un jour à l'autre raide et cassant, cela tient apparemment à ce qu'elle éprouvait quelque dépit d'avoir été conviée à cette petite fête, qui ne lui revenait pas. Shakspeare nous enseigne « qu'il n'y a pas de profit où il n'y a pas de plaisir ; » mais Shakspeare a dit aussi : « En te frappant, ma main n'avait pas d'autre intention que de réveiller ton oreille et de la prier d'écouter. » Les soufflets turcs ne signifient pas autre chose.

Non-seulement l'honneur de la Russie a été dégagé, et rien ne l'oblige aujourd'hui à tirer l'épée, mais en définitive elle a obtenu gain de cause : l'Occident s'est associé à ses protestations et s'est joint à elle pour condamner les intolérables abus de l'administration turque. Si la Turquie a refusé les garanties qu'on lui demandait, elle a pris l'engagement de s'amender. Elle a certifié que la constitution octroyée par le sultan répondait à tous les besoins, et elle a juré que les clauses en seraient exécutées. Cette charte qui, prise au sérieux, mise loyalement en pratique, transformerait l'empire du croissant en une monarchie constitutionnelle ou même parlementaire, établit l'égalité absolue entre les chrétiens et les musulmans, ou, pour mieux dire, elle ne les distingue plus les uns des autres. Non, il n'est pas juste de prétendre qu'il n'y a rien de nouveau sous le soleil. Midhat-Pacha vient d'inventer quelque chose de tout nouveau, un être de raison, qui demain peut-être, nous le souhaitons, sera un être en chair et en os, et qui s'appelle l'Ottoman. Il y avait jusqu'aujourd'hui dans la péninsule du Balkan des maîtres et des sujets, des Turcs et des raïas ; il n'y aura plus désormais que des Ottomans, les uns disciples de Mahomet, les autres grecs orthodoxes, ou catholiques romains, ou israélites, ou relevant de l'exarchat bulgare, ou arméniens grégoriens, ou arméniens hassounistes, ou arméniens anti-hassounistes.

Le sultan Abdul-Hamid et son vizir ne peuvent s'aveugler jusqu'à méconnaître la gravité de la situation. Dans le temps où M. de Bismarck représentait la Prusse à la diète de Francfort, il dit un jour : « Vous verrez que je deviendrai un grand homme et que je finirai par une grande faute. » Si Midhat-Pacha pensait avoir tout fait en refusant les propositions des plénipotentiaires, s'il s'endormait sur l'avantage diplomatique qu'il vient de remporter, il aurait commis dès son premier pas une grande faute, ce qui pour un grand homme est commencer par la fin. Il n'en sera rien ; Midhat-Pachat n'est pas un réformateur de circonstance, la réforme a été la pensée de toute sa vie, et il a montré jadis dans son vilayet ce qu'il savait faire. Le danger est qu'il n'y a pas de temps à perdre, et que le Turc n'aime pas à se presser ; il n'a jamais compté les heures, il doit apprendre à compter les minutes. L'Europe est disposée à voir dans l'invention de l'Ottoman un expédient ou un jeu d'esprit oriental ; le jour où il lui serait démontré qu'on s'est moqué d'elle, personne ne pourrait plus blâmer l'intervention armée de la Russie ni lui conseiller de plus longues patiences. Assurément on ne peut exiger que d'ici à demain la charte ottomane devienne une vérité ; mais il importe à tout le monde qu'elle devienne le plus tôt possible une vraisemblance, et que tel président de conseil ou tel ministre des affaires étrangères puisse déclarer avant peu à la tribune, sans s'exposer au ridicule, qu'il commence à croire à l'Ottoman.

XII

LES MÉMOIRES
DU PRINCE DE HARDENBERG

I

AVANT IÉNA

Mars 1877.

Les quatre beaux volumes qui ont paru à Leipzig sous le titre de *Mémoires du chancelier d'État prince de Hardenberg* [1], et dont la publication est célébrée par la presse allemande comme un événement littéraire, contiennent à la fois beaucoup plus et beaucoup moins que la plupart des ouvrages appartenant au genre des mémoires. On se flatterait vainement d'y trouver l'autobiographie détaillée et complète de l'homme d'État qui, né en 1750 dans l'électorat de Hanovre, entra, en 1790, au service de la maison de Brandebourg, négocia la paix de Bâle, remplaça par intérim le comte Haugwitz comme ministre des affaires étrangères, déposa ce pesant portefeuille

1. *Denkwürdigkeiten des Staatskanzlers Fürsten von Hardenberg*, herausgegeben von Leopold Ranke; Leipzig, Duncker et Humblot, 1877, 4 vol. in-8°.

quelques mois avant la bataille d'Iéna, le reprit pour peu de temps dans es derniers jours de 1806, reparut sur la scène, en 1810, comme chancelier d'État et pendant les douze dernières années de sa vie ne cessa plus de jouer en Prusse le premier rôle. Le prince de Hardenberg n'a jamais songé à mettre le public dans le secret de son histoire intime; il estimait, nous dit-il, « qu'il ne convient pas de mener le lecteur à la garde-robe. » Jamais non plus il n'a pensé à raconter aux curieux tous les incidents de sa longue carrière politique, toutes les affaires auxquelles il a pris part. Ses soi-disant mémoires, qui n'embrassent qu'un espace de quatre années, n'en sont pas moins un ouvrage de grand prix. On y trouvera des renseignements de première main et du plus haut intérêt sur l'histoire intime du gouvernement prussien depuis la rupture de la paix d'Amiens jusqu'au traité de Tilsitt; à ces renseignements sont jointes toutes les pièces à l'appui, dont la plupart étaient demeurées inédites.

Ce fut à Tilsitt même, où il séjourna du 21 février au 7 novembre 1808, que Hardenberg entreprit de recueillir ses souvenirs et de narrer pour la postérité les événements qui venaient de se passer sous ses yeux. Il avait rapporté de Riga une provision de papiers diplomatiques qu'on y avait mis en dépôt pour les dérober à la dangereuse curiosité du vainqueur. Son écrit était principalement destiné à prouver qu'il n'était point responsable des désastres que venait d'essuyer la Prusse, que le système de conduite qui avait prévalu n'était pas le sien. Ce mémoire justificatif fut trouvé après sa mort parmi d'autres papiers cachetés et transporté avec eux aux archives de Berlin, pour n'être publié qu'après cinquante ans accomplis. Quand le terme fut échu, ce fut M. de Bismarck qui brisa les sceaux et qui commit aux soins de M. Ranke ce précieux dépôt, en le chargeant de la publication. C'était une bonne fortune pour les *Mémoires* du prince de Hardenberg que d'être confiés à de telles mains. M. Ranke ne s'est pas contenté de les publier, en y pratiquant quelques coupures ; il les a accompagnés de deux volumes de commentaires, qui renferment l'histoire suivie de la politique prussienne de 1793 à 1813, et dans lesquels on retrouve cette impartialité magistrale, cette hauteur de vues et de raison, cette finesse d'aperçus, ce style ferme, élégant et lumineux, qui sont la marque distinctive de l'illustre historien dont on peut dire qu'il a deux patries, la Prusse et l'Europe.

Rien dans l'histoire n'est plus propre à intéresser les Français d'aujourd'hui que le récit des malheurs de la Prusse en 1806 et de son relèvement laborieux, graduel, méthodique, œuvre d'une patience intelligente et courageuse dont elle a le droit d'être fière. On a vu trop souvent dans la déclaration de guerre que Frédéric-Guillaume III a si cruellement expiée à Iéna un coup de tête, une résolution soudaine, irréfléchie, arrachée à la faiblesse d'un roi par une reine aussi passionnée qu'imprudente, par des intrigues de cour, par une armée infatuée de son passé, par la pression d'une opinion publique affolée. A toutes les grandes crises se trouvent mêlées des passions imprévoyantes et funestes, qui conspirent avec les destinées ; dans tous les temps et dans tous les pays, on a vu de belles souveraines qui ont des ressentiments ou des fantaisies à satisfaire et dont les déraisons traversent les calculs des hommes d'État, des ministres de la guerre qui déclarent qu'on est prêt, qu'il ne manque pas un bouton de guêtre à la victoire, des intrigues, des pratiques secrètes, des factions attentives à tirer parti des événements, un populaire qui s'échauffe sans savoir pourquoi et des souverains qui, las de résister, s'abandonnent à la fortune et jouent leur couronne dans de tristes hasards. Cependant il ne faut pas s'y tromper, en 1806 comme en 1870, la guerre a été le dénoûment presque inévitable d'une situation tendue, d'un conflit d'intérêts qui allait s'aggravant d'année en année. Il s'agissait jadis pour la Prusse de recourir aux armes ou de renoncer à toutes ses ambitions légitimes et même à son indépendance, et il y a six ans, Napoléon III avait à décider s'il accepterait une diminution de son influence et de sa dignité, qui devait entraîner la déchéance de sa dynastie. En 1870 comme en 1806, l'art du provocateur a été de se faire provoquer, l'art de l'agresseur a été de se faire attaquer. En 1870 comme en 1806, la faute a consisté non à faire la guerre, mais à l'avoir prévue sans s'occuper de la préparer, à s'être laissé surprendre par l'événement, à n'avoir su choisir ni l'heure, ni l'occasion, à s'être trop peu soucié de mettre les apparences de son côté. Il n'est pas permis à un gouvernement d'avoir raison et de se donner l'air d'avoir tort.

Par le traité de Bâle, signé le 5 avril 1795, la Prusse s'était détachée de la coalition européenne, elle avait fait sa paix avec la révolution française, et

en vertu de la convention supplémentaire du 17 mai,
le bénéfice de la neutralité, qui allait devenir pendant dix ans son système, fut étendu à tous les États
de l'Allemagne du nord compris dans la ligne de
démarcation qu'on avait fixée. Le comte Haugwitz
racontait jadis à M. Ranke qu'il avait assisté aux derniers moments de Frédéric-Guillaume II, et que bien
près de sa fin, le roi, repassant dans son esprit tous
les événements de son règne, lui avait dit : « Je n'aurais jamais dû entreprendre la guerre contre la
France. Que n'étiez-vous alors auprès de moi ! Heureusement nous en avons été quittes pour un œil
poché. » Il ajouta que la politique de neutralité était
la bonne, il exprima le désir que son fils ne s'en dé-
partît jamais. Frédéric-Guillaume III était disposé à
accomplir le vœu de son père, qui était aussi le vœu
de la grande majorité de ses sujets. Le 6 juillet 1798,
quand la noblesse des trois Marches, en grand ap-
pareil, revêtue de ses insignes, la tête poudrée, se
réunit à Berlin dans la Salle-Blanche pour prêter son
serment d'hommage au nouveau roi, on vit apparaître soudain au milieu de cette brillante et patriar-
cale assemblée une figure étrangère et étrange, un
personnage aux cheveux noirs sans un grain de poudre, la taille ceinte d'une large écharpe tricolore.
C'était l'envoyé de la république française, Sieyès.
Tout le monde savait à Berlin qu'il avait voté la mort
de Louis XVI, et on peut se représenter l'effet que
produisit dans la Salle-Blanche l'entrée du régicide.
La république avait chargé ce régicide d'obtenir
pour elle l'alliance de la monarchie du grand Frédéric. Sieyès demandait plus que la Prusse ne pou-

vait lui accorder. Frédéric-Guillaume III désirait vivre en paix avec la république, il consentait à être son ami, il ne voulait pas être son allié ni épouser ses querelles, il entendait demeurer neutre. Cette neutralité, comme le remarque M. Ranke, a eu des conséquences heureuses pour l'Allemagne et en particulier pour la gloire de sa littérature. La cour de Weimar, l'université d'Iéna, étaient comprises dans la ligne de démarcation; on y jouissait des doux loisirs de la paix, du repos et de la liberté d'esprit qu'elle procure, sans se désintéresser des grandes passions et des grandes idées qui remuaient le monde; c'était comme un observatoire, commandant un vaste horizon et protégé contre la fureur des vents, d'où l'on avait vue sur les tempêtes. Les onze années qui se sont écoulées entre la paix de Bâle et la bataille d'Iéna ont été les plus fécondes pour la littérature allemande, les plus riches en productions originales. C'est l'époque de Fichte et de Schelling, de Voss, de Wolf et de l'école historique de Gœttingue, l'époque qui a vu naître les *Élégies romaines*, *Hermann et Dorothée*, *Wilhelm Meister*, *la Cloche*, *Wallenstein*, *Guillaume Tell* et *la Pucelle d'Orléans*. « La littérature d'alors, ajoute M. Ranke, avait un caractère d'idéologie cosmopolite; le temps allait venir où elle le perdrait et où les impulsions patriotiques s'empareraient de tous les esprits. »

Tout en politique est affaire de circonstances; le meilleur système de conduite devient désastreux lorsqu'il n'est plus conforme aux temps. Un bon pilote doit savoir changer de manœuvres, il doit selon le vent larguer ses ris ou plier ses voiles. Si utile qu'eût été à l'Allemagne dans le principe la politique de neutralité, se promettre de jouir éternellement des bienfaits de la paix au milieu de l'éternel orage déchaîné sur l'Europe était une utopie. Placée entre la Russie et la France, qui multipliaient leurs obsessions pour l'attacher à leur cause, la Prusse refusait de choisir entre Napoléon et Alexandre Iᵉʳ, tout en s'appliquant à conserver les meilleurs rapports avec l'un et l'autre. Tout craindre, tout espérer, ménager tout le monde sans s'engager avec personne, manquer toutes les occasions et se persuader qu'on est habile parce qu'on réserve l'avenir et qu'on se dispense de vouloir, telle fut la politique prussienne dans les premières années de ce siècle.

On a souvent répété qu'il y avait alors à Berlin deux hommes dirigeants qui se partageaient ou, pour mieux dire, qui se disputaient la conduite des affaires étrangères, et que l'un, le comte Haugwitz, était un partisan résolu de l'alliance française, tandis que l'autre, le baron de Hardenberg, tenait pour l'alliance russe. Les pamphlétaires du temps accusaient le premier d'être à la solde du cabinet de Saint-Cloud, le second d'avoir part « à la pluie d'or » que l'Angleterre versait à pleines mains sur ses amis du continent. On se convaincra par la lecture des *Mémoires* qu'il y avait entre ces deux hommes d'État moins une contrariété sérieuse de principes qu'une rivalité personnelle, des conflits d'amour-propre et des dissentiments sur les mesures à prendre dans les occurrences qui pouvaient se présenter. On ne saurait trop dire quels étaient les principes du comte Haugwitz; à proprement parler, il n'en avait point. Adroit plutôt qu'habile, il estimait que l'adresse suffit à tout, et il vivait au jour le jour, plein de confiance en lui-même, persuadé qu'en toute rencontre il saurait inventer quelque expédient pour sortir d'embarras. Hardenberg, sans avoir du génie, était un politique d'une tout autre valeur; il avait des vues d'ensemble et le sentiment des situations. Son grand mérite est d'avoir compris de bonne heure que la Prusse devait opter entre les deux ennemis qui recherchaient son amitié, et que plus on retardait le jour de cette option, plus on laissait les difficultés s'aggraver, les dangers s'accroître, les chances favorables s'évanouir. Hardenberg jugeait que, dès le lendemain de la paix d'Amiens, la Prusse aurait dû faire son choix, se prononcer hautement pour ou contre Napoléon, se poser vis-à-vis de lui comme la protectrice de l'Allemagne du nord et lui interdire l'occupation du Hanovre, ou au contraire accepter franchement ses propositions d'alliance, en lui disant : Vous n'avez en vue que votre agrandissement, nous avons besoin, nous aussi, de nous agrandir. Donnant, donnant, vous aurez notre appui, permettez-nous de prendre nos sûretés, aidez-nous à satisfaire nos convoitises; ce que nous convoitons, ce n'est pas seulement le Hanovre, ce sont les villes hanséatiques, c'est peut-être aussi la Saxe ou la Bohême. « Il ne fallait pas être scélérat à demi, » s'écrie à ce propos Hardenberg; mais il s'empresse d'ajouter qu'il eût été impossible d'amener le roi à signer un pareil traité et qu'il n'aurait jamais osé lui en donner le conseil.

Hardenberg ne mentait pas quand, peu de jours après la bataille de Friedland, il écrivait au général

Duroc : « Les grands hommes reviennent le plus facilement des préventions qu'on peut leur avoir données. Votre auguste souverain, monsieur le grand-maréchal, en a eu contre moi; je ne les ai pas méritées, et j'espère qu'il me sera aisé de les détruire. Il n'a pas tenu à moi que dans l'époque où j'eus l'honneur de négocier avec Votre Excellence, la Prusse ne soit devenue l'alliée de la France sur un plan libéral et grand, conforme aux véritables intérêts des deux États. J'aurais voulu que la politique de la Prusse eût du caractère, qu'elle eût été digne d'une grande puissance... On m'a accusé tantôt d'être Anglais, tantôt d'être Russe; je ne suis ni l'un ni l'autre, mais je suis un bon et zélé Prussien. » Hardenberg avait le droit de tenir ce langage; il n'est pas moins vrai qu'il avait toujours eu le sentiment des périls attachés à l'alliance française, parce qu'il avait démêlé dès le principe le but où tendaient les insatiables ambitions de Napoléon Ier. La Prusse ne pouvait renoncer sans abdiquer à son rôle de puissance prépondérante en Allemagne; le comte Haugwitz lui-même se plaisait à dire qu'il entendait faire de son maître l'empereur de l'Allemagne du nord. On aurait pu se flatter de gagner à ce projet Sieyès et le Directoire; la Prusse protestante s'était facilement entendue avec une république qui avait des sécularisations à lui proposer et qui, au surplus, n'aspirait pas à conquérir le monde; mais l'accord était-il possible avec le moderne Charlemagne, aspirant à mettre la main sur tous les États germaniques comme sur l'Italie, et à placer sa famille sur tous les trônes de l'Europe? Après Austerlitz et même avant, il avait décidé qu'il n'y aurait plus sur le continent de puissance qui pût l'obliger de compter avec elle, que son épée aurait raison de ses ennemis et que ses amis seraient ses vassaux. Ne s'était-il pas écrié dans une négociation : « La Russie doit savoir que la France peut appliquer à l'égard des États du Continent le même système qu'emploie l'Angleterre dans les Indes à l'égard des nababs? » Ce mot autorisait Jérôme Bonaparte à dire, en 1807, à l'un des amis de Hardenberg : « Vous êtes bien plus heureux d'être nos ennemis que d'être nos alliés. » Le 2 janvier 1806 avait paru dans la *Gazette de France* un article intitulé *Tableau de l'Europe*, dans lequel on annonçait que c'en était fait de la balance politique et de l'équilibre européen, que dorénavant l'Europe demanderait la paix et la sécurité à l'homme qui était son protecteur et qui déciderait de l'existence des pays et de la conservation des couronnes : « L'année qui commence pour nous sous les plus heureux auspices sera une grande époque dans l'histoire moderne, elle verra fonder un nouveau système d'équilibre entre toutes les parties de l'Europe; ce ne seront plus des forces égales qui par leur opposition se maintiendront en repos; mais une seule puissance prépondérante, trop forte désormais pour être attaquée et trop grande pour avoir besoin de s'étendre, tiendra tout en paix autour d'elle. » Dans cet article, remarque Hardenberg, la Prusse n'était pas nommée, « omission fatidique, *eine ominöse Auslassung.* »

Un vasselage plus ou moins onéreux, déguisé sous le nom d'une alliance avec le tout-puissant conquérant, ou une alliance en règle avec la Russie, il n'y avait, selon Hardenberg, plus d'autre alternative pour la Prusse, et le 18 juin 1806 il présentait au roi un mémoire qui renfermait ces lignes : « Votre Majesté a été placée dans la situation singulière d'être à la fois l'allié de la Russie et de la France, de ce qu'il y a dans ce moment de plus hétérogène en politique. Cet état ne peut pas durer. Quoi qu'on fasse, quelle que soit l'adresse qu'on y mette, l'un ou l'autre de ces deux alliés sera mécontent de la Prusse et son ennemi secret. Elle sera isolée, sans amis, sans confiance, sans considération et sans secours, et dans un danger continuel sur toutes ses frontières, sans moyens de le parer efficacement, tandis que la ruine de son commerce la consumera et augmentera de jour en jour le mécontentement intérieur. Je suis donc intimement persuadé qu'il faut dès à présent opter entre les deux alliances et préparer avec la plus grande activité et énergie les moyens de remplir les obligations de celle qu'on aura choisie. Je crois que plus que jamais les demi-mesures, l'indécision, l'espoir de se tirer facilement des difficultés toujours renaissantes, conduiraient l'État à une ruine certaine. » Quelques mois auparavant, Joseph de Maistre écrivait de Saint-Pétersbourg à son roi : « Il faut que la Prusse prenne garde à elle ; jamais puissance ne se trouva engagée dans un pas plus difficile ; placée entre deux puissances formidables, vulnérable de toutes parts, mais surtout par la Pologne, le parti qu'elle prendra peut décider de son existence. Le plus dangereux sera celui de tergiverser, et c'est probablement celui qu'elle choisira. »

L'homme qui tergiversait, c'était le roi, moins par

G. VALBERT.   20

faiblesse de caractère que par système et de parti-
pris. La neutralité à outrance était sa devise, et la
tergiversation était chez lui un principe, un procédé
de gouvernement; il était le plus méthodique et le
plus obstiné des irrésolus. Les mémoires de Hardenberg nous le montrent sous un jour nouveau. On a
vu trop souvent dans Frédéric-Guillaume III un
homme sans volonté, gouverné par les conseils et
par les passions des autres, entraîné tour à tour par
des courants contraires; on l'a représenté subissant
tantôt l'influence du comte Haugwitz, qui cherchait
à l'engager avec la France, tantôt celle de Hardenberg, qui le poussait dans les bras de la Russie. Ses
sujets eux-mêmes le jugeaient ainsi; au mois d'a-
vril 1806, il parut à Berlin une caricature où on le
voyait entre ses deux conseillers, dont l'un lui présentait une épée, tandis que l'autre, le tirant par la
basque, lui glissait dans la main un bonnet de nuit.
Un fait cité par Hardenberg prouve combien Frédéric-Guillaume III dépendait peu des conseils de ses
ministres. Quand les Français, au mois de juin 1803,
s'emparèrent du Hanovre sous le commandement du
général Mortier et occupèrent non-seulement le cours
du Weser, mais les bords de l'Elbe et Cuxhafen,
l'empereur Alexandre proposa au roi de Prusse de
signer avec lui une convention militaire en vertu de
laquelle ils auraient fait avancer une armée sur
l'Elbe et sommé les Français d'évacuer leur nouvelle
conquête. Malgré les sympathies françaises qu'on
lui attribuait, le comte Haugwitz appuyait chaudement ce projet; toutes ses sollicitations ne purent
triompher de la résistance du roi, qui bientôt après

se rendit à Ansbach. Hardenberg était le seul de ses ministres qui s'y trouvât avec lui ; le roi ne daigna ni prendre ses avis, ni le mettre au fait, et il déclara, par un ordre de cabinet, qu'il resterait fidèle à sa politique d'isolement, et qu'aussi longtemps qu'un de ses sujets n'aurait pas été tué sur le territoire prussien, il se tiendrait à l'écart de toute querelle.

Sans doute Frédéric-Guillaume III aimait à consulter, il consultait tout le monde, il avait même la manie des conférences, et il s'ensuivait que d'habitude ses secrets étaient mal gardés ; mais son parti était toujours pris d'avance. Cherchait-on à l'en ramener, il était inépuisable en arguments bons ou mauvais pour se démontrer à lui-même qu'il avait raison et pour écarter toutes les mesures qu'on lui proposait. Le conseiller de cabinet Lombard écrivait un jour à Hardenberg : « Le roi est inquiet, comme toujours dans les temps de crise. Par un contraste singulier, il a alors, avec un attachement invincible à son idée, le besoin d'écouter tout le monde. » Il écoutait, mais il n'en faisait qu'à sa tête. Au reste sa façon de consulter était particulière et peu propre à encourager la franchise. Lorsque les Français se permirent d'enlever nuitamment près de Hambourg le chargé d'affaires anglais Rumbold, qui était accrédité auprès de Frédéric-Guillaume III, ce rapt d'ambassadeur le scandalisa justement. Il écrivit au comte Haugwitz : « J'ai demandé satisfaction à Bonaparte de la lésion de la neutralité ; s'il ne l'accorde point, que doit faire la Prusse ?.. Il y a plusieurs personnes qui votent en faveur de la guerre, *moi pas*. » Ce *moi pas* était significatif, remarque Hardenberg, et le roi l'avait souligné de sa main.

Ses ministres n'étaient que des commis, qui, dans mainte circonstance, avaient peine à l'approcher et en étaient réduits trop souvent à lui adresser des mémoires écrits. Des mesures importantes étaient prises sans qu'ils en eussent connaissance. Les seuls confidents intimes du roi était les conseillers irresponsables dont se composait son cabinet privé et qui s'arrangeaient pour être toujours de son avis. Ils se permettaient quelquefois de communiquer et de traiter directement avec les envoyés des puissances à Berlin. On peut juger de la complication que cela mettait dans les affaires ; mais cette complication plaisait au roi, et à peine lui suffisait-elle ; ce malade avait le goût des maladies compliquées. Hardenberg avait pris l'intérim des affaires étrangères ; quand expira le congé du comte Haugwitz, le roi les pria l'un et l'autre de rester en charge, il lui convenait d'avoir deux ministres des affaires étrangères. Hardenberg refusa obstinément cette moitié de portefeuille qu'on lui offrait ; il n'en demeura pas moins ministre occulte par la volonté de son souverain. A l'insu du comte Haugwitz, il eut la conduite des négociations importantes qu'on venait d'entamer avec la cour de Saint-Pétersbourg ; il communiquait avec le roi par l'entremise du directeur des postes, et quand il avait besoin de le voir, il obtenait des audiences secrètes dans les appartements de la reine. L'Europe n'a revu depuis rien de pareil, elle a vu toutefois quelque chose d'approchant.

On a dit de Napoléon III qu'il avait pratiqué jusqu'au bout le gouvernement personnel, mais que dans les dernières années de son règne il n'y avait plus personne. On a dit aussi qu'après avoir été son propre médecin, s'étant trompé dans plusieurs cas d'une incontestable gravité, il s'était pris à douter de lui-même et s'était abandonné aux empiriques. Frédéric-Guillaume III était quelqu'un ; la preuve en est qu'il a grandi dans le malheur et qu'ayant appris à douter de lui-même, il s'est livré non aux empiriques, mais à d'excellents médecins, qui ont pansé et guéri les plaies de son pays. Il n'en est pas moins vrai que son gouvernement personnel attira sur la Prusse des malheurs qui semblèrent irréparables. Passe encore s'il avait pu s'entendre avec lui-même ; mais il y avait en lui des hommes différents qui se disputaient, un prince bien intentionné, désireux d'assurer longtemps à ses sujets tous les avantages de la paix, un père de famille très-attentif à sa cassette, s'appliquant à refaire le trésor amassé par son grand-oncle et dissipé par son prédécesseur, un vrai roi de Prusse préoccupé de s'arrondir et en même temps soucieux de sa réputation et du qu'en dira-t-on. Il se faisait scrupule de recevoir des présents d'une main révolutionnaire, d'abord parce que cela blessait sa conscience, ensuite parce que cette main prenante ne donnait pas assez. Lorsqu'il eut accepté de Napoléon, en échange de Clèves, d'Ansbach et de Neuchâtel, le Hanovre, patrimoine des rois d'Angleterre et objet de ses plus chères convoitises, il était à la fois content et mécontent, et ce fut avec une parfaite sincérité qu'il écrivit plus tard à Napoléon : « L'acquisition répugnait à mes principes, et le sacrifice déchirait mon cœur. » Frédéric-Guillaume III aimait à parler de son cœur, c'est encore une tradition de famille. N'oublions pas « qu'il se défiait de ses forces, que le terrible Napoléon l'effrayait, qu'il avait le pressentiment des malheurs qui lui étaient réservés. » — « Combien de fois, s'écrie Hardenberg, n'a-t-il pas maudit sa haute situation, soupiré après l'obscure destinée d'un simple particulier ! » Les flatteurs, les courtisans, les adjudants et les conseillers secrets, le désaccord entre le cabinet ou *la cabale* et le ministère, une politique louvoyante, honnête dans ses principes, louche dans sa conduite, une passion dangereuse pour les échappatoires, pour les biais, pour les moyens termes, pour les demi-mesures, voilà ce qui perdit la Prusse. Le 5 février 1806, Frédéric-Guillaume III commençait une lettre à Napoléon par ces mots : « Monsieur mon frère, je ne sais rien être à demi. » Hardenberg obtint que cette phrase malencontreuse fût biffée. Il ajoute en note : « Comment faire sortir ainsi le roi de son caractère, lui faire dire qu'il n'est rien à demi ? »

Il faut lire dans les *Mémoires* le détail minutieux, aussi instructif qu'intéressant, de toutes les négociations entreprises par le roi de Prusse. Il passait sa vie à traiter successivement ou simultanément avec la Russie et avec la France, concertant avec chacune d'elles la conduite à tenir dans tel cas donné, et se berçant de l'espoir que ce cas ne se présenterait jamais. Il transpirait toujours quelque chose de ces négociations secrètes, les défiances allaient croissant à Saint-Pétersbourg comme à Paris, et de plus en plus la politique prussienne, si désireuse de ne point se compromettre, se faisait une réputation de duplicité, s'attirait dans toute l'Europe un discrédit qui devait lui être fatal. Un habile qui fait des dupes y trouve son compte ; mais on se moque des gouvernements qui, en biaisant, se dupent eux-mêmes. Le machiavélisme de l'irrésolution n'inspire ni crainte, ni respect, et c'est un triste marché que de renoncer à être respectable, quand on n'est pas en état de se faire craindre.

Ce fut en 1805 surtout que la politique prussienne poussa ses contradictions jusqu'au scandale. Le roi entrait dans de violentes colères à la seule pensée qu'on pût lui demander de se joindre à la troisième coalition. « Plus la tempête approchait, plus il éprouvait le besoin de ne rien faire. » Il appréhendait les sollicitations de la Russie, il avait résolu de ne point se rendre à l'entrevue que l'empereur Alexandre lui avait proposée, et qu'il n'avait pas osé refuser. Le 3 octobre, Hardenberg reçut un billet et une nouvelle qui le jetèrent dans une étrange surprise ; le conseiller de cabinet Beyme lui manda que le roi souffrait depuis quatre semaines d'un mal de pied fort douloureux, qui, par intervalles, l'empêchait de marcher. Il comprit sur-le-champ ce que cela voulait dire, que c'était « un prétexte pour ne pas aller à l'entrevue. » Il représenta au roi qu'il risquait de s'aliéner à jamais l'affection de l'empereur Alexandre, que personne ne prendrait au sérieux son mal de pied ; il se heurta contre une opiniâtre résistance. Tout à coup survint un incident. Une des colonnes françaises qui traversaient l'Allemagne du midi à grandes journées pour tomber sur le flanc de l'armée

autrichienne se permit de violer le territoire de la
principauté d'Ansbach, laquelle faisait partie des
possessions prussiennes en Franconie. Le roi s'en
indigna; ses impressions étaient vives, et dans le premier moment, il aurait voulu que Hardenberg donnât sur l'heure aux envoyés français l'ordre de quitter Berlin. De ce jour, il se décida à entrer dans la
coalition; mais, le naturel reprenant le dessus, il
tâcha de gagner du temps, et, par son ordre, ses
ministres, comme le dit Hardenberg, durent « épuiser toutes les cascades de la diplomatie. » Dans le
mémoire préparé par Lombard pour servir de ca-
nevas au roi dans ses entretiens avec l'empereur
Alexandre, on déclare « que la Prusse n'a jamais
méconnu ni les atteintes portées par la France à la foi
des traités, ni le droit qu'avaient les puissances d'en
faire justice les armes à la main, que dans ce temps
le mal n'était pas encore parvenu à ce comble où
l'examen est un mal de plus, que tout a changé, que
l'examen est devenu inutile, et que la Prusse se flatterait en vain d'un autre avenir que celui de tant
d'États successivement envahis ou blessés, que son
honneur au surplus réclame une satisfaction éclatante, qu'elle sent trop désormais l'insuffisance des
demi-mesures, qu'elle consacre à la défense de la
cause commune 180,000 hommes et au-delà, s'il le
faut, mais qu'elle doit être conséquente jusque dans
l'emploi de ces moyens, et constater par le mode de
sa coopération la fermeté de ses principes, et que
c'est seulement comme médiateur armé que le roi
entrera d'abord en scène. » — « La fermeté des
principes, s'écrie à ce propos Hardenberg, c'était

l'opiniâtreté dans le système de tergiversation et de faiblesse; ne sont-ce pas encore les demi-mesures qui nous ont perdus? nous avons rassemblé 180,000 hommes pour ne rien faire. »

On sait le reste. Frédéric-Guillaume III poussa si bien le temps avec l'épaule que Napoléon eut le loisir d'écraser l'Autriche et la Russie à Austerlitz, et que le comte Haugwitz, expédié de Berlin pour lui signifier une sommation, n'eut garde de s'acquitter de son message et revint de Schœnbrunn en rapportant à son maitre un traité d'alliance offensive et défensive avec la France, dont le prix était le Hanovre. Le roi trouva bon ce que son ministre avait fait, et, par raison d'économie, il s'empressa de remettre son armée sur le pied de paix. Cette défaillance et ce revirement produisirent dans toute l'Europe une vive sensation. C'est à ce sujet que Joseph de Maistre écrivait de Saint-Pétersbourg « qu'il fallait acheter la Prusse tout uniment comme on achète le travail d'un ouvrier ». — « La Prusse, disait Fox au baron Jacobi, se rend complice des oppressions auxquelles se livre Bonaparte; il est impossible de regarder ces sortes d'échanges autrement que comme des voleries. » Et le 25 avril 1806, ce même Fox s'écriait dans le parlement : « La Hollande et d'autres puissances ont été contraintes par la peur à faire des cessions de territoire à la France, mais aucune autre puissance que la Prusse n'a été poussée par la peur à commettre des vols ou des spoliations sur ses voisins, *to commit robberies or spoliations on its neighbours.* C'est par là que la maison de Brandebourg se distingue de toutes les autres. Nous ne pouvons nous empêcher de regarder avec quelque pitié mêlée à beaucoup de mépris une monarchie qui peut alléguer qu'elle en est réduite à de pareilles nécessités. C'est l'union de tout ce qu'il y a de méprisable dans la servilité avec tout ce qui est odieux dans la rapacité. »

Les inconséquences de la politique prussienne n'avaient pas seulement pour effet de révolter l'Europe, elles encourageaient Napoléon à tout oser, à tout se permettre avec le cabinet de Berlin, qu'il renonçait de plus en plus à ménager. Comme le comte de Goltz l'écrivait à Hardenberg, le vainqueur d'Austerlitz « n'avait offert à la Prusse l'appât de l'acquisition du Hanovre que pour la perdre en la brouillant avec ses meilleurs amis ». Frédéric-Guillaume III avait ratifié le traité, mais avec des réserves ; il ne désespérait pas d'obtenir davantage ou tout au moins de pouvoir acquérir le Hanovre sans se dessaisir de la principauté d'Ansbach, et il écrivait à Napoléon : « Je souffre de devoir sacrifier une province qui fut le berceau de ma famille... et qui enfin sous le rapport des intérêts réels et des affections m'est également précieuse. » Napoléon profitait de ses hésitations pour rendre le traité plus onéreux, et la Prusse n'obtenait plus le Hanovre qu'à la condition de fermer aux Anglais les bouches du Weser et de l'Elbe ; c'était se mettre en guerre avec eux, et en peu de temps ils lui capturèrent plusieurs centaines de bâtiments de commerce. Encore ce Hanovre si chèrement acheté, était-on bien sûr de le garder ? Pitt venait de mourir, Napoléon pensait sérieusement à conclure la paix avec l'Angleterre, et Talleyrand déclarait en son nom à lord

Yarmouth qu'on était prêt à restituer le Hanovre à George III, quitte à chercher quelque compensation pour la Prusse. Bientôt on créait la confédération du Rhin, placée sous la protection de la France, sans daigner s'en expliquer avec le gouvernement prussien ; on l'engageait pour la forme à créer de son côté une confédération des États du nord de l'Allemagne ; mais on lui interdisait d'y faire entrer les villes hanséatiques, et sous main on agissait sur la Saxe et sur la cour de Cassel pour qu'elles fissent la sourde oreille aux appels qui leur viendraient de Berlin. On ne laissait pas de multiplier les déclarations rassurantes ; mais le comte Haugwitz, désabusé, avait écrit de Paris dès le 8 février 1806 : « Je ne puis me défendre du soupçon qu'on gagne du temps pour faire prendre aux armées françaises des positions alarmantes pour la sûreté de la Prusse. »

Dans l'intervalle, on employait, pour préparer l'opinion publique aux événements, des procédés qui ont été appliqués souvent depuis et tout récemment encore ; tel procédé qu'on croit original n'est qu'un plagiat, un emprunt fait à la politique napoléonienne. Le gouvernement français faisait rédiger à Paris et se faisait adresser de Cassel ou de Mannheim des lettres qui étaient insérées au *Moniteur*, et dans lesquelles on signalait le mauvais vouloir, l'aigreur de la presse allemande à l'égard de la France. On se plaignait de tel article paru dans la *Gazette de Bayreuth*, et on ajoutait « que la *Gazette de Wesel* ne paraissait pas dirigée dans un meilleur esprit, qu'évidemment M. de Hardenberg inspirait ou dictait lui-même les articles de ces journaux, que sans doute tout ce que pouvaient dire les gazettes prussiennes était très-indifférent à la France, mais qu'il était bon de constater que la faction anglaise levait la tête en Prusse comme ailleurs. » L'occasion était bonne pour parler de « la pluie d'or » que l'Angleterre répandait sur les journalistes allemands, dont la plupart cependant lui étaient peu favorables. « Si l'Angleterre, remarque à ce propos Hardenberg, avait réellement ajouté à tant de sommes dépensées en subsides inutiles 200,000 livres sterling à distribuer aux diligents écrivains allemands qui s'efforcent d'ameuter l'opinion publique contre elle, on aurait vu tout l'effet que peut produire l'argent anglais sur des auxiliaires de cette espèce. » Le 8 février 1806, le comte Haugwitz énumérait dans une dépêche adressée de Paris « tous les griefs que Napoléon croyait être autorisé à avoir contre la Prusse et qui consistaient principalement *dans un tas de petites choses*, l'esprit des gazettes et les propos de société. » Hélas! Napoléon Ier s'est chargé de tout apprendre à ses ennemis et aux héritiers de ses ennemis, la guerre, la politique, la diplomatie, la science des faiblesses humaines, l'art de les exploiter, de combiner la ruse avec les abus de la force et de mettre les moyens révolutionnaires au service d'une ambition dynastique, tout enfin jusqu'au parti qu'un habile homme peut tirer « d'un tas de petites choses ».

Quand le bruit se répandit à la cour de Frédéric-Guillaume III que Napoléon se proposait de restituer le Hanovre à l'Angleterre, la coupe des amertumes déborda, et le 11 août, à la suite d'une dépêche reçue de Paris, la mobilisation fut décidée. A la politique des tergiversations succédait la politique des résolutions précipitées. La Prusse se croyait prête, elle ne l'était pas. Les incapacités les plus notoires occupaient les premiers postes, le désordre régnait dans toutes les têtes. Le président Haenlein écrivait à Hardenberg le 24 août : « Il faut pleurer sur tout ce qu'on voit et ce qu'on entend, cela passe toute idée. » Le 17 septembre, le roi parlait de ses alliances à son ex-ministre des affaires étrangères; il en était certain, plus que certain, et il comptait dans le nombre l'alliance de la Grande-Bretagne, avec qui il était en guerre, celle de l'Autriche, qui lui fit défaut, celle de la Russie, qui n'était que préparée; il ne reçut qu'après les batailles d'Auerstaedt et d'Iéna la réponse à la lettre par laquelle il avait demandé 60,000 hommes à l'empereur Alexandre. Le 26 septembre, il écrivit de Naumburg à Napoléon une fière et noble déclaration qui se terminait par ces mots : « Plaise au ciel que nous puissions nous entendre sur des bases qui vous laissent toute votre gloire, mais qui laissent aux autres peuples leur honneur et qui fassent finir pour l'Europe cette fièvre de crainte et d'attente, au milieu de laquelle personne ne peut compter sur l'avenir ni calculer ses devoirs ! » Cette déclaration était conçue en des termes dont la franchise pouvait paraître offensante, et pourtant Frédéric-Guillaume III nourrissait l'espoir que l'acte d'énergie qu'il venait de hasarder imposerait à Napoléon, que ce terrible homme demanderait à ouvrir des négociations. L'aigle qui prend son vol pour fondre sur sa proie s'amuse-t-il à négocier? A la vérité, le ministre de France à Berlin, Laforest, affirmait que,

quand les deux quartiers-généraux se seraient rap-
prochés, on échangerait des explications qui arrête-
raient tout. Lorsqu'il se présenta au quartier prussien,
il fut hébergé par le duc de Brunswick, qui le reçut
chapeau bas et lui offrit l'hospitalité. Comme le roi,
le généralissime de l'armée prussienne s'obstinait à
ne pas désespérer de la paix ; ils connaissaient bien
peu et la situation et leur ennemi. Napoléon avait
déjà tiré du fourreau cette épée dont les rapidités
déroutaient tous les calculs et qui visait toujours au
cœur.

Ne peut-on pas appliquer à la bataille d'Iéna la
réflexion qu'inspirait à M. Thiers le désastre de
Sedan ? Les grandes victoires qui décident en quelques heures du sort d'un pays, disait-il, sont rem-
portées moins par une armée sur une autre que
par un gouvernement habile et prévoyant sur un
gouvernement aveugle et maladroit, qui joint les
emportements aux faiblesses.

II

APRÈS IENA

M. de Moltke disait un jour, avec cette gravité
modeste qui est chez lui à la fois une vertu et une
attitude : « Nous ne savons pas encore ce que vaut
réellement notre armée, car nous n'avons pas encore
été battus. » La défaite est la pierre de touche des
armées ; les victorieux se ressemblent tous plus ou
moins. Pendant la guerre de Sept Ans, les soldats du
grand Frédéric avaient remporté d'éclatantes victoires et souffert de terribles désastres ; Rosbach leur
avait fait peut-être moins d'honneur que la solidité
qu'ils montrèrent au lendemain de Hochkirch et de
Kunnersdorf. En 1806, on put croire que la Prusse
avait désappris non-seulement la stratégie et la tactique, mais ces vertus propres à l'homme de guerre
qui réparent ou ennoblissent les grands malheurs.
Après avoir décidé de prendre l'offensive, on avait
changé d'idée et perdu trois semaines l'arme au pied,
attendant les Français, dont on ignorait les projets

et les mouvements ; l'art de reconnaître l'ennemi et l'art de le tromper étaient alors des arts français. Les généraux du roi Frédéric-Guillaume III s'étaient laissé surprendre, ils avaient été battus, et, ce qui est plus grave, dès leur premier revers ils avaient perdu la tête ; la défaite s'était tournée en déroute, la déroute en débandade.

L'Europe demeura stupéfaite ; elle s'était accoutumée à considérer la Prusse comme l'État militaire par excellence, et elle ne se trompait point, s'il faut entendre par là un État dans lequel l'armée prend une part considérable au gouvernement. Les généraux prussiens avaient la haute main sur tout, ils exerçaient une foule de fonctions civiles, ils intervenaient dans toutes les affaires, jusque dans la perception des impôts, dans l'administration des cités et des bourgs. La paix leur offrait beaucoup de carrières lucratives et plus de moyens de faire fortune que la guerre ; l'officier thésauriseur était la plaie de la Prusse, et l'officier qui thésaurise oublie bien vite son métier et avec son métier ces vertus professionnelles du soldat qui sont les plus belles de toutes. La monarchie du grand Frédéric était tombée dans les mains d'un mandarinat militaire, qui lui avait fait beaucoup de mal. Les mandarins s'occupent surtout de compter leurs boutons, d'en accroître le nombre, et de faire leur chemin ; ils sacrifient les grandes choses aux petites et s'imaginent que c'est la pédanterie qui gagne les batailles ; ils sont à cheval sur le règlement, ils multiplient les formalités et les écritures, et ils ne s'abstiennent pas toujours « de ces procédures obliques, de ces malignes subtilités que l'avarice a introduites dans les affaires. » En 1806, les mandarins contribuèrent plus que personne aux foudroyantes victoires de Napoléon ; ils furent les complices involontaires de son génie et du malheur de leur pays. Le soldat était brave et fit son devoir ; mais la bravoure du soldat ne produit tous ses effets que lorsqu'elle est accompagnée de confiance dans ses chefs. Il avait démêlé tout de suite que ses chefs étaient incapables, que, dans la crainte de faire des fautes, ils avaient pris le parti de ne rien faire. Ils lui donnaient des ordres incohérents suivis de contre-ordres, ils le fatiguaient par des marches et des contre-marches, et d'avance il se sentait vaincu. Hegel avait vu tour à tour entrer à Iéna les Prussiens et les Français. Il n'était pas payé pour vouloir du bien aux Français, qui envahirent son logement. Il avait dû céder la place à ces hôtes indiscrets ; emportant dans sa poche les derniers feuillets du manuscrit de la *Phénoménologie*, il avait cherché un asile chez des amis. A son retour, il trouva beaucoup de désordre dans son cabinet de travail ; ce qui l'affligea sensiblement, c'est qu'on lui avait enlevé son encrier et ses plumes. Il en demanda une à l'un de ses voisins, et ce fut avec cette plume empruntée que la veille de la bataille il écrivit à son ami Niethammer : « Comme moi, tout le monde ici fait des vœux pour le succès de l'armée française, et ces vœux seront sûrement exaucés, vu l'énorme supériorité de ses chefs et de ses soldats sur les soldats et les généraux prussiens. »

Dans un endroit de ses *Mémoires*, Hardenberg se reproche d'avoir, comme tant d'autres, trop présumé

G. VALBERT.   21

de l'armée prussienne ; mais il impute les revers écrasants qu'elle essuya moins à elle-même qu'à l'impéritie de ceux qui la commandaient, et surtout à l'étourderie criminelle d'un gouvernement qui se croyait prêt et ne l'était pas. « Non-seulement on avait commencé la guerre sans avoir conclu la paix avec l'Angleterre et la Suède, sans être certain que la Russie entrerait prochainement en ligne, sans s'être assuré la coopération de l'électeur de Hesse ; on n'avait pas même prévu l'éventualité d'une défaite. Les forteresses n'avaient pas été mises en état de défense ni pourvues des approvisionnements nécessaires. Les troupes de la Prusse orientale et méridionale n'étaient pas encore sur le pied de guerre. Les bataillons de réserve, sorte d'armée territoriale dont on avait parlé et sur laquelle on avait beaucoup écrit, n'étaient pas organisés. » Rien n'est plus imprévoyant que la médiocrité, et la médiocrité gouvernait la Prusse. Le 30 octobre 1806, la grande-maîtresse de la cour, la comtesse de Voss, écrivait dans son journal, qui a été récemment publié : « L'irrésolution, l'aveuglement, l'incapacité, qui règnent dans les plus hauts postes et même dans l'entourage du roi, voilà notre plus grand malheur [1]. »

En énumérant les diverses circonstances qui furent fatales à la Prusse, Hardenberg remarque combien il est fâcheux pour une armée d'avoir à sa tête un souverain qui ne sait pas la guerre et qui, incapable de commander, impose au commandement la

1. *Neunundsechzig Jahre am preussischen Hofe*, aus den Erinnerungen der Oberhofmeisterin Sophie Marie Gräfin von Voss. Leipzig, 1876.

gêne de sa présence, de ses décisions, et de ses indécisions. Frédéric-Guillaume III ne savait pas la guerre, mais il se piquait de l'apprendre. On raconta plus tard à Saint-Pétersbourg que, pendant les conférences de Tilsitt, Napoléon lui dit brusquement : « Sire, étudiez-vous toujours la tactique ? — Le roi porta le doigt à son chapeau comme un grenadier qui salue et répondit : Oui, sire. » — « Napoléon, lisons-nous dans les *Mémoires*, aurait eu moins facilement gain de cause si le duc de Brunswick, bien qu'il ne fût pas un homme de génie, avait eu les mains libres, s'il avait pu conduire les opérations à sa guise, ou, mieux encore, si l'on avait donné le commandement au prince de Hohenlohe. » Mais le roi était là, on intriguait beaucoup autour de lui, et le généralissime ne pouvait rien entreprendre sans avoir obtenu son aveu et celui de ses adjudants. On tenait conseil de guerre sur conseil de guerre, on perdait son temps en discussions, et les discussions intempestives sont une des portes par lesquelles les grandes catastrophes font leur entrée dans ce monde. Il y a quelques années, le prince impérial, causant des tristes événements de 1870 avec un ancien ministre de son père, lui disait : « Dès l'ouverture de la campagne, j'ai cru deviner que les affaires iraient mal. On faisait venir tous les aides-de-camp les uns après les autres, on ne les écoutait qu'à moitié et on s'embrouillait dans les ordres qu'on leur donnait. Quelquefois on en rappelait un et on l'interrogeait de nouveau sans se souvenir qu'on l'avait déjà appelé et qu'il avait déjà répondu. »

Hardenberg signale encore une maladie morale qui

sévissait dans l'armée prussienne et qui n'a pas été
étrangère à ses désastres. Au lieu de s'occuper de
leur métier, les généraux avaient la manie, la fureur
de faire de la politique, et c'est une question de savoir qui est le plus dangereux du général politiqueur
ou du général thésauriseur. Le mal datait de loin.
Dès 1794, on avait remarqué que « l'état-major
prussien offrait l'aspect d'une petite république militaire », où chacun réglait à sa façon et le plus souvent au gré de ses intérêts les affaires de la Prusse
et de l'Europe. L'armée du Rhin faisait à la fois concurrence et opposition à la diplomatie de Frédéric-
Guillaume II ; elle avait décidé que tant que l'Angleterre suspendrait le paiement de ses subsides, la
Prusse s'occuperait de conclure la paix avec la
France à l'insu et sans l'agrément du roi ; le quartier-général ouvrit des négociations secrètes avec la
république, par l'entremise d'agents qui recevaient
leurs instructions du feld-maréchal Mœllendorf et du
général Kalckreuth. Hardenberg se plaignait que le
feld-maréchal eût fait école ; les politiqueurs pullulaient, et leur politique intéressée, aussi bavarde que
pusillanime, énervait les volontés et les courages.

Le duc de Brunswick, dont les cheveux blancs
étaient réservés à la plus cruelle épreuve, n'était
pas exempt du travers pernicieux que Hardenberg
dénonçait et déplorait, il avait l'esprit courtisan et il
aimait à politiquer. — Dis-moi ce que tu portes avec
toi et je te dirai qui tu es, pourrait-on dire à un général, et il est certain que les bagages sont pour
quelque chose dans la perte des batailles. Quand la
garde russe quitta Saint-Pétersbourg pour aller re-

joindre Benningsen, on réduisit chaque cornette à trois chevaux, et on décida que les officiers n'auraient qu'un chariot entre trois. Cela n'empêcha pas le comte Potocki d'emporter à sa suite 50 coqs d'Inde, 50 poulardes, 80 kilogrammes de bouillon en tablettes, un énorme flacon de vin de Bordeaux. Les dindes étaient vivantes, et on prétendit qu'elles s'étaient distinguées en criant aussi haut que les soldats : Vive l'empereur ! Le duc de Brunswick n'avait pas de coqs d'Inde avec lui, mais il emmenait parmi ses bagages une actrice, un Genevois et un émigré français. L'actrice était Mlle Duquesnoy, le Genevois se nommait Gallatin ; il se piquait de posséder tous les secrets des cabinets, et le duc le considérait comme son ministre des affaires étrangères. L'émigré français était M. de la Maisonfort, qu'il avait pris également à son service diplomatique, et, peu de jours avant la bataille, ce clairvoyant personnage disait en parlant du comte Haugwitz : « C'est la perfection de la politique. » Est-ce la faute de son actrice, de son Genevois et de son émigré, si le généralissime de l'armée prussienne a été battu par Davout à Auerstœdt ? On peut en douter, mais sûrement ils ne l'ont pas aidé à vaincre. Avant de se battre, le duc s'occupait de savoir ce qu'il faudrait exiger de Napoléon si on était vainqueur, ce qu'il faudrait lui accorder si on était vaincu. Il discutait la question avec Gallatin et M. de la Maisonfort ; apparemment Mlle Duquesnoy ne disait mot, on ne l'avait pas fait venir pour causer.

Le duc de Brunswick fut atteint au visage par un biscaïen ; sa blessure était mortelle, il ne put traiter

avec Napoléon. D'autres s'en chargèrent à sa place.
« Il est triste d'avoir à remarquer, écrivait Hardenberg, que, dans toute cette période de notre histoire,
les militaires qui exerçaient de l'influence furent ceux
qui montrèrent le moins d'énergie et se laissèrent le
plus facilement abattre. » Ce furent les adjudants du
roi, les généraux de Zastrow et de Kœckritz, qui, le
jour même de la première défaite, décidèrent le roi
à négocier, à dépêcher sans retard au vainqueur le
comte Dohnhof pour lui remettre une lettre par laquelle Frédéric-Guillaume III lui représentait qu'il se
serait perdu d'honneur s'il avait cherché à éviter ou
à différer la lutte, que ses troupes avaient prouvé
leur vaillance, qu'il ne lui restait plus qu'à prier
l'empereur de renouer avec lui son ancienne liaison
d'amitié. Cette lettre avait été écrite cinq jours après
la publication du manifeste qui dénonçait Napoléon
à la haine de l'Europe. « Il semblait qu'on n'avait
point eu de raisons sérieuses de déclarer la guerre,
qu'il ne s'agissait que d'une question de point d'honneur, désormais vidée par un duel au premier sang. »
Et c'était à Napoléon Ier qu'on adressait ces propositions, à l'homme qui tenait dans sa main de fer « les
dés de fer du destin ». On lui demandait de pardonner
à ses ennemis d'un jour ; il faisait mieux que de leur
pardonner, il les aimait tendrement comme le faucon
aime la proie qu'il dépèce, et il avait déjà dépecé la
Prusse dans sa pensée. Le 18 juillet 1870, un clairvoyant diplomate français, M. Rothan, écrivait à son
gouvernement : « Personne à Berlin ne doute du succès, et la conquête de l'Alsace y est envisagée par
avance comme un fait accompli... Je ne saurais trop

conjurer le gouvernement de l'empereur d'aviser dès
à présent aux moyens de défense les plus extrêmes et
de nous préparer moins à une campagne sur le Rhin
qu'à une lutte à outrance, jusqu'au couteau. » Bientôt après, ce diplomate si perspicace, à peine de retour à Paris, disait à un ministre : « Je crains que la
partie ne soit pas égale entre nous et la Prusse ; il
me semble que nous nous préparons à une passe
d'armes, après laquelle nous aurons hâte de négocier ; la Prusse entend faire la guerre à fond, et c'est
de notre existence qu'il s'agit. » Les sages ont rarement le bonheur d'être écoutés. En 1870, la France a
commis la même faute que la Prusse en 1806 ; elle
ne connaissait pas son ennemi, et de toutes les
sciences c'est la plus nécessaire. Un curieux s'avisa
un jour de questionner M. de Bismarck sur ce qui
s'était passé entre lui et Napoléon III au cours de
l'entretien qu'ils avaient eu ensemble après Sedan,
dans une très-petite chambre, garnie pour tout
meuble d'une table et d'une chaise. Après un instant de silence, M. de Bismarck répondit en riant :
« Figurez-vous qu'il croyait à notre générosité ! »
Napoléon Ier avait fait probablement une réflexion
de ce genre quand le comte Dohnhof lui remit la
lettre ou le placet de Frédéric-Guillaume III.

Les batailles d'Iéna et d'Auerstœdt et leurs terribles conséquences dessillèrent les yeux de tous les
Prussiens qui n'étaient pas des aveugles-nés. Ils dé-
couvrirent que leur pays était malade, qu'on ne pouvait le sauver que par les grands remèdes ou que,
pour mieux dire, il fallait refaire la Prusse. Dans cette
jeune et glorieuse monarchie encore pleine de la re-

nommée du grand Frédéric, moins de cinquante ans après cette merveilleuse bataille de Lissa où trois heures avaient suffi à 36,000 Prussiens pour mettre en pleine déroute 80,000 Autrichiens commandés par le général Daun, on vit une armée passer en quelques jours d'une confiance excessive en elle-même à un découragement sans exemple, des officiers saisis de terreur panique, une infanterie rompant ses rangs, des cadres qui se dégarnissaient d'heure en heure, les soldats jetant leurs armes, les routes jonchées de fusils et de canons, un escadron se livrant à la merci de trois hussards qui l'emmènent prisonnier de guerre, des forteresses du premier ordre ouvrant leurs portes sans coup férir, la place de Stettin, munie d'une nombreuse garnison, d'une immense artillerie, se rendant à la sommation que lui adresse un officier de cavalerie légère. « Puisque vos chasseurs prennent des places fortes, écrivait Napoléon à Murat, je n'ai plus qu'à licencier mon corps du génie et à faire fondre ma grosse artillerie. » Hardenberg comparait cette lamentable déroute à celle d'un troupeau sans berger, poursuivi par des loups ravissants. L'armée française ne rencontra aucun obstacle sérieux dans sa marche oblique, dont le succès fut si complet que l'armée prussienne, comme l'a dit l'historien du *Consulat et de l'Empire*, « constamment débordée pendant une retraite de 200 lieues, de Hof à Stettin, n'arriva à l'Oder que le jour même où ce fleuve était occupé, fut détruite ou prise jusqu'au dernier homme, et qu'en un mois le roi d'une grande monarchie, le second successeur du grand Frédéric, se vit sans soldats et sans États. »

Ce monarque sans soldats et sans États était un de
ces souverains que le malheur grandit. Hardenberg
le traite quelque part d'homme monosyllabique. Les
rois qui ne parlent que par monosyllabes font d'ordinaire bonne figure dans l'infortune. Depuis qu'il eut
rejeté l'armistice du 16 novembre 1806, Frédéric-
Guillaume III montra une persévérance, une fermeté
de caractère qui lui concilièrent l'estime et la sympathie de l'Europe. Après la bataille d'Eylau, résolu à
faire jusqu'au bout cause commune avec la Russie, il
refusa la paix séparée que lui offrait le vainqueur, et
quand il eut, après Friedland, la douleur de voir le
tsar, son allié, faire bon marché des intérêts prussiens et se jeter dans les bras de Napoléon, il sut
encore se taire; il se résigna, il accepta courageusement son affreuse situation. L'œuvre de Frédéric II
était détruite; la Prusse perdait ses provinces allemandes jusqu'à l'Elbe et ses provinces polonaises,
elle était réduite à cinq millions d'habitants, elle
avait à payer une lourde contribution de guerre, elle
se demandait si elle réussirait à se mettre en règle
avec son créancier et à reconquérir sur lui sa capitale. Le destin, si dur pour Frédéric-Guillaume III,
répara ses rigueurs en lui faisant le plus précieux de
tous les dons : il lui procura des hommes de cœur et
d'intelligence, capables de rétablir ses affaires. Ils
eurent le courage de tout dire, et le souverain eut le
mérite de les écouter. Chose singulière, ces hommes
providentiels étaient presque tous des étrangers. Le
baron de Stein, cet intraitable libéral, dont l'écorce
rude cachait une âme chaude, un esprit enthousiaste
et un sens pratique peu commun, était né à Nassau :

Scharnhorst, qui réorganisa l'armée et qui unissait une démarche indolente, un langage embarrassé à une grande netteté d'idées et à la vigueur de la volonté, était Hanovrien comme Hardenberg. Niebuhr était Danois. Altenstein, qui fit tant pour relever l'enseignement, Altenstein qui plus tard donna Hegel à la Prusse, était un Franconien, né à Ansbach, dans le temps où Ansbach n'avait pas encore été cédé par ses margraves à Frédéric-Guillaume II. Ces étrangers avaient épousé la Prusse, sans épouser les préjugés prussiens. Ils sapèrent par les fondements le régime des mandarins, ils furent les régénérateurs de leur patrie d'adoption, à qui leur nom est demeuré cher.

La comtesse de Voss, cette grande-maîtresse de la cour de Prusse que nous avons déjà citée, vit à Tilsitt l'empereur Napoléon; elle eut l'honneur de causer avec lui. A la date du 6 juillet 1807, elle consignait dans son journal l'impression que lui avait faite le grand homme; et elle s'exprimait en ces termes : « Il est étonnamment laid; il a le visage gras, bouffi, basané. Avec cela, il est corpulent, petit et tout à fait sans prestance ; il a de gros yeux ronds, qu'il roule d'une manière sinistre. L'expression de ses traits est la dureté; on dirait l'incarnation du succès. Toutefois sa bouche est bien taillée, et ses dents sont belles. » Hegel, qui avait vu Napoléon traverser les rues d'Iéna pour aller faire une reconnaissance, n'avait point songé à le trouver laid; et, avec sa naïveté de grand penseur et de philosophe de génie, il écrivait à Niethammer : « C'est une étrange sensation que d'apercevoir devant soi, assis sur un cheval, l'homme du destin, qui porte en lui l'âme du monde, *die Weltseele.* » Les philosophes ont une autre façon de voir les choses que les grandes-maîtresses de cour. Comme Hegel, les hommes d'État prussiens qui approchèrent de Napoléon à Tilsitt étaient philosophes à leur manière, ils avaient lu Kant; ils crurent reconnaître sur le front du vainqueur d'Iéna la marque « d'une incontestable supériorité et d'une énergie irrésistible. » Le 5 juillet 1807, Altenstein écrivit à Schön : « Non, vous ne détruirez pas cet homme. Ce fut là ma pensée quand je le contemplai au milieu de son entourage. Il est envoyé de Dieu pour écraser ce qui est faible et pour réveiller ce qui est fort, *er ist von Gott gesandt, die Schwäche zu zermalmen und Kraft zu erregen.* » Hardenberg pensait à peu près comme Altenstein. Il estimait que les malheurs de la Prusse n'étaient pas un accident, qu'elle les avait mérités par ses fautes; il voyait dans l'incomparable capitaine qui l'avait vaincue un grand justicier, revêtu d'une mission divine. Cette mission consistait à réduire en poussière les institutions décrépites et les États vermoulus, à susciter partout des forces vives, qui un jour se retourneraient contre lui et le vaincraient. Le monde pourrait à la rigueur se passer des grandes-maîtresses de cour; mais heureux sont les pays qui à l'heure des catastrophes possèdent des politiques nourris de la lecture de Kant, des philosophes instruits dans la politique, et non moins heureux sont les princes qui ont d'habiles médecins et le courage de se laisser amputer un membre quand la gangrène s'y est mise. Frédéric-Guillaume III n'était pas un génie, Napoléon le traitait de médiocre caporal; mais ce caporal savait profiter des leçons de l'expérience et sacrifier ses préjugés au bien public. Il se prêta à l'essai des grandes mesures, des grandes réformes, qui seules pouvaient restaurer son royaume épuisé, saigné à blanc.

Napoléon l'avait mis en demeure de congédier Hardenberg, de se priver de ses services. Il en coûtait au roi d'éloigner de lui ce sage conseiller ; mais il se réservait le droit de le consulter en secret, et il le pria de lui donner par écrit son avis sur la réorganisation de la monarchie. Ce fut à Riga, au mois de septembre 1807, que Hardenberg, après en avoir conféré avec ses amis Altenstein et Niebuhr, rédigea un mémoire de près de cent pages, qui vient d'être publié pour la première fois et dans lequel il passait en revue toutes les réformes à opérer ; il y ébauchait la Prusse de l'avenir, laissant à d'autres le soin de dégrossir l'ouvrage. Une partie de ce mémoire pourrait être intitulée : « Ce que les Prussiens doivent apprendre de leur vainqueur. » Les principes de la guerre, de l'administration, de la diplomatie, l'art de s'informer, l'art d'étudier les cours et les peuples étrangers par l'entremise d'agents, de commis-voyageurs en politique ou d'espions militaires, voilà ce que la France savait alors et ce que la Prusse ne savait plus. Mais Napoléon avait autre chose encore à apprendre à ses ennemis ; la révolution française l'avait chargé d'enseigner au monde à coups de canon les idées égalitaires. — « Ces idées font sa puissance, écrivait Hardenberg. La révolution a renouvelé la France, elle y a détruit les vieux préjugés, les vieux abus, et réveillé des forces endormies. La puissance de ces idées est si grande que l'État qui refuse de les accepter sera contraint de les subir ou se verra condamné à périr. » Aussi demandait-il avant tout la refonte des institutions civiles, l'abolition des priviléges, des servitudes féodales, l'émancipation du paysan, l'égalité de toutes les classes devant la loi et devant l'impôt. — « Nous devons accomplir, disait-il, une révolution dans le sens bienfaisant du mot et travailler au perfectionnement de l'humanité, non par des mesures violentes, mais par la sagesse de ceux qui nous gouvernent; tel est notre but, notre principe dirigeant. Établir les principes démocratiques dans un État monarchique, voilà ce que l'esprit du siècle exige de nous. Quant à la pure démocratie, nous pouvons l'ajourner à l'an 2440, si tant est que la pure démocratie soit faite pour l'homme. »

Les réformateurs politiques de la Prusse en 1807 voulaient emprunter à Napoléon tout ce qu'il avait de bon et d'utile à leur donner; mais ils n'entendaient pas se faire ses plagiaires ou ses copistes. Un copiste est toujours un satellite, et le plus cher désir de Hardenberg était de mettre son pays en état de reconquérir son indépendance. Napoléon écrivait de Tilsitt à son frère Jérôme, dont il allait faire un roi de Westphalie : « Mon intention, en vous établissant dans votre royaume, est de vous donner une constitution régulière qui efface dans toutes les classes de vos peuples les vaines et ridicules distinctions. » Si la Prusse s'était contentée d'accepter les principes égalitaires de la révolution et d'abolir « les distinctions vaines et ridicules », elle n'eût différé en rien de ce royaume de Westphalie, formé de ses dépouilles,

qu'on venait de lui donner pour voisin. Il importait
à Hardenberg, comme au baron de Stein, que les
deux royaumes séparés par l'Elbe ne pussent être
confondus l'un avec l'autre et qu'on distinguât à première vue un Prussien d'un vassal de Napoléon. Il
avait compris que le vrai patriotisme suppose un
esprit public, et qu'il n'y a d'esprit public que chez
les peuples qui font eux-mêmes leurs affaires. Il
sentait la nécessité d'écarter les mandarins, d'accoutumer la nation au *self-government*, de lui donner les
libertés municipales les plus étendues, de créer partout des corps électifs, d'instituer des diètes provin-
ciales et même des états-généraux. Ces réformes
furent exécutées au jour le jour, pièce à pièce, et
quand Hardenberg fut devenu chancelier, on put lui
reprocher de n'avoir pas rempli tout son programme ;
c'est la gloire de Stein de ne s'être jamais démenti.

En 1807, la Prusse ressemblait à un propriétaire
qui a perdu dans un procès calamiteux la moitié de
son bien, et qui, sous peine de mourir de faim, est
tenu de faire beaucoup produire, beaucoup rapporter
à ce qui lui reste; la culture intensive est la suprême
ressource des propriétaires dont on a écorné le patrimoine. C'est à dater de 1807 que la Prusse est devenue
le pays de l'Europe où le gouvernement s'occupe le
plus des particuliers, soit pour les élever, pour les
instruire, soit pour leur imposer des sacrifices souvent fort onéreux, ce qui est encore une manière de
travailler à leur éducation. Dans son mémoire, Hardenberg proposait et réclamait en principe ces deux
grandes institutions, qui ont transformé la monarchie
du grand Frédéric, à savoir le service militaire uni-

versel et l'instruction primaire obligatoire. En les
adoptant, la Prusse allait devenir, comme il le désirait, une monarchie de droit divin reposant sur des
institutions démocratiques, car rien n'est plus démocratique que le service universel et que l'enseignement obligatoire. Napoléon était loin de se douter
que la conséquence de la bataille d'Iéna serait de
créer un peuple où tout le monde saurait lire et
écrire, et où tout le monde serait soldat.

Comme Hardenberg, Altenstein comprenait tout
ce que peut le maître d'école, non-seulement pour
guérir un peuple de l'ignorance et de la superstition,
mais pour développer en lui les vertus civiques. Ces
réformateurs de 1807 avaient l'esprit libre et généreux ; ils s'occupaient d'élever des Prussiens, ils voulaient en même temps que ces Prussiens fussent des
hommes. Altenstein rédigea, lui aussi, un mémoire,
dont M. Ranke cite quelques fragments. Nous y lisons que ce n'est pas l'étendue de son territoire qui
fait un grand peuple, qu'une nation diminuée et mu-
tilée peut encore aspirer à la première place, si elle
travaille plus que les autres à l'éducation du citoyen,
à l'ennoblissement de l'individu par l'instruction, au
progrès de l'humanité, dont la raison est le bien suprême. Altenstein et Hardenberg jugent, l'un et l'autre, que, pour accomplir cette glorieuse entreprise,
l'État doit appeler la religion à son aide et lui faire sa
place dans l'école ; mais la religion telle que l'entendent ces disciples de Kant n'est pas un dogmatisme à
formules ni une dévotion à petites pratiques. —
« L'essence de la religion, disait Hardenberg, consiste à envisager la vie comme l'apprentissage d'une —

autre existence, dont le pressentiment est en nous ; elle consiste dans le commerce avec l'idéal, qui nous initie à cette existence meilleure, dans nos rapports intimes avec l'être incompréhensible que nous appelons Dieu, dans la foi à l'immortalité de l'âme, dans l'assurance que notre destinée fait partie d'un plan qui embrasse l'univers. » Il voulait que l'État s'employât de tout son pouvoir à la propagation de l'idée religieuse, mais qu'il eût un respect infini pour les franchises de la conscience, qu'il s'abstînt de prendre parti pour aucun système, pour aucune secte, qu'il autorisât toutes les recherches de la critique, même ses indiscrétions, et le libre exercice de tout culte qui ne blesse pas la morale.

En même temps que l'État prussien se mettra en peine d'instruire et de moraliser le peuple, il prendra à cœur les intérêts de la science et lui assurera cette liberté absolue dont elle ne peut se passer. La police napoléonienne étendait son empire sur l'Église, sur l'Université, sur les consciences, sur les dogmes, sur les pensées ; elle classait toutes les idées en idées utiles, qu'elle protégeait en leur appliquant son estampille et le bénéfice du cours forcé, et en idées dangereuses, qu'elle proscrivait comme la fausse monnaie ; la science et la religion étaient pour elle deux chapitres de l'art de gouverner les hommes. « La France d'aujourd'hui, disait Altenstein, a un gouvernement fondé sur la force, et ce gouvernement ne protége les sciences qu'en tant qu'elles peuvent lui servir ; il les emploie à ses fins, il les réduit à l'obéissance. La science se vengera quelque jour du maître qui la tient en servitude. » On sait le mépris que nourrissait Napoléon pour l'idéologie et les idéologues. Il n'avait pas compris que ce sont les abstractions qui mènent le monde ; cependant il leur attribuait le pouvoir de susciter des ennuis sérieux aux autorités constituées ; aussi son mépris était-il mêlé d'aversion et d'inquiétude. Du fond de la Prusse orientale, un mois et demi après la bataille d'Eylau, il envoyait à Fouché l'ordre d'expulser de Paris la femme illustre qui venait d'écrire *Corinne*, et il recommandait à l'archichancelier Cambacérès de veiller à l'exécution de cet ukase. Au lendemain de Friedland, les Hardenberg et les Altenstein souhaitaient que leur pays devînt la patrie ou le refuge de l'idéologie, ils rêvaient de fonder à Berlin une université où la science aurait ses coudées franches et qui serait une arène ouverte à tous les systèmes, à toutes les discussions. Ce sera l'éternel honneur du règne de Frédéric-Guillaume III que dans la plus affreuse détresse financière il ait su trouver des ressources suffisantes pour inaugurer dès 1810 cette université qui a fait de Berlin la capitale scientifique de l'Allemagne et l'a préparé à devenir sa capitale politique. Qui dira de quel poids elle a pesé dans les destinées de la Prusse ? qui dira la part que Fichte a pu avoir dans la guerre d'indépendance, les services que Hegel a rendus à la grandeur des Hohenzollern ?

Emprunter à Napoléon les idées égalitaires qu'il représentait et défendre contre lui les idées libérales de 89, dont il était l'ennemi, concilier les nouveaux principes d'organisation militaire avec la formation d'une armée vraiment nationale, les traditions du protestantisme avec la liberté philosophique du xviii° siècle, le patriotisme avec l'idéologie, la religion avec la science, la loyauté royaliste avec un peu d'enthousiasme jacobin, telle était la pensée de Hardenberg et des hommes remarquables qui l'entouraient. Ils avaient entrepris une œuvre de longue haleine, leur courage comme leur patience furent mis à de rudes épreuves. On est porté à croire que les réformes s'opèrent plus facilement dans une monarchie que dans une république démocratique. Toutes les formes de gouvernement ont leurs inconvénients ; mais c'est une question de savoir si les entraînements irréfléchis, si les inconstances, si l'éternelle mobilité de la démocratie trop prompte à se déjuger, trop sujette à défaire aujourd'hui ce qu'elle a fait hier, sont un danger plus redoutable que les intrigues de cour qui assiégent un trône. Guichardin a dit qu'une réforme est bien chanceuse quand elle dépend de la volonté de plusieurs ; mais ce même Guichardin a dit aussi que les princes sont toujours tentés de ne regarder comme sages que ceux de leurs conseillers qui abondent dans leur sens, *quelli che si conformano più alla loro inclinazione.* Frédéric-Guillaume III avait toutes les bonnes intentions ; malheureusement il tenait plus qu'un autre à ses habitudes. On eut bien de la peine à obtenir de lui qu'il congédiât son cabinet royal, occulte et irresponsable, qui contrecarrait le ministère. Il s'indignait quand on avait l'air de croire que ses conseillers secrets ou ses adjudants exerçaient quelque influence sur ses résolutions : « Me prend-on pour un benêt? s'écriait-il. S'imagine-t-on que, lorsque j'ai pris un parti, *je m'amuse à me faire influer pour annuler mon propre ouvrage?* Cette idée me paraît insolente. »

Hardenberg et ses amis jugeaient qu'aucune réforme n'était possible sans un changement radical dans le personnel ; mais le roi n'aimait pas les nouveaux visages, celui de Stein surtout lui déplaisait ; il goûtait médiocrement cet homme rugueux, un peu rude de manières, souvent amer dans son langage, incapable de se plier aux bienséances et aux mensonges officieux des cours. On perdit courage plus d'une fois, on fut tenté de croire que c'en était fait, qu'il fallait désespérer du salut de l'État, que toutes les mesures proposées échoueraient « contre ces petites considérations qui sont le tombeau des grandes choses ». Dès le mois de juillet 1807, un de ces découragés écrivait à Hardenberg : « Qu'avons-nous à attendre de l'avenir ? On a pu nous appliquer ces mots : *Video meliora proboque, deteriora sequor.* Ne sera-ce pas toujours la même chanson ? Il faut aller planter des choux, et je bénirai celui qui voudra de moi pour garçon jardinier. » Peu de jours après, le comte de Goltz, qui avait pris le portefeuille des affaires étrangères, écrivait de son côté : « Tout me prouve que nous sommes à jamais perdus, tout concourt pour m'en donner la certitude. Certaines personnes qui avaient affiché l'intention de leur retraite reprennent une influence prépondérante ; rien ne saurait s'opposer à l'ascendant qu'elles ont conservé sur l'esprit du roi... L'intrigue et la cabale reprennent leur empire, les anciennes habitudes reviennent, les anciens abus renaissent ; tout le monde veut régner, chacun s'en flatte, chacun y vise, la faiblesse et l'irrésolution caractérisent notre gouvernement.

Les braves gens n'auront jamais le dessus, les charlatans seuls feront fortune. Le cœur me saigne en traçant ces mots... Si le baron de Stein nous revient, il ne restera pas quinze jours. »

Ces prédictions mélancoliques ne se sont point accomplies, les réformes triomphèrent de tous les obstacles, des irrésolutions du roi, du mauvais vouloir des gens de cour, des intrigues de la cabale et des mandarins, et Dieu sait combien les mandarins ont la vie dure, avec quelle ténacité ils se cramponnent à leur place et à leur traitement. Par sa persévérance à poursuivre jusqu'au bout le pénible travail de sa régénération, la Prusse mérita de voir des jours meilleurs. Ses hommes d'État les espéraient, les attendaient ; ils doutaient de la solidité de cet empire d'Occident fondé par le nouveau Charlemagne ; ils avaient trop étudié la philosophie pour ne pas savoir que les ambitions démesurées et les génies intempérants ne bâtissent jamais des maisons qui durent. Le prince Guillaume, frère du roi, envoyé en mission à Paris, en rapporta l'impression que cet empire éclatant serait éphémère ; il racontait qu'un soir, dans le parc de Fontainebleau, à quelques pas du château éclairé de tous les feux du couchant, des familiers du maître s'étaient pris à se demander si le soleil d'Austerlitz ne pâlirait pas un jour et si tous les colosses n'ont pas des pieds d'argile. Vers le même temps, l'empereur Alexandre disait à quelqu'un : « Ayons un peu de patience, c'est un torrent qu'il faut laisser passer. »

Les peuples éprouvés cruellement par le sort n'ont pas toujours à leur disposition des Hardenberg, des

Stein, des Scharnhorst ; mais le bon sens, armé de
courage et d'obstination, suffit pour venir à bout des
mandarins (il y en a dans tous les pays), et pour
tenir en échec les brouillons, aussi dangereux que les
mandarins. L'essentiel est de ne pas s'endormir sur
les périls, de ne pas se laisser décourager par les
difficultés, par les contre-temps, par les déconvenues.
A chaque jour suffit sa peine, et les torrents finissent
par passer.

XIII

LA FAUSSE SORTIE

DU

CHANCELIER DE L'EMPIRE ALLEMAND

Avril 1877.

Les grands hommes aiment à savoir comment on parle d'eux quand ils ne sont pas là ; ils se défient de la gêne qu'inspire leur présence, leurs flatteurs les ennuient, et ils inventent des artifices pour mettre les langues en liberté. Le calife Haroun-al-Raschid s'amusait quelquefois à revêtir un déguisement pour se promener la nuit dans les rues de Bagdad ; à la faveur de son incognito, il entrait en conversation avec les passants, et il découvrait ainsi ce que le petit peuple des faubourgs pensait du calife et de son grand-vizir. On raconte aussi l'histoire d'un grand seigneur anglais qui mit à l'épreuve ses amis et ses ennemis en se faisant passer pour mort. Il se fit rapporter tous les commentaires auxquels avait donné lieu la fausse nouvelle, toutes les oraisons funèbres qui avaient été prononcées en son honneur. S'il eut le chagrin de constater que plusieurs de ses amis avaient pris fort gaîment leur parti de son accident, il ne fut pas fâché d'apprendre que quelques-uns de ses ennemis lui avaient rendu justice en disant :

« Après tout, cet homme avait du bon. » Argan
éprouva un déplaisir et un plaisir du même genre
quand, sur le conseil de Toinette, il s'avisa de contrefaire le mort. Sa femme, dont il se croyait adoré,
s'écria : « Le ciel en soit loué ! me voilà délivrée d'un
grand fardeau. Quelle perte est-ce que la sienne, et
de quoi servait-il sur la terre? Un homme incommode à tout le monde, fatiguant sans cesse les gens
et grondant jour et nuit servantes et valets. » En revanche, Argan eut la joie de se voir pleuré par sa
fille Angélique, qu'il accusait à tort d'être une mauvaise fille; il lui ouvrit brusquement ses bras en lui
criant : « Je ne suis pas mort, et je suis ravi d'avoir
vu ton bon naturel. »

M. de Bismarck vient de faire la même expérience
que le malade imaginaire; il a mis à l'épreuve ses
amis et ses ennemis, les gens de sa maison et les
gens du dehors ; il s'est procuré la satisfaction de savoir ce que Berlin, l'Allemagne, le monde entier
pensaient de lui, et il ne peut se plaindre du résultat
de son enquête. Pendant quelques jours, le bruit a
couru que le tout-puissant chancelier de l'empire
germanique avait donné sa démission, Charles-
Quint, accablé de gloire et de dégoûts, avait abdiqué
l'empire pour se retirer au couvent de Yuste, où
il employait son temps à régler des horloges. Personne ne soupçonnait M. de Bismarck de vouloir se
retirer dans un couvent ; mais on assurait qu'usé par
ses glorieuses fatigues, las de lutter contre des com-
pétiteurs incommodes, contre des intrigues de cour
qui traversent ses desseins et paralysent ses forces,
irrité de ne pouvoir se débarrasser d'agents indociles

qui résistent à ses fantaisies, il déposait l'écrasant fardeau de ses honneurs et de ses charges et qu'il avait résolu de s'enterrer à jamais à Varzin pour ne plus s'occuper que d'exploiter ses forêts et de compter ses sapins. Il y avait bien de l'invraisemblance dans ces bruits.

Sans doute on n'ignorait pas que depuis longtemps une partie de la cour de Prusse nourrit des dispositions hostiles à l'égard du chancelier et qu'une auguste personne n'a jamais pu se réconcilier entièrement avec lui; mais on savait aussi que l'impératrice d'Allemagne a renoncé à exercer quelque influence sur les affaires, qu'elle se contente de sauver sa dignité par son silence, qu'elle se recueille dans ce bonheur triste, mais fier, que procure aux âmes nobles le sentiment d'être toujours demeurées fidèles à leur caractère et de ne s'être jamais inclinées devant la fortune, et qu'enfin son action se borne à intervenir de temps à autre en faveur de tel de ses amis dont la situation est menacée par des coups de tête ou de boutoir. On savait également que depuis que le comte Arnim a été mis hors de combat, il n'est pas un homme en Allemagne qui se croie de taille à supplanter M. de Bismarck, et ceux qui connaissaient le général Stosch ont souri à la pensée qu'on pût transformer cet administrateur habile et capable en un rival dangereux de César. Le général a été bien surpris et plus chagriné encore que surpris du rôle qu'on lui attribuait; il a trop de mérite pour se méconnaître, et il n'a eu garde de prendre au sérieux les portraits de fantaisie qu'on faisait de lui. Toutefois, malgré l'invraisemblance de la nouvelle, pendant quarante-huit heures l'Europe l'a tenue pour vraie. Plus d'un journaliste a pris la peine de raisonner longuement sur les causes et sur les conséquences d'un événement qui n'avait pas eu lieu ; d'autres ont cru le moment venu de prononcer sur l'illustre démissionnaire le jugement de la postérité, et ils ont accompagné leur verdict de considérations plus ou moins flatteuses, plus ou moins équitables. Au milieu de ce grand bruit de plumes courant à bride abattue sur le papier, la France s'est fait remarquer par sa discrétion, par sa réserve, par sa retenue ; elle a prouvé qu'elle ne voyait pas dans la retraite de M. de Bismarck un gage de sécurité pour elle, et, s'il veut être juste, il doit lui dire comme Argan à sa fille : « Je suis ravi d'avoir vu ton bon naturel. »

L'Europe ne tarda pas à se désabuser ; elle apprit bientôt que la démission de M. de Bismarck n'avait point été acceptée, que sa retraite définitive s'était transformée en un congé, et bientôt après, que ce congé n'en était pas un, que le chancelier se proposait seulement de changer d'air, qu'en son absence il se déchargerait du détail des affaires courantes sur le secrétaire d'État, M. de Bulow, et sur le président de la chancellerie, M. Hoffmann, mais que ces deux personnages ne seraient que ses représentants, ses mandataires, prenant ses ordres, recevant ses instructions, et qu'il garderait la haute main sur tout, la responsabilité et le contre-seing. Ce qui vient de se passer n'est qu'un nouvel accès, plus grave que les autres, de ce mal intermittent, de cette maladie périodique que les Allemands appellent *die Reichs-*

kanzlerkrisis, la crise du chancelier de l'empire ; mais cette crise a tourné tout autrement qu'on ne le pensait, même en Allemagne ; M. de Bismarck en est sorti triomphant. Il avait éprouvé quelques contrariétés, quelques mécomptes, il avait cru démêler chez quelques-uns de ses agents des velléités de résistance, il craignait que certaines réformes auxquelles il attaché une grande importance ne rencontrassent une opposition inquiétante parmi ses collègues du ministère prussien ou dans le sein du Reichstag. Il a mis à tout le monde le marché à la main. On lui attribue ce mot : « Je suis curieux de savoir ce qu'ils feront sans moi. » Il savait d'avance qu'on n'essaierait pas de rien faire sans lui, et l'événement a justifié sa confiance. On l'a jugé indispensable ; il a fait ses conditions, elles ont été acceptées et par le souverain et par les partis. Désormais tout le monde est à sa discrétion, et on peut affirmer que jamais sa situation n'avait été aussi forte qu'aujourd'hui. Il jouait quitte ou double, il a gagné la partie. Ce doit être pour son orgueil une vive satisfaction, et il serait heureux, s'il pouvait l'être. Hélas ! il se plaît à répéter qu'il est le plus malheureux des hommes. Plus d'un chancelier lui envierait son malheur ; mais il en est des grands politiques comme des grands artistes, ils sont agités d'une éternelle inquiétude qui fait leur supplice. M. de Bismarck n'a pas été mis au monde pour être heureux, ce n'est point sa vocation, et il doit s'en consoler en méditant cette sentence d'un philosophe : « Il y a heureusement dans ce monde autre chose que le bonheur. »

Un politique d'outre-Rhin nous disait, il y a quelques années : « La constitution de la confédération de l'Allemagne du nord a été faite par un homme et pour un homme; il en résulte que toutes les fois que cet homme a un accès de fièvre, ou qu'il a mal dormi, ou qu'il n'a pas dormi du tout, il y a crise dans les affaires de l'État. » L'empire allemand a emprunté sa constitution à la confédération de l'Allemagne du nord, et ce qui était vrai il y a sept ans l'est encore aujourd'hui. L'homme qui est chancelier de l'empire allemand et qui seul est responsable de tout ce qui s'y passe est en même temps président du ministère prussien, président du conseil fédéral, et il ne peut se dispenser de prendre une part active aux délibérations du Reichstag et même des deux chambres prussiennes, quand il leur soumet quelque projet de loi qui intéresse les destinées de l'empire. Qu'il vienne à tomber malade, tout languit, ou la confusion se met partout. Quand M. de Bismarck se plaint de sa santé, on peut l'en croire, et il n'est point un malade imaginaire. Les sages prétendent qu'il se porterait mieux, s'il distribuait mieux son temps, s'il réglait mieux sa vie, s'il prenait plus de soin de ses redoutables nerfs. Il ne se couche jamais avant quatre heures du matin, il résiste au sommeil jusqu'à sept heures, il dort jusqu'à midi. A son réveil, les affaires ont eu le temps de s'accumuler, il les aborde avec humeur, avec chagrin ou même avec colère; c'est le terrible réveil du lion, *quærens quem devoret*. Les sages en parlent à leur aise. M. de Bismarck apprît-il à gouverner sa vie, ses heures et ses nerfs, il faudrait un miracle pour qu'il n'y eût jamais de crise dans sa santé et dans les affaires de l'État.

Un corps d'airain pourrait seul résister, sans fléchir jamais, à cette charge effrayante d'occupations et de soins qui pèse sur la tête d'un chancelier de l'empire allemand. Cette machine est tout un monde, et le mécanicien qui l'a construite est le seul qui en connaisse le secret, le seul qui puisse la faire marcher et répondre de tout; si un rouage se détraque, c'est à lui qu'on impute l'accident, et c'est à lui de parer aux conséquences. Dès 1869, alors que la machine était moins compliquée, M. de Bismarck se plaignait à un de ses intimes que l'excès des fatigues eût ruiné son robuste tempérament; il lui exprimait sa crainte de ne pouvoir suffire jusqu'au bout à sa tâche, il lui témoignait le désir de trouver une combinaison qui lui permît de sortir du ministère prussien, pour se consacrer tout entier aux affaires de la confédération. Mais, comme l'ont remarqué judicieusement les auteurs d'un livre qui vient de paraître, « le gouvernement de l'Allemagne ne représente pas exclusivement les intérêts généraux de la fédération, il représente surtout les intérêts particuliers d'un État fédéré qui domine les autres : c'est pour cela que l'empire allemand, tout en empruntant les formes extérieures d'un État fédératif, constitue plutôt en réalité une union d'États demi-souverains avec un État souverain [1]. » M. de Bismarck ne peut renoncer à diriger les délibérations et la conduite du gouvernement prussien; livré à lui-même, ce gouvernement

---

1. *Précis du droit des gens*, par MM. Funck-Brentano et Albert Sorel. Paris, Plon et Cⁱᵉ, 1877, p. 42. Ce livre est le résumé de cours professés à l'École libre des sciences politiques, dirigée par M. E. Boutmy.

enverrait peut-être au conseil fédéral des plénipotentiaires qui contrarieraient les vues du chancelier.
Malgré qu'il en ait, M. de Bismarck doit gouverner
un empire et un royaume. Les intérêts de ce royaume
et de cet empire ne sont pas toujours les mêmes, il
est tenu de les concilier, sous peine de se voir accusé
par les uns d'être un mauvais Allemand, par les
autres d'être un mauvais Prussien, et on assure qu'il
est difficile d'être à la fois Prussien et autre chose.

Ajoutez à la responsabilité écrasante qui pèse sur
cet homme extraordinaire la nécessité où il se trouve
de rendre compte de tout ce qu'il veut et de tout ce
qu'il fait. Grâce à lui, l'empire allemand n'est pas
entré en possession du véritable régime parlementaire; mais on vit à Berlin sous le régime de l'universelle discussion, et tant qu'il habite cette ville terrible
dont le séjour lui devient odieux, M. de Bismarck
doit passer sa vie à discuter. Il ne discute pas seulement avec son souverain pour obtenir de lui le renvoi
de tel fonctionnaire qui manque de souplesse, il
discute avec ses collègues dans le ministère prussien
pour leur démontrer que ses projets de loi ne sont
pas contraires aux intérêts de la Prusse, il discute
avec les plénipotentiaires du conseil fédéral pour leur
prouver que sa politique n'attente pas à l'indépendance des petits États, il discute avec les députés du
Reichstag pour les gagner à ses vues d'économie
sociale, pour combattre les préjugés de celui-ci, pour
calmer les impatiences de celui-là. C'est un pénible
et humiliant travail pour cette raison superbe que
d'avoir à s'expliquer avec des raisons subalternes,
que de se dépenser en paroles pour convertir à ses

idées ceux qui ne comprennent pas et ceux qui ne veulent pas comprendre. A mesure que grandissent l'orgueil et le mépris des hommes, s'accroissent aussi l'horreur de parler et l'impatience fiévreuse causée à des nerfs orageux par le bourdonnement d'une mouche. Cet homme de haute taille est condamné chaque jour à se plier en deux pour pénétrer dans des portes basses; il en a comme une courbature d'esprit, et, il lui prend par intervalles des fureurs de briser tous les linteaux et de démolir toutes les portes. C'est à quoi pense le lion en se réveillant à midi. On a dit que M. de Bismarck était une figure unique dans l'histoire; c'est que sa situation est unique. Il s'est trompé d'heure, il aurait dû venir au monde avant l'invention des parlements. Qu'on se représente les souffrances d'un génie césarien, né pour commander et réduit à l'ingrat labeur de convaincre.

Sa tâche serait plus aisée s'il avait une meilleure assiette parlementaire, s'il était parvenu à grouper autour de lui une majorité cohérente, compacte, dévouée à ses projets, et qui s'abstînt de lui marchander son concours. La majorité sur laquelle il s'appuie est indisciplinée, elle le discute et le marchande. M. de Bismarck est un solitaire; la solitude est son élément; la postérité le verra de préférence sous les traits de l'ermite de Varzin, causant avec ses gardes-chasse, avec ses chevaux, et ne communiquant avec le reste de la terre que par un fil télégraphique. Il a dans le tempérament une sorte de sauvagerie romantique, pour qui c'est un plaisir de dompter un coursier fougueux et un mortel ennui de mettre à la raison M. Lasker; mais la principale cause de son isolement est que, dans le fond, ce grand révolutionnaire a l'esprit tempéré et que, préoccupé de concilier des intérêts contradictoires, il suit avec une énergique persévérance une politique de transaction, trop audacieuse pour les uns, trop timide pour les autres. Il a dû rompre avec ses amis d'autrefois, avec les conservateurs prussiens, qui ne l'auraient jamais aidé à faire l'Allemagne. Il avait décidé dès le principe que le particularisme prussien était le plus tenace, le plus dangereux de tous, et que, porr pouvoir médiatiser les petits États, il fallait commencer par médiatiser la Prusse. Il ne pouvait exécuter ses desseins qu'en liant partie avec les nationaux-libéraux, qu'il aime peu et qui lui reprochent ses ménagements; ces doctrinaires n'ont de goût que pour les mesures radicales. L'un d'eux disait : « L'Allemagne ne sera faite que lorsque nous serons débarrassés à jamais de toutes ces petites dynasties, qui ne s'occupent que de thésauriser. » M. de Bismarck tient plus de compte de ces petites dynasties, il n'est pas disposé à les jeter si cavalièrement par-dessus bord; il veut bien alléger le navire, mais il n'entend pas le décharger de son lest, et les petites couronnes servent à lester l'empire allemand. Les relations qu'il entretient avec les nationaux-libéraux sont sujettes à bien des difficultés, à bien des tracasseries. Il avait pensé qu'en déclarant la guerre à l'église catholique, il donnerait une satisfaction suffisante au radicalisme de ses alliés; mais les nationaux-libéraux acceptent avec gratitude tout ce qu'il leur donne et lui demandent avec insistance tout ce

qu'il est résolu à ne pas leur donner. Ils le mettent
en demeure d'instituer un ministère responsable de
l'empire; il leur répond : « Le ministère, c'est moi,
moi seul, et c'est assez. » Il veut être tout ou n'être
rien, et il se refuse à partager la responsabilité avec
qui que ce soit, au risque de succomber à la peine.
Il adore le fardeau qui le tue.

La constitution de l'empire allemand est incom-
plète, elle devrait renfermer un article ainsi conçu :
« Le chancelier de l'empire est tenu de se porter toujours bien. » Mais M. de Bismarck ne peut s'engager
à se bien porter qu'à la condition que ses alliés ne lui
donneront jamais aucun ennui et que les fonctionnaires à ses ordres feront tous serment d'être aussi
intelligents que dociles, aussi dociles qu'intelligents.
Il suffit d'un indiscipliné, d'un faiseur d'objections,
d'un ergoteur, pour compromettre sa santé, et s'il ne
peut obtenir la mise à pied de l'ergoteur, il parle
incontinent de s'en aller. Plusieurs des mesures qu'il
a le plus à cœur, le rachat des chemins de fer par
l'empire, la réforme de l'impôt, l'établissement de
droits compensateurs, avaient été critiquées en haut
lieu, et, d'autre part, les dernières élections n'avaient
pas répondu entièrement à ses désirs; il avait sujet
de craindre que la majorité du Reichstag, avant de
voter les nouveaux projets de loi, ne s'avisât, selon sa
coutume, de lui faire ses conditions, qu'il juge inac-
ceptables. Il a pris les devants, il a offert sa démission, comme il l'avait déjà fait en 1874. Cette fois, la
crise a duré assez longtemps pour qu'on pût passer
en revue tous les successeurs qu'il était possible de
lui donner, tous les hommes capables de le remplacer

et qui ont en eux l'étoffe d'un chancelier de l'empire. Un député du Reichstag s'est fait l'interprète de l'opinion publique quand il a dit : « Rien de plus frappant que l'accueil qu'ont trouvé partout les divers projets colportés par les journaux touchant les successeurs possibles du prince de Bismarck. Il y avait dans le nombre des dignitaires de l'empire fort considérés, des hommes éminents qui se sont distingués dans la guerre, dans la paix, dans les délibérations parlementaires, et aucun de nous, si on nous avait demandé lequel de ces hommes était de force à porter le fardeau colossal qui pèse aujourd'hui sur les épaules de M. de Bismarck, n'aurait pu réprimer un sourire. En vérité, après cet examen, tous ces hommes de mérite courent le risque de devenir des personnages presque grotesques. » On ne peut aspirer à remplacer M. de Bismarck sans se couvrir de ridicule, voilà la morale de la pièce qui vient de se jouer à Berlin.

Il ne pouvait venir à l'esprit de personne que l'empereur Guillaume acceptât la démission du chancelier. S'il devait jamais se séparer du grand ministre dont il a su deviner le génie, de ce serviteur providentiel avec qui il a couru tant de hasards et qui lui a mis sur la tête la couronne impériale, il croirait divorcer avec son passé et avec sa gloire. Les souverains de la Prusse ne considèrent que le bien de l'État ; ils contractent de bonne heure l'habitude de lui sacrifier leurs aises et leurs commodités. Sans doute l'empereur Guillaume a souffert quelquefois des échappées d'humeur et des haut-le-corps de l'impérieux chancelier, il a pu blâmer ses incartades

ses emportements, ses rancunes implacables; mais il
en a pris philosophiquement son parti et s'est contenté de dire : « Il est ainsi fait, il faut le prendre
comme il est. » — Personne à Berlin ne s'est étonné
de son attitude pendant la crise; elle a été ce qu'on
attendait. On a été plus surpris de l'intervention
active du prince impérial; le zèle qu'il a déployé est
pour M. de Bismarck un gage qui a son prix. On
savait que depuis 1870 le prince Frédéric-Guillaume
s'était rapproché de M. de Bismarck, dont il avait
souvent désapprouvé la politique. Ce rapprochement
était devenu plus sensible encore depuis le jour où le
chancelier avait ouvert sa campagne contre l'Église.
L'insistance avec laquelle l'héritier du trône de
Prusse et de la couronne impériale a représenté à
M. de Bismarck que l'Allemagne avait besoin de lui
a été fort remarquée. C'était lui dire qu'il serait
l'homme du futur règne. Ce point n'est plus mis en
question, et c'est peut-être un des éclaircissements
que M. de Bismarck désirait se procurer ; il s'est toujours soucié de tâter le pouls à tout le monde, de
faire le bilan de sa situation. Le présent lui appartient, l'avenir est à lui.

Comme le souverain, comme la dynastie, le parlement s'est empressé d'affirmer bien haut que M. de
Bismarck est un homme nécessaire, et que ses adversaires eux-mêmes ne peuvent se passer de lui.
La séance tenue par le Reichstag le 13 avril a été
aussi intéressante que significative. Chaque parti
avait délégué l'un de ses principaux orateurs pour
payer son tribut d'hommages à l'illustre malade, et
pour le supplier de rétablir le plus tôt possible sa

santé. L'un des chefs de ce parti progressiste, que M. de Bismarck a pris en détestation, est venu déclarer le premier que tous les successeurs présomptifs et présomptueux du chancelier sont des hommes qui ont perdu le sentiment du ridicule. A la vérité, le docteur Hœnel a eu soin de représenter au Reichstag que la gravité de la crise était un avertissement, qu'une constitution dont le bon fonctionnement dépend de la santé d'un homme et se trouve être à la merci d'une attaque de nerfs demande à être remaniée ; mais il a promis, sans se faire prier, d'ajourner indéfiniment toutes les propositions qu'il pouvait être tenté de faire à ce sujet. Après le docteur Hœnel, M. de Bennigsen, le chef le plus considéré du parti national-libéral, a rappelé tous les services rendus à l'Allemagne par M. de Bismarck, tous les titres qu'il possède à son éternelle gratitude ; il a ajouté que, bien que l'institution d'un ministère responsable de l'empire fût une réforme nécessaire, cette réforme ne devait être tentée qu'avec l'agrément et le concours du chancelier, parce que seul il pouvait la faire accepter de l'Allemagne, et il a conclu qu'il fallait attendre son complet rétablissement pour soulever la question. A son tour, le chef du centre catholique, M. Windthorst, a pris la parole et il a nié que le bruit qui avait couru de la retraite définitive de M. de Bismarck eût été un sujet de joie pour les ultramontains allemands. « M. de Bismarck, s'est-il écrié, a prouvé par ses actes que lorsqu'il voudra nous rendre la paix religieuse, il sera plus apte à le faire que personne, et, pour ma part, si jamais des négociations venaient à s'ouvrir pour mettre fin à la lutte, j'aimerais mieux traiter avec lui qu'avec la bureaucratie prussienne. » Par la bouche de M. de Kleist-Retzow, le parti conservateur a dit aux libéraux : « Messieurs, si vous voulez du bien au chancelier de l'empire, si vous souhaitez sincèrement que sa cure de repos lui soit profitable, ne venez pas nous proposer des réformes qui, vous le savez, ajouteraient aux difficultés de sa situation, achèveraient de lui rendre la vie insupportable. C'est à lui seul, quand il aura recouvré ses forces, de corriger ce qu'il peut y avoir de défectueux dans nos institutions. » Enfin, le représentant des conservateurs libres, le comte Bethusy-Huc, a déclaré que le premier devoir du parlement était de voter les lois qui tiennent au cœur du chancelier, en particulier l'abolition des contributions matriculaires et le remaniement des impôts, et il a déclaré aussi que le retour de la crise ne pouvait être prévenu que si le chancelier de l'empire trouvait dans le ministère prussien cette homogénéité de vues en matière d'impôt et de finances qui est indispensable à l'exécution de ses plans. C'est ainsi que, dans cette remarquable séance, tous les les partis sont venus, dans une attitude inclinée, déposer des couronnes aux pieds de l'homme nécessaire. Ils ont tous dit : Puisque nous ne pouvons le remplacer, conspirons avec ses médecins pour le rétablissement de sa santé. Abstenons-nous de toute discussion qui lui serait désagréable ; ne faisons pas de bruit, ne parlons pas trop haut, ajournons les réformes que nous nous proposions de lui demander, et votons sans plus tarder celles qu'il nous demande et qui ne nous agréent qu'à moitié. Puisque nous avons le bonheur d'avoir à notre tête un grand homme, nous sommes tenus d'en prendre soin ; périssent nos espérances pourvu qu'il se porte bien ! — L'Allemagne est un pays où, dans les grandes occasions, le patriotisme l'emporte sur l'esprit de parti. Si le Reichstag n'avait pas fait son devoir, le pays l'aurait mis à la raison. Les villes et les campagnes se seraient émues, le meeting de Brême aurait trouvé partout de l'écho, et M. de Bismarck aurait prouvé une fois de plus qu'il tient l'Allemagne dans sa main.

S'il se plaint qu'il manque quelque chose à son triomphe, il est vraiment bien difficile. Peut-être dans les loisirs très-occupés que lui procureront son congé et les plaines du Lauenbourg ou les hauteurs boisées de Kissingen, trouvera-t-il quelques instants pour relire Shakspeare, qu'il connaît si bien, et en particulier la tragédie de *Coriolan*. Le grand poète y a peint un politique patriote et ambitieux qui a rendu d'éclatants services à son pays, mais qui souffre d'une maladie funeste et incurable, le mépris des hommes. Il n'a de respect que pour Volumnie, sa mère, ni d'affection que pour sa femme Virgilie, laquelle baisse la tête et se tait devant lui, et qu'il appelle en souriant « mon cher silence ». Lorsque le peuple ingrat l'exile de Rome : « Triste meute de chiens, s'écrie-t-il, dont je hais le souffle autant que les vapeurs d'un marais empesté, dont j'estime la tendresse autant que la carcasse d'un mort sans sépulture qui corrompt l'air autour de moi, ce n'est pas vous qui me bannissez, c'est moi qui vous bannis de ma présence. Restez où vous êtes avec vos pensées changeantes ; que vos âmes soient à la merci du moindre bruit qui peut frapper vos oreilles ! Que vos ennemis, en agitant leurs panaches, vous soufflent au cœur un lâche désespoir ! Gardez toujours le pouvoir de bannir vos défenseurs, jusqu'à ce qu'ennemis de vous-mêmes, incapables de vous sauver, votre ignorance vous fasse tomber aux mains de quelque nation qui aura raison de vous sans coup férir. Vous êtes cause que, méprisant ma patrie, je lui tourne le dos. Il y a un monde ailleurs. » Ah ! que le sort de M. de Bismarck est différent de celui de Caïus Marcius, vainqueur de Corioles ! Parle-t-il de quitter Rome, de l'abandonner à elle-même, à son ignorance, à ses pensées changeantes, Rome se met à ses pieds pour le retenir, et si jamais elle était tentée d'oublier ses promesses, il lui dirait : « J'ai voulu te débarrasser de moi; pourquoi m'as-tu retenu? » Il n'a pas définitivement retiré sa démission; il consent à essayer de rétablir sa santé, il s'est réservé le droit de renouveler la crise quand il lui plairait.

« Rome n'est pas l'univers, disait Coriolan, il y a un monde ailleurs. » Qu'il se retire à Varzin ou dans le Lauenbourg, M. de Bismarck porte un monde avec lui, le monde de ses pensées. Il a pris son congé au moment où la guerre éclatait sur les bords du Danube. Un éminent homme d'État prétendait jadis que « les choses, pas menées, mènent à la guerre. » Les affaires d'Orient ont été si peu ou si mal menées que la diplomatie a dû passer la parole aux canons. M. de Bismarck a quitté Berlin avec l'assurance qu'il aurait désormais toute sa liberté d'action non-seulement pour proposer les lois qu'il croit utiles à l'empire et au royaume dont il a la gestion, mais pour faire prévaloir sa politique en Orient. Ce n'est pas seulement le chancelier, c'est le ministre des affaires étrangères qui vient d'obtenir un blanc-seing. En attendant que l'heure soit venue de faire connaître sa pensée, il se dérobe aux curiosités, aux questions indiscrètes, aux sollicitations de la diplomatie ; il est rentré dans son nuage, où parfois l'Europe croit entendre gronder la foudre, nuage qui n'est transparent que pour lui et au travers duquel son œil ardent promène ses regards sur toutes les cases de l'échiquier européen.

Personne ne doute en Allemagne ni ailleurs qu'un grand rôle ne soit réservé à M. de Bismarck dans le règlement des affaires orientales et des remaniements territoriaux qui pourraient en résulter. Personne ne doute qu'à l'heure fatale il n'apparaisse comme le *deus ex machina* et qu'il ne prononce le mot décisif. Quel sera ce mot ? Peut-être n'en sait-il rien, peut-être ses combinaisons ne sont-elles pas encore définitivement arrêtées. La politique est pour lui une dynamique, il étudie les forces en jeu, et les événements déterminent sa conduite. Il est à la fois l'homme des vues lointaines, des longues préparations et des improvisations soudaines et hardies. Le 23 novembre 1872, M. de Balan écrivait au comte Arnim : « Son Altesse vous fait remarquer à cette occasion, comme habituel à la politique allemande, le défaut de se préparer trop tôt aux événements dans une direction déterminée. »

De tous les orateurs qui ont pris la parole dans la séance du 13 avril, M. de Bennigsen était, de l'avis commun, le mieux placé pour pénétrer les impénétrables desseins de M. de Bismarck, et le langage qu'il a tenu était de nature à rassurer l'Europe : « Dans ce moment, a-t-il dit, les yeux du monde entier sont dirigés sur les affaires d'Orient, qui touchent plus ou moins aux intérêts de tous les États. L'Europe tout entière est convaincue que, si l'on réussit à localiser le conflit qui est sur le point d'éclater et à prévenir une collision générale, c'est la politique pacifique du chancelier allemand qui mettra le poids décisif dans la balance. Peu d'années se sont écoulées depuis que nous avons dû rassembler toutes nos forces pour faire prévaloir nos droits sur l'opposition de l'Autriche et de la France, et cependant, après de si redoutables événements et de si glorieux succès qui ont excité dans tous les cabinets la jalousie, la surprise et la crainte, nous avons réussi à répandre partout la conviction que l'Allemagne n'est pas une puissance essentiellement militaire et guerrière, mais qu'après avoir reconquis ses anciennes frontières, elle s'est imposé la tâche de poursuivre par des voies pacifiques son développement intérieur, sans nourrir aucun mauvais dessein à l'égard des puissances voisines. C'est l'œuvre de l'empereur et de son chancelier, et voilà pourquoi non-seulement en Allemagne, mais dans toute l'Europe, la retraite du chancelier de l'empire serait considérée comme un événement fatal et inquiétant. » — « M. de Bennigsen, a répondu le chef du centre catholique, a coutume d'être bien informé; puisqu'il a insisté sur la politique pacifique de M. de Bismarck, j'en conclus que cette politique l'emporte aujourd'hui, et personne ne peut s'en réjouir plus que moi dans un moment où les troubles orientaux ont provoqué une guerre ouverte entre deux puissances. » C'est ainsi que dans la séance du 13 avril M. de Bismarck a été célébré comme le génie de la paix, et le 26 avril, les déclarations faites par M. de Bennigsen ont été confirmées par M. Lasker et par M. de Moltke lui-même. Si ces prophéties excellentes s'accomplissent, si M. de Bismarck travaille à localiser la guerre et à préserver la paix générale, si le jour où il sortira de son nuage il se présente au monde une branche d'olivier à la main, le monde lui en aura la plus vive reconnaissance, et la santé du chancelier deviendra aussi chère à l'Europe qu'elle peut l'être à M. de Bennigsen ou au comte Bethusy-Huc.

Il est téméraire assurément de vouloir annoncer et prédire ce que fera M. de Bismarck, tel cas échéant. Nous vivons dans un temps où les événements semblent se jouer de toutes les prévoyances humaines, où toutes les mesures proposées trompent l'attente de ceux-là mêmes qui avaient cru sauver la paix du monde en les conseillant. On voit dans une comédie représentée avec beaucoup de succès un intrigant politique qui, moyennant finance, emploie des femmes de petite vertu à extorquer leurs secrets à tous les secrétaires de deuxième ou de troisième classe qu'elles peuvent attirer dans leurs filets ; ce malhonnête bonhomme, fin comme une dague de plomb, revend très-cher à son gouvernement les précieuses informations que lui procurent ses sirènes blondes ou brunes. Les temps sont bien changés ; aujourd'hui les secrets de secrétaires, qu'ils soient de première ou de deuxième classe, ne valent pas beaucoup d'argent. Les chargés d'affaires eux-mêmes, les chefs de légations, les ambassadeurs, n'ont pas de peine à ne pas commettre le péché d'indiscrétion, il leur en coûte peu d'avoir l'air d'ignorer ce qu'ils ne savent pas. Il vivent la plupart au jour le jour, et leur tête deviendrait subitement transparente que nous n'en serions pas plus éclairés sur l'avenir prochain de l'Europe. N'avons-nous pas entendu des diplomates qui revenaient de Constantinople et des ministres des affaires étrangères déclarer d'un ton de certitude que personne ne voulait la guerre, que nous avions devant nous deux ans de paix assurée ? Quelques jours plus tard les Russes passaient le Pruth. Pendant de longs mois, l'Europe tout entière s'est appliquée à conjurer cette guerre dont les conséquences probables l'effrayaient ; toutes les précautions qu'elle a pu prendre n'ont servi qu'à précipiter le sinistre dénoûment. Mémorandums, conférences, protocoles, ont tourné à mal, et on a mis le feu aux poudres en cherchant à les noyer. Le public européen se demande si tant de bonnes intentions ont été traversées par une politique machiavélique, aussi raffinée dans ses moyens que profonde dans ses calculs, ou si l'irréflexion, les entraînements, les maladresses n'ont pas tout fait, si les malins ne sont pas des dupes, et s'il ne faut pas répéter avec Voltaire : « Ainsi va le monde sous l'empire de la fortune ; elle nous fait jouer en aveugles à un jeu terrible, et nous ne voyons jamais le dessous des cartes. »

Une chose est certaine, l'Allemagne désire sincèrement que la guerre qui vient d'éclater en Orient soit resserrée dans son foyer, et beaucoup d'Allemands, lesquels ne sont pas tous députés au Reichstag, sont persuadés que c'est M. de Bismarck qui, après avoir fait la part du feu, l'empêchera de gagner la maison voisine. L'un d'eux nous disait : « On juge mal le chancelier. Il a jadis étonné l'Europe par son audace, il l'étonnera par sa sagesse et sa modération. Au plus fougueux des tempéraments, il joint cette haute raison qui met un frein à l'esprit d'entreprise et lui interdit de dépasser le but; il a le sens de la mesure, du possible, et il se connaît en vraie gloire. Tenez pour certain qu'il est moins occupé de rêver des agrandissements périlleux qui compromettraient son œuvre que de la rendre durable, définitive, de bâtir sa maison à chaux et à ciment, de mettre hors d'insulte et hors de discussion le puissant empire qu'il a créé. Il disait en 1874 : « J'ai besoin de dix ans de paix pour faire l'Allemagne. » La guerre générale le dérangerait dans son travail. Vous objecterez peut-être qu'il ne tenait qu'à lui d'étouffer dans sa naissance le conflit et d'arrêter la Russie comme plusieurs d'entre nous avaient la candeur de le lui demander. L'alliance moscovite a joué toujours un trop grand rôle dans ses combinaisons et lui a rendu de trop grands services pour qu'il ne se crût pas tenu de la ménager. Il n'a pas fait cause commune avec les Russes, mais il a usé de tolérance; il leur a dit : « Dieu vous soit en aide! passez le Pruth à vos risques et périls! » Il ne pouvait lui convenir que, ne trouvant pas à Berlin les complaisances, les empressements auxquels ils pensaient avoir droit, ils allassent chercher ailleurs un allié. Son déplaisir a été vif lorsqu'il a cru s'apercevoir que Saint-Pétersbourg coquetait avec Paris ; cette intrigue coupable lui a porté sur les nerfs. Heureusement la France a fort bien compris que les avances que lui faisait la Russie n'étaient pas sérieuses, qu'elles étaient seulement destinées à exciter les jalousies de l'Allemagne, à la rendre plus souple, plus complaisante aux désirs du prince Gortchakof. Selon l'expression d'un spirituel diplomate, le cabinet de Saint-Pétersbourg voulait faire jouer à la France le rôle d'une mouche cantharide ; mais c'est un rôle qu'elle a eu la modestie ou l'orgueil de refuser. M. de Bismarck n'a pas de raisons pour douter de la sagesse des Français, tant qu'ils seront en république ; mais il estime que cette sagesse est le fruit de l'inquiétude, et de temps à autre il croit nécessaire de réveiller les inquiétudes françaises par des tracasseries. Cet homme si audacieux est infiniment circonspect, et aussi longtemps que le grand ouvrage de l'organisation intérieure de l'Allemagne ne sera pas achevé, il sera défiant et ombrageux. Il a jugé que dans l'intérêt de l'unité allemande il devait entrer en lutte avec l'Église et le particularisme catholique, et que des provinces gouvernées par un clergé ultramontain seraient toujours des provinces d'une fidélité douteuse. Il a aujourd'hui sa Vendée, et quiconque se permet de conspirer avec sa Vendée est à ses yeux son pire ennemi ; il n'est pas besoin de vous dire qu'il est dans son caractère d'aimer à détruire ses ennemis, et si jamais il voulait ameuter les Allemands contre la France, certaines imprudences cléricales lui donneraient beau jeu. »

On peut répondre à cela que, de ce côté-ci des Vosges, l'opinion publique n'a pas attendu les avertissements de M. de Bismarck pour faire justice de certaines imprudences cléricales et des provocations insensées de prélats brouillons qui calomnient l'épiscopat, en faisant croire aux étrangers que les évêques français sont des Français dont la patrie n'est pas en France. Bien que la France n'éprouve point ces craintes perpétuelles, ces appréhensions pusillanimes qu'on se plaît à lui prêter, elle est fermement résolue à ne pas se mêler des affaires de ses voisins, et elle n'aurait garde de conspirer avec les Vendéens d'aucun pays. Elle exige de son gouvernement qu'il n'épouse aucune autre cause que la sienne, et elle se défie de tous les conseils que pourraient lui donner ses évêques et leurs amis, qui ne sont pas tous des croyants. Cléricaux ou autres, les hommes de parti ont l'esprit monastique, ils ont moins à cœur le bien de leur patrie que la prospérité de leur couvent. Nous avons lu quelque part que quand Mahomet II assiégea Constantinople, les moines s'occupaient beaucoup plus de défendre contre l'hérésie l'éternité de la lumière du Thabor, qu'ils croyaient voir à leur nombril, que de défendre la ville et ses remparts contre les Turcs.

TABLE DES MATIÈRES

I. — Le Journalisme allemand...... 1

II. — Les inquiétudes périodiques de l'Allemagne... 23

III. — Les progrès de la Russie dans l'Asie centrale jugés par un Allemand........................ 47

IV. — Un nouveau culte en Allemagne.............. 77

V. — Les relations de l'Allemagne et de la France.. 99

VI. — Le dernier incident du procès Arnim......... 123

VII. — Le rachat des chemins de fer en Allemagne... 149

VIII. — La question religieuse en France et en Prusse. 175

IX. — La politique allemande et la question d'Orient. 199

X. — Une grandeur déchue.. 245

XI. — La conférence de Constantinople............. 269

XII. — Les Mémoires du prince de Hardenberg...... 293

XIII. — La fausse sortie du chancelier de l'Empire allemand.. 313